高等职业教育课程
改革系列规划教材

财务会计类

Tax Calculation and
Declaration

税费核算
与申报

第二版

陈计专　主　编
国燕萍　副主编

东北财经大学出版社
Dongbei University of Finance & Economics Press

大连

图书在版编目（CIP）数据

税费核算与申报 / 陈计专主编. —2版. —大连：东北财经大学出版社，
2017.9

（高等职业教育课程改革系列规划教材·财务会计类）
ISBN 978-7-5654-2920-0

Ⅰ．税… Ⅱ．陈… Ⅲ．①税费-计算-高等职业教育-教材 ②纳税-
税收管理-中国-高等职业教育-教材 Ⅳ．①F810.423 ②F812.42

中国版本图书馆 CIP 数据核字（2017）第 210114 号

东北财经大学出版社出版
（大连市黑石礁尖山街217号 邮政编码 116025）
网 址：http://www.dufep.cn
读者信箱：dufep@dufe.edu.cn

大连住友彩色印刷有限公司印刷 东北财经大学出版社发行
幅面尺寸：185mm×260mm 字数：349千字 印张：14.75 插页：1
2017年9月第2版 2017年9月第2次印刷

责任编辑：包利华 责任校对：冯志慧
封面设计：冀贵收 版式设计：钟福建

定价：30.00元

　　本书按照工作过程，分项目、按任务、分税种来设计学习任务，安排教学内容，将纳税的基础知识、基本原理进行归纳和提炼，满足财会、理财等经济类专业学生学习纳税理论、掌握纳税操作技能的基本需求。全书以培养学生的实操能力为主线，分别从应缴税费额的计算、核算和纳税申报三个方面，对现行主要的税费进行了全面的讲解。目的在于让学生掌握纳税工作的基本操作，能计算常见税费的应缴金额，能对涉税业务进行账务处理，能办理各种税费的申报与缴纳工作。

　　本书的编写主要体现了以下几个特点：

　　1.配套资源丰富。本书配套了大量的教学资源，具体如下：

序号	类型	说明
1	教学课件	与教材配套，按项目和工作任务设计
2	教学大纲	内容包括：建议学时、课程介绍、教学目标、课程设计指南、成绩考评设置、参考资料等
3	各项目教学目标	通过每个项目的学习，学生应达到的基本要求
4	各项目知识点及实现手段	列出各项目知识点及实现手段（如课堂讲授、提问、课后阅读等）
5	各项目内容提要	简要阐述每个项目的主要内容
6	各项目重难点	各个项目的重点、难点以及难点内容讲解的技巧、方法
7	各项目教学参考内容	各项目课堂讨论主题、课后习题、参考教材
8	教学日历	以2学时为一教学单元，列出每单元的教学内容

　　2.实操性强。本书注重理论联系实际，选取大量的典型案例，注重学生的技能训练，解决企业纳税过程中办理税务登记、税费的计算与核算、纳税申报、税款缴纳等实际问题，满足高职学生会计工作岗位的需求。

　　3.内容新颖。本书的编写尽可能依据最新税收法规（2017年8月前），紧跟税收制度改革的步伐。另外，在编写体例上，以不同税种为项目，在项目下按工作过程分解为"认识税费—税费计算—税费核算—纳税申报"四大具体工作任务，再按"提出任务—知识点讲解—完成任务—同步训练及讲解"的程序安排教学过程，达到"做中学，学中做"。

　　本书由陈计专任主编，国燕萍任副主编，李骁寅、郭菊参与了编写。全书由陈计专统稿。

　　尽管在编写的过程中，我们已经充分考虑和吸收了最新税收规定和要求，力求使教材内容及时反映最新的变化，但由于税收法规变化较快，加之作者水平有限，书中难免存在疏漏之处，恳请广大专家及读者指正。

作　者

2017 年 8 月

目　录

项目一

纳税工作流程

知识目标

1.理解税收的概念、职能、分类和税制要素；

2.掌握税务登记、账簿凭证管理、纳税申报、税款缴纳和税务检查的基本知识与要求。

技能目标

1.分清税务会计的工作范围；

2.认识企业纳税工作基本流程。

案例导入

闻晓是某高职院校2017届会计专业毕业生。2017年6月，她在招聘会上看到一家中型工业企业在招聘财务人员，岗位包括出纳、成本会计、税务会计等。闻晓前去应聘税务会计岗位，由于她对企业的涉税业务核算掌握得很扎实，当场被该企业录用。

请思考：税务会计的工作范畴是什么？企业会发生哪些涉税业务？

任务描述

2017年10月，新华机床有限责任公司因管理人员变动，企业的法人代表由张明变更为李涛。

要求：该公司应该办理何种税务手续？

任务一　　　　　　　认识税收

一、税收的概念与特征

1.税收的概念

税收是国家为了满足公共需要，凭借政治权力，强制、无偿地取得财政收入的一种形式。对于税收的概念，可以从以下三个方面来把握：

（1）税收是国家取得财政收入的一种重要工具，其本质是一种分配关系。

国家要行使职能必须有一定的财政收入作为保障。取得财政收入的手段多种多样，如征税、发行货币、发行国债、收费、罚没等，其中，税收是大部分国家取得财政收入的主要形式。我国自1994年税制改革以来，税收收入占财政收入的比重大多数年份都维持在90%以上。税收解决的是分配问题，是国家参与社会产品价值分配的法定形式，处于社会再生产的分配环节，因而它体现的是一种分配关系。税收分配是以国家为主体进行的分配，而一般分配则是以各生产要素的所有者为主体进行的分配；税收分配是国家凭借政治权力进行的分配，而一般分配则是基于生产要素进行的分配。

（2）国家征税的依据是政治权力，它有别于按要素进行的分配。

国家通过征税，将一部分社会产品由纳税人所有转变为国家所有，因此征税的过程实际上是国家参与社会产品的分配过程。国家与纳税人之间形成的这种分配关系与社会再生产中的一般分配关系不同。

（3）国家课征税款的目的是满足社会公共需要。

国家在履行其公共职能的过程中必然要有一定的公共支出。公共产品提供的特殊性决定了公共支出一般情况下不可能由公民个人、企业采取自愿出资的方式，而只能采取由国家（政府）强制征税的方式，由经济组织、单位和个人来负担。国家征税的目的是满足提供社会公共产品的需要，以及弥补市场失灵、促进公平分配等的需要。同时，国家征税也要受到所提供公共产品规模和质量的制约。

2.税收的特征

税收的特征是由税收的本质决定的，是税收本质属性的外在表现，也是区别税与非税的外在尺度和标志。税收形式特征通常概括为税收"三性"，即无偿性、强制性和固定性。

❶税收的无偿性，是指国家征税以后对具体纳税人既不需要直接偿还，也不需要付出任何直接形式的报酬，纳税人从政府支出所获利益通常与其支付的税款不完全成一一对应的比例关系。无偿性是税收的关键特征，它使税收明显区别于国债等财政收入形式，决定了税收是国家筹集财政收入的主要手段，并成为调节经济和矫正社会分配不公的有力工具。

❷税收的强制性，是指税收是国家凭借政治权力，通过法律形式对社会产品进行的强制性分配，而非纳税人的一种自愿交纳。纳税人必须依法纳税，否则会受到法律制裁。强制性是国家的权力在税收上的法律体现，是国家取得税收收入的根本前提。

❸税收的固定性，是指国家征税预先规定了统一的征税标准，包括纳税人、课税对象、税率、纳税期限、纳税地点等。这些标准一经确定，在一定时间内是相对稳定的。当然，税收的固定性是相对于某一个时期而言的，国家可以根据经济和社会发展的需要适时地修订税法，但这与税收整体的相对固定性并不矛盾。

税收"三性"是一个完整的统一体，它们相辅相成、缺一不可。其中，无偿性是核心，强制性是保障，固定性是对强制性和无偿性的一种规范和约束。

二、税收的分类

税收分类是按照一定标准对税收制度中性质相同或相近的税种进行归并和综合。基于不同的分类标准，税收分类的方法主要有以下几种：

1.按征税对象分类

❶流转税。流转税是指以商品或劳务买卖的流转额为课税对象课征的各种税，如增值税、消费税等。其特点是与商品生产、流通、消费有密切关系。（2016年5月1日起，营业税全面改征增值税）

❷所得税。所得税是指以纳税人的所得额为课税对象课征的各种税，如企业所得税、个人所得税。其特点是可以调节纳税人收入，发挥其公平税负、调整分配关系的作用。

❸行为税。行为税是指以纳税人所发生的某种行为为课税对象课征的各种税，如印花税、车船税等。

❹财产税。财产税是指以纳税人拥有或支配的财产为课税对象课征的各种税，如房产税等。

❺资源税。资源税是指对因开发和利用自然资源差异而形成级差收入所征收的各种税，如资源税、城镇土地使用税等。

2.按税收与价格的关系分类

❶价内税。价内税是指将税收作为价格组成部分的税种，计税依据是含税价格，如消费税。

❷价外税。价外税是指将税收作为价格外加部分的税种，计税依据是不含税价格，如增值税。

3.按计税依据分类

❶从价税。从价税是指以课税对象的价格为依据而计算征收的税种，如增值税。

❷从量税。从量税是指以课税对象的数量、重量、容量、面积或体积等为依据而计算征收的税种，如对啤酒征收的消费税。

❸复合税。复合税是指对同一课税对象既从量计税又从价计税，如对卷烟和白酒这两种应税消费品征收的消费税。

4.按税收收入的归属分类

❶中央税。中央税是指税收收入归中央一级政府的税种，如消费税。

❷地方税。地方税是指税收收入归地方各级政府的税种，如个人所得税。

❸中央和地方共享税。该税种的税收收入由中央和地方按一定的比例分成，如增值税。

三、税制构成要素

税制是税收法律制度的简称。每一种税种都要明确对谁征税、对什么征税、征多少税及征税的环节和期限等。税制构成要素一般包括纳税人、征税对象、税率、纳税环节、纳税期限、纳税地点、减税免税等。其中，纳税人、征税对象、税率是税制构成要素的三个基本要素。

1.纳税人

纳税人又叫纳税主体，是税法规定的直接负有纳税义务的单位和个人。纳税人有两种基本形式：自然人和法人。自然人是基于自然规律而出生的，有民事权利和义务的主体，包括本国公民，也包括外国人和无国籍人。法人是基于法律规定享有权利能力和行为能力，具有独立的财产和经费，依法独立承担民事责任的社会组织。我国的法人主要有四种：机关法人、事业法人、企业法人和社团法人。

与纳税人紧密联系的两个概念是代扣代缴义务人和代收代缴义务人。代扣代缴义务人是指虽不承担纳税义务，但依照有关规定，在向纳税人支付收入、结算货款、收取费用时有义务代扣代缴其应纳税款的单位和个人，如单位代扣职工的个人所得税。代收代缴义务人是指虽不承担纳税义务，但依照有关规定，在向纳税人收取商品或劳务收入时，有义务代收代缴其应纳税款的单位和个人，如委托加工应税消费品，由受托方在向委托方交货时代收代缴委托方应缴纳的消费税。

2.征税对象

征税对象又叫课税对象、征税客体，指税法规定对什么征税，是区别一种税与另一种税的重要标志。如消费税的征税对象是消费税条例所列举的应税消费品，房产税的征税对象是房屋等。征税对象是税制最基本的要素，因为它体现着征税的最基本界限，决定着某一种税的基本征税范围，同时，征税对象也决定了各个不同税种的名称。

与征税对象相关的有两个基本概念：税目和税基。

（1）税目。

税目是税法中规定应征税的具体项目，是征税对象的具体化，反映具体的征税范围，体现征税的广度，是对征税对象质的界定。

（2）税基。

税基又叫计税依据，是据以计算征税对象应纳税款的依据或标准。计税依据在表现形态上一般有两种：一种是价值形态，即按征税对象的货币价值计算，如应纳税所得额、销售收入、营业收入等，属于从价计征的方法；另一种是实物形态，即按征税对象的数量、重量、容积、面积等作为计税依据，属于从量计征的方法。

3.税率

税率是对征税对象的征收比例或征收额度。税率是计算税额的尺度，也是衡量税负轻重与否的重要标志。我国现行税率的主要形式见表1-1。

表1-1　　　　　我国现行税率的主要形式

税率类别	具体形式	说明	举例
比例税率	单一比例税率	对同一征税对象的所有纳税人都适用同一比例税率	增值税
	差别比例税率	对同一征税对象的不同纳税人适用不同的比例征税	城市维护建设税
	幅度比例税率	对同一征税对象，税法只规定最低税率和最高税率，各地区在该幅度内确定具体的适用税率	资源税中的原油
定额税率		按征税对象确定的计算单位，直接规定一个固定的税额	城镇土地使用税
累进税率	超额累进税率	把征税对象按数额的大小分成若干等级，每一等级规定一个税率，税率依次提高，但每一纳税人的征税对象则依所属等级同时适用几个税率分别计算，将计算结果相加后得出应纳税款	个人所得税中的工资、薪金所得项目
	超率累进税率	以征税对象数额的相对率划分若干级距，分别规定相应的差别税率，相对率每超过一个级距，对超过的部分就按高一级的税率计算征收	土地增值税

4.纳税环节

纳税环节是指税法规定的征税对象在从生产到消费的流转过程中应当缴纳税款的环节。如流转税在生产和流通环节纳税、所得税在分配环节纳税等。

5.纳税期限

纳税期限是指税法规定的关于税款缴纳时间方面的规定。我国现行税制的纳税期限有三种形式:"按期纳税"、"按次纳税"和"按年计征、分期预缴"。

6.纳税地点

纳税地点是指纳税人依据规定向征税机关申报纳税的具体地点。一般分为纳税人机构所在地、经济活动发生地、财产所在地和特定行为发生地。

7.减税免税

减税免税主要是对某些纳税人和征税对象采取减少征税或者免予征税的特殊规定。它可分为税基式减免、税率式减免和税额式减免三种。

(1)税基式减免。

税基式减免是指通过直接缩小计税依据的方式来实现减税、免税,具体包括起征点、免征额、项目扣除以及跨期结转。

> **想一想**
>
> 目前,我国工资、薪金所得在计算个人所得税时,按减除费用3 500元后的余额计算。这里的3 500元就是起征点吗?

(2)税率式减免。

税率式减免即通过直接降低税率的方式实现的减税免税,具体包括重新确定税率、选用其他税率、零税率。

(3)税额式减免。

税额式减免即通过直接减少应纳税额的方式实现的减税、免税,具体包括全部免征、减半征收等。

任务二　纳税准备工作

在国家实行"五证合一、一照一码"登记模式后,企业办税人员需要办理的涉税手续已经大大简化。

一、办理涉税信息补充采集

我国目前全面推行"五证合一、一证一码"的登记模式,即将企业设立时由工商行政管理机关、质量技术监督部门、税务机关、社会保险经办机构和统计机构五个部门分别核发不同证照的登记模式,改为由工商行政管理部门核发加载法人和其他组织统一社会信用代码的营业执照。因此,企业在领取营业执照后,办理涉税业务前,应当进行必要涉税信息的补充采集。在完成补充信息采集后,凭加载统一代码的营业执照可代替税务登记证使用。

1.办理涉税信息补充采集的时间

企业在领取加载了统一社会信用代码的营业执照以后,在首次办理涉税事宜时,如增值税一般纳税人资格登记、发票领用、纳税申报等,应当填写"纳税人首次办税补充信息表"(见表1-2),进行必要涉税信息的补充采集。

表 1-2 **纳税人首次办税补充信息表**

统一社会信用代码			纳税人名称		
核算方式	请选择对应项目打"√" □ 独立核算 □ 非独立核算		从业人数	_____ 其中外籍人数_____	
适用会计制度	请选择对应项目打"√" □ 企业会计制度 □ 企业会计准则 □ 小企业会计准则 □ 行政事业单位会计制度				
生产经营地	_____ 省（市/自治区）_____ 市（地区/盟/自治州）_____ 县（自治县/旗/自治旗/市/区）_____ 乡（民族乡/镇/街道）_____ 村（路/社区）_____ 号				
办税人员	身份证件种类	身份证件号码	固定电话	移动电话	电子邮箱
财务负责人	身份证件种类	身份证件号码	固定电话	移动电话	电子邮箱
税务代理人信息					
纳税人识别号	名称		联系电话		电子信箱
代扣代缴、代收代缴税款业务情况					
代扣代缴、代收代缴税种			代扣代缴、代收代缴税款业务内容		
经办人签章： 年 月 日			纳税人公章： 年 月 日		
国标行业（主）			主行业明细行业		
国标行业（附）			国标行业（附）明细行业		
纳税人所处街乡			隶属关系		国地管户类型
国税主管税务局			国税主管税务所（科、分局）		
地税主管税务局			地税主管税务所（科、分局）		
经办人			信息采集日期		

填表说明：

1.本表由已办理"一照一码"纳税人在首次办理涉税事项时，或者纳税人本表相关内容发生变更时使用，由税务机关根据纳税人提供资料填写，并打印交纳税人确认。当纳税人本表相关内容发生变化时，仅填报变化栏目即可。

2."生产经营地"和"财务负责人"栏仅在纳税人信息发生变化时填写。

3."统一社会信用代码"栏填写纳税人办理"一照一码"证照时工商机关赋予的社会信用代码。

4."纳税人名称"栏填写纳税人办理"一照一码"证照时的名称。

5."核算方式"栏选择纳税人会计核算方式，分为独立核算、非独立核算。

6."适用会计制度"栏选择纳税人适用的会计制度，在企业会计制度、企业会计准则、小企业会计准则、行政事业单位会计制度中选择其一。

7."国标行业（主）""主行业明细行业""国标行业（附）""国标行业（附）明细行业"栏根据国民经济行业分类标准（GB/T 4754-2011）进行填写。

8.本表一式一份，税务机关留存；纳税人如需留存，请自行复印。

2.办理涉税信息补充采集的程序

（1）纳税人提出涉税信息补充采集申请。

纳税人在首次输涉税事宜时，应当如实填写"纳税人首次办税补充信息表"。

（2）纳税人提交有关证件、资料。

纳税人办理涉税信息补充采集时，应当按照主管税务机关的要求提供有关证件、资料，包括：加载统一社会信用代码的营业执照、经办人身份证明。

（3）税务机关受理补充采集申请并审核。

税务机关根据纳税人提供的资料和信息，在系统中录入补充信息。补充信息全部采集完毕后，打印补充信息，交纳税人签章确认。纳税人无法当场签章确认的，将打印的补充信息交纳税人，提示纳税人在下次办理涉税事宜时返还已经签章确认的补充信息。

二、领购发票

1.发票的种类

发票是指在购销商品、提供或者接受服务以及从事其他经营活动中，开具或收取的收付款凭证。它是明确双方完成交易的经济责任的一种证书，是企业进行会计核算的原始凭证，也是计缴税款的原始依据。根据发票的使用范围，可以将发票分为增值税专用发票、普通发票和专业发票。

（1）增值税专用发票。

增值税专用发票是专门用于结算销售货物或者提供应税劳务使用的一种发票，由记账联、抵扣联和发票联三联构成，仅限于增值税一般纳税人使用。

（2）普通发票。

普通发票主要由增值税小规模纳税人使用；增值税一般纳税人在不能开具增值税专用发票的情况下也可以使用。其基本联次包括存根联、发票联和记账联三联。

（3）专业发票。

专业发票是指国有金融、保险企业的存贷、汇兑、转账凭证及保险凭证；国有邮政、电信企业的邮票、邮单、话务、电报收据；国有铁路、民用航空企业和交通部门国有公路、水上运输企业的客票、货票等。

2.提出领购发票申请

单位和个人向主管税务机关提出领购发票申请时，应填写纳税人领购发票票种核定申请表，并按要求提供税务登记证（副本）、经办人身份证明，以及财务印章或者发票专用章的印模。

3.领取发票领购簿

税务机关对纳税人提交的证件、资料进行审核后，符合规定的，即可核发发票领购簿。发票领购簿的内容一般包括用票单位和个人的名称、所属行业、经济类型、购票方式、核准购票种类、发票名称、领购日期、准购数量、起止号码、违章记录、领购人签字（盖章）、核发税务机关（章）等内容。

4.领购发票

纳税人应当根据发票领购簿核定的发票种类、数量以及购票方式，向主管税务机关领购发票。购票者在领购发票时应当根据主管税务机关的要求提供发票领购簿、税控IC卡

（增值税一般纳税人使用）、财务专用章或发票专用章，非初次购买发票的单位和个人还应提供已用发票的存根。

三、办理税务信息变更

1.办理变更税务信息的情形

已领取加载统一社会信用代码的企业，在纳税人信息采集中有关事项发生变更时，应当向税务机关提出变更信息申请，由税务机关对其有关信息予以变更。

2.办理变更税务信息的程序

（1）纳税人提出变更税务信息申请。

纳税人信息采集表中有关事项发生变更时，应当向税务机关提出变更信息申请，填写"纳税人首次办税补充信息表"中涉及的变更项目，应当按照主管税务机关的要求提供有关变更信息的有关资料或证明材料及其复印件。

（2）税务机关受理变更税务信息申请并审核。

税务机关应当对纳税人提交的各项资料进行审核，资料审核无误的，由税务机关在系统中录入有关变更信息并打印，交纳税人签章确认。

四、办理停业、复业税务登记

1.办理停业、复业税务登记的对象

实行定期定额征收方式的个体工商户，在营业执照核准的经营期限内需要停业的，应当在停业前向主管税务机关申报办理停业登记，并在恢复生产、经营之前，向税务机关申报办理复业登记。

2.办理停业税务登记的程序

（1）纳税人提出停业申请。纳税人应当在停业前向主管税务机关申报办理停业登记，并如实填写停业登记表，说明停业的理由、期限，停业前的纳税情况和发票的领、用、存情况。

（2）税务机关审核、办理停业登记。经税务机关审核（必要时可以进行实地审查），纳税人可以办理停业登记。在办理停业登记时，税务机关应当责成申请停业的纳税人结清税款，并收回发票领购簿和发票，办理停业登记。对不便收回的发票，税务机关应当就地予以封存。

3.办理复业税务登记的程序

（1）纳税人提出复业申请。纳税人应当于恢复生产、经营之前，向税务机关申请办理复业登记，并如实填写停业、复业（提前复业）报告书。

（2）税务机关审核、办理复业登记。经税务机关确认，纳税人可以办理复业登记，领回或启用发票登记簿及发票，纳入正常管理。

五、办理外出经营报验登记

从事生产、经营的纳税人跨省税务机关管辖区域（以下简称跨省）临时从事生产、经营活动的，应当向主管税务机关申请开具"外出经营活动税收管理证明"（以下简称"外管证"），向营业地税务机关报验登记，接受税务管理。在经营活动结束后向外出经营地税务机关申报核销。

1.申请开具"外管证"

需要跨省临时从事生产、经营活动的纳税人，应当在外出生产经营以前，向主管税务机关提出申请，如实填写"外出经营活动税收管理证明申请表"。

2.核发"外管证"

主管税务机关对纳税人的申请审核通过后，按照一地一证的原则，核发"外管证"。"外管证"的有效期限一般为30日，最长不得超过180天。

3.申请报验登记

纳税人应当自"外管证"签发之日起30日内，持"外管证"向经营地税务机关报验登记，并接受经营地税务机关的管理。纳税人以"外管证"上注明的纳税人识别号，在经营地税务机关办理税务事项。

4.核销"外管证"

纳税人外出经营活动结束，应当向经营地税务机关填报"外出经营活动情况申报表"，并结清税款。经营地税务机关核对资料，发现纳税人存在欠缴税款、多缴（包括预缴、应退未退）税款等未办结事项的，及时制发"税务事项通知书"，通知纳税人办理。纳税人不存在未办结事项的，经营地税务机关核销报验登记，在"外管证"上签署意见。

六、开具清税证明

1.开具清税证明的情形

已领取加载统一社会信用代码的营业执照的企业，如果需要办理注销登记，应当先向税务主管机关申报清税，由主管税务机关出具统一的清税证明，方可向工商行政管理部门申请办理注销登记。

2.开具清税证明的程序

（1）申请清税前的清理工作。

❶缴销发票。办理发票缴销手续时，纳税人应当如实填写发票缴销登记表，并携带发票领购簿和未使用的空白发票，向主管税务机关申请办理发票缴销手续。

❷进行最后一期纳税申报，并结清应纳税款、多退（免）税款、滞纳金和罚款。

（2）提出清税申请。

纳税人应当在办理注销工商登记前，依法向国税或地税任何一方主管税务机关提出清税申请，填写清税申请表，并根据主管税务机关的要求提交下列有关证件、资料：

❶工商营业执照被吊销的应提交工商行政管理机关发出的吊销决定；

❷单位纳税人应当提供上级主管部门批复文件或董事会决议及其他有关证明文件；

❸除加载统一社会信用代码的营业执照以外的其他税务证件；

❹企业所得税纳税人提供"中华人民共和国企业清算所得税申报表"及附表；

❺已发放过发票领用簿的纳税人还应提供发票领用簿等。

（3）领取清税证明。

税务机关受理清税申请后，企业清税申报信息同时传递给另一方税务机关，国税、地税税务主管机关按照各自职责分别进行清税。清税完毕后一方税务机关及时将本部门的清税结果信息反馈给受理税务机关，由受理税务机关根据国税、地税清税结果向纳税人统一出具清税证明。

任务三　　　　　　　　　　申报管理

　　纳税申报是纳税人按照税法规定的期限和内容，向税务机关提交有关纳税事项书面报告的法律行为，是纳税人履行纳税义务、界定纳税人法律责任的主要依据，是税务机关税收管理信息的主要来源和税务管理的重要制度。

一、纳税申报

　　1.纳税申报的对象

　　纳税申报的对象为纳税人和扣缴义务人。纳税人在纳税期内没有应纳税款的，也应当按照规定办理纳税申报。纳税人享受减税、免税待遇的，在减税、免税期间应当按照规定办理纳税申报。

　　2.纳税申报的内容

　　纳税申报的内容，主要在各税种的纳税申报表和代扣代缴、代收代缴税款报告表中体现，还可以在随纳税申报表附报的财务报表和有关纳税资料中体现。纳税人和扣缴义务人的纳税申报和代扣代缴、代收代缴税款报告的主要内容包括：税种、科目，应纳税项目或者应代扣代缴、代收代缴税款项目，计税依据，扣除项目及标准，适用税率或者单位税额，应退税项目及税额、应减免税项目及税额，应纳税额或者应代扣代缴、代收代缴税额，以及税款所属期限、延期缴纳税款、欠税、滞纳金等。

　　3.纳税申报的要求

　　纳税人办理纳税申报时，应当如实填写纳税申报表，并根据不同的情况相应报送下列有关证件、资料：

　　❶财务会计报表及其说明材料；

　　❷与纳税有关的合同、协议书及凭证；

　　❸税控装置的电子报税资料；

　　❹外出经营活动税收管理证明和异地完税凭证；

　　❺境内或者境外公证机构出具的有关证明文件；

　　❻税务机关规定应报送的其他有关证件、资料；

　　❼扣缴义务人办理代扣代缴、代收代缴税款时，应当如实填写代扣代缴、代收代缴税款报告表，并报送代扣代缴、代收代缴税款的合法凭证以及税务机关规定的其他有关证件、资料。

　　4.纳税申报的方式

　　目前，纳税申报的形式主要有以下三种：

　　（1）直接申报。

　　直接申报，是指纳税人自行到税务机关办理纳税申报。这是一种传统申报方式。

　　（2）邮寄申报。

　　邮寄申报，是指经税务机关批准的纳税人使用统一规定的纳税申报特快专递专用信封，通过邮政部门办理交寄手续，并向邮政部门索取收据作为申报凭据的方式。邮寄申报以寄出的邮戳日期为实际申报日期。

（3）数据电文申报。

数据电文，是指经税务机关确定的电话语音、电子数据交换和网络传输等电子方式。例如，目前纳税人的网上申报，就是数据电文申报方式的一种形式。纳税人采取电子方式办理纳税申报的，应当按照税务机关规定的期限和要求保存有关资料，并定期书面报送主管税务机关。采取数据电文方式办理纳税申报的，其申报日期以税务机关计算机网络系统收到该数据电文的时间为准。

除上述方式外，实行定期定额缴纳税款的纳税人，可以实行简易申报、简并征期等申报纳税方式。

5.延期申报管理

纳税人因有特殊情况，不能按期进行纳税申报的，经县以上税务机关核准，可以延期申报。经核准延期办理纳税申报的，应当在纳税期内按照上期实际缴纳的税额或者税务机关核定的税额预缴税款，并在核准的延期内办理纳税结算。

二、税款征收

税款征收是税收征收管理工作的中心环节，是全部税收征管工作的目的和归宿，在整个税收工作中占据着极其重要的地位。

1.税款征收的方式

（1）查账征收。

查账征收是指税务机关按照纳税人提供的账表所反映的经营情况，依照适用税率计算缴纳税款的方式。这种方式一般适用于财务会计制度较为健全、能够认真履行纳税义务的纳税单位。

（2）查定征收。

查定征收是指税务机关根据纳税人的从业人员、生产设备、采用原材料等因素，对其生产的应税产品查实核定产量、销售额并据以征收税款的方式。这种方式一般适用于账册不够健全，但是能够控制原材料或进销货的纳税单位。

（3）查验征收。

查验征收是指税务机关对纳税人的应税商品，通过查验数量，按市场一般销售单价计算其销售收入并据以征税的方式。这种方式一般适用于经营品种比较单一，经营地点、时间和商品来源不固定的纳税单位。

（4）定期定额征收。

定期定额征收是指税务机关对一些营业额和所得额难以准确计算的纳税人，采取由纳税人自报自议，由税务机关核定一定时期的营业额和所得附征率，实行多税种合并征收的一种征收方式。这种方式一般适用于小型的个体工商户。

（5）委托代征。

委托代征是指税务机关委托代征人以税务机关的名义征收税款，并将税款缴入国库的方式。这种方式一般适用于小额、零散税源的征收。

（6）邮寄纳税。

邮寄纳税是一种新的纳税方式。这种方式主要适用于那些有能力按期纳税，但采用其他方式纳税又不方便的纳税人。

（7）其他方式。

如利用网络申报、用IC卡纳税等方式。

2.税款征收制度

（1）代扣代缴、代收代缴。

代扣代缴指持有纳税人收入的单位和个人，从持有的纳税人收入中扣缴其应纳税款并向税务机关解缴的方式；代收代缴指与纳税人有经济往来关系的单位和个人，借助经济往来关系向纳税人收取其应纳税款并向税务机关解缴的方式。这两种方式适用于税源零星分散、不易控管的纳税人。

（2）延期缴纳税款制度。

纳税人因有特殊困难，不能按期缴纳税款的，经省、自治区、直辖市国家税务局、地方税务局批准，可以延期缴纳税款，但最长不得超过3个月。同一笔税款不得滚动审批，且批准延期内免予加收滞纳金。

特殊困难主要包括：一是因不可抗力，导致纳税人发生较大损失，正常生产经营活动受到较大影响的；二是当期货币资金在扣除应付职工工资、社会保险费后，不足以缴纳税款的。

（3）税收滞纳金征收制度。

纳税人未按照规定期限缴纳税款的，扣缴义务人未按照规定期限解缴税款的，税务机关除责令限期缴纳外，从滞纳税款之日起，按日加收滞纳税款万分之五的滞纳金。但是，因税务机关的责任，致使纳税人未缴或者少缴税款的，不得加收滞纳金。

（4）减免税收制度。

减免税是国家根据一定时期的政治、经济、社会政策的要求，对某些纳税人给予免除部分或全部税收负担的一种特殊措施。减免税一般可分为法定减免、特定减免和临时减免。法定减免是指税收法律（法规）中直接规定的对某些项目给予的减免；特定减免是指根据社会、经济发展需要，由国务院或者其授权的机关颁布法规、规章特别规定的减免；临时减免是除法定减免或特定减免以外的其他减免，主要是对某个纳税人由于特殊原因临时给予的减免，通常由国家财政、税务主管部门或地方政府依照税收管理权限作出规定。

（5）税款的退还和追征制度。

纳税人超过应纳税额缴纳的税款，税务机关发现后应当立即退还；纳税人自结算缴纳税款之日起3年内发现的，可以向税务机关要求退还多缴的税款并加算银行同期存款利息，税务机关及时查实后应当立即退还；涉及从国库中退库的，依照法律、行政法规中有关国库管理的规定退还。

因税务机关责任，致使纳税人、扣缴义务人未缴或少缴税款的，税务机关在3年内可要求纳税人、扣缴义务人补缴税款，但是不得加收滞纳金。因纳税人、扣缴义务人计算等失误，未缴或者少缴税款的，税务机关在3年内可以追征税款、滞纳金；有特殊情况的，追征期可以延长到5年。

任务四　税务检查

税务检查是纳税机关根据税法的规定，对纳税人、扣缴义务人履行纳税义务和扣缴义务的情况进行检查和处理工作的总称。

一、税务检查的形式

1.重点检查

重点检查指对公民举报、上级机关交办或有关部门转来的有偷税行为或偷税嫌疑的，纳税申报与实际生产经营情况有明显不符的纳税人及有普遍逃税行为的行业检查。

2.分类计划检查

分类计划检查是指根据纳税人历来纳税情况、纳税人的纳税规模及税务检查间隔时间的长短等综合因素，按事先确定的纳税人分类、计划检查时间及检查频率而进行的检查。

3.集中性检查

集中性检查指税务机关在一定时间、一定范围内，统一安排、统一组织的税务检查。这种检查一般规模比较大。如以前年度的全国范围内的税收、财务大检查就属于这类检查。

4.临时性检查

临时性检查指由各级税务机关根据不同的经济形势、偷逃税趋势、税收任务完成情况等综合因素，在正常的检查计划之外安排的检查。

5.专项检查

专项检查指税务机关根据税收工作实际，对某一税种或税收征收管理某一环节进行的检查。比如增值税一般纳税专项检查、漏征漏管户专项检查等。

二、税务检查的内容

税收征管法规定，征收机关有权进行下列纳税检查：

❶检查纳税人的账簿、记账凭证、报表和有关资料，检查扣缴义务人代扣代缴、代收代缴税款账簿、记账凭证和有关资料。

❷到纳税人的生产、经营场所和货物存放地，检查纳税人应纳税的商品、货物或者其他有关财产，检查扣缴义务人与代扣代缴、代收代缴税款有关的经营情况。

❸责成纳税人、扣缴义务人提供与纳税或者代扣代缴、代收代缴税款有关的文件、证明材料和有关资料。

❹询问纳税人、扣缴义务人与纳税或者代扣代缴、代收代缴税款有关的问题和情况。

❺到车站、码头、机场、邮政企业及分支机构检查纳税人托运、邮寄的应纳税商品、货物或者其他财产的有关单据、凭证和有关资料。

❻经县以上税务局（分局）局长批准，凭全国统一格式的检查存款账户许可证明，查核从事生产、经营的纳税人、扣缴义务人在银行或者其他金融机构的存款账户；查核从事生产、经营的纳税人的储蓄存款，须经银行县市支行或者市分行的区办事处核对，指定所属储蓄所提供资料。

征收机关派出的人员进行纳税检查时，应当出示税务检查证件，否则被检查人有权拒绝执行。纳税检查人员有责任为被检查人保守秘密。

想一想

税务检查和审计的目的有何不同？

任务实施

　　根据相关规定，新华机床有限责任公司办理税务登记后，发生了法定代表人的改变，应自工商行政管理机关办理工商变更登记之日起30日内，向原税务机关申报办理变更税务登记。

▶ 同步训练 ◀

一、单项选择题

1.下列不属于税收特征的是（　　　）。

A.固定性　　　　　　　B.无偿性　　　　　　　C.强制性　　　　　　　D.灵活性

2.下列税种中，属于中央和地方共享税的是（　　　）。

A.房产税　　　　　　　B.土地增值税　　　　　C.增值税　　　　　　　D.车辆购置税

3.按征税对象分，增值税属于（　　　）。

A.所得税　　　　　　　B.流转税　　　　　　　C.行为税　　　　　　　D.财产税

4.区分不同税种的主要标志是（　　　）。

A.纳税义务人　　　　　B.适用税率　　　　　　C.纳税环节　　　　　　D.征税对象

5.体现征税广度的是（　　　）。

A.纳税人　　　　　　　B.税目　　　　　　　　C.征税对象　　　　　　D.税率

6.按税收与价格的关系，税收可分为（　　　）。

A.从价税和从量税　　　　　　　　　　　B.价内税和价外税

C.从价税和价外税　　　　　　　　　　　D.从价税和价内税

7.下列各项中，不属于我国推行的"五证合一"中的"五证"的是（　　　）。

A.营业执照　　　　　　　　　　　　　　B.税务登记证

C.组织机构代码证　　　　　　　　　　　D.卫生许可证

8.下列选项中，不属于税务登记的是（　　　）。

A.停业登记　　　　　　　　　　　　　　B.复业登记

C.外出经营报验登记　　　　　　　　　　D.工商登记

9.按照"五证合一、一照一码"的登记制度，纳税人领取营业执照后，应当在初次办理涉税事宜时，填写（　　　），办理涉税信息补充采集。

A.企业设立（变更）登记表　　　　　　　B.清税申请书

C.纳税人首次办税补充信息表　　　　　　D.外出经营活动情况申报表

10.对账簿、凭证、核算制度比较健全的纳税人应采取的税款征收方式为（　　　）。

A.查账征收　　　　　　B.查定征收　　　　　　C.查验征收　　　　　　D.邮寄申报

11.纳税人发现多缴税款的，自结算缴纳税款之日起（　　　）内发现的，可以向税务机关要求退还多缴的税款并加算银行同期存款利息。

A.30日　　　　　　　　B.半年　　　　　　　　C.1年　　　　　　　　D.3年

12.与增值税普通发票相比，增值税专用发票独有的联次是（　　　）。

A.存根联　　　　　　　B.发票联　　　　　　　C.抵扣联　　　　　　　D.记账联

13.如果由于不可抗力或其他特殊情况等原因，纳税人不能近期进行税款缴纳的，经税务机关批准，可以延期缴纳，但最长不得超过（　　　）。

A.1个月　　　　　　　B.3个月　　　　　　　C.半年　　　　　　　D.1年

14.纳税人未按照规定期限缴纳税款的，扣缴义务人未按照规定期限解缴税款的，税务机关除责令限期缴纳外，从滞纳税款之日起，按日加收滞纳税款（　　　）的滞纳金。

A.1‰　　　　　　　　B.2‰　　　　　　　　C.0.3‰　　　　　　　D.0.5‰

15.因税务机关的责任，致使纳税人、扣缴义务人未缴或少缴税款的，税务机关在（　　　）内可以要求纳税人、扣缴义务人补缴税款，但是不得加收滞纳金。

A.1年　　　　　　　　B.2年　　　　　　　　C.3年　　　　　　　D.5年

二、多项选择题

1.按管理和使用权限分类，税收可以分为（　　　）。

A.中央税　　　　　　B.地方税　　　　　　C.共享税　　　　　　D.分享税

2.我国现行税制中应用的税率种类有（　　　）。

A.比例税率　　　　　B.定额税率　　　　　C.全额累进税率　　　D.超额累进税率

3.属于税基式减免的有（　　　）。

A.起征点　　　　　　B.降低税率　　　　　C.免征额　　　　　　D.减少应纳税额

4.我国现行税法中的纳税期限，主要形式有（　　　）。

A.按月纳税　　　　　　　　　　　　　　　B.按次纳税

C.办理纳税申报　　　　　　　　　　　　　D.按年计征、分期预缴

5.纳税人在申请开具清税证明前，应当向税务机关（　　　）。

A.结清应纳税款、滞纳金、罚款　　　　　　B.提供清缴欠税的纳税担保

C.缴纳不超过1万元的保证金　　　　　　　D.缴销发票和其他税务证件

6.纳税人在（　　　）的情况下，可以申请延期缴纳税款。

A.遇有不可抗力

B.经营亏损

C.遭受自然灾害

D.当期货币资金在扣除应付职工工资、社会保险费后不足以缴纳税款的

7.纳税申报的方式主要有（　　　）。

A.直接申报　　　　　B.邮寄申报　　　　　C.电子申报　　　　　D.网上申报

8.下列可以采用"查定征收"方式征税的有（　　　）。

A.依《税收征管法》可以不设账簿的　　　　B.账目混乱、凭证不全、难以查账的

C.外国企业会计账簿以外币计价的　　　　　D.因偷税受两次行政处罚后再犯的

9.纳税人发生（　　　）事项时，需要持加载统一社会信用代码的营业执照。

A.开立银行账户　　　　　　　　　　　　　B.申请办理延期申报、延期缴纳税款

C.办理工商登记　　　　　　　　　　　　　D.申请减税、免税、退税

10.税务检查的形式有（　　　）。

A.重点检查　　　　　B.分类计划检查　　　C.集中性检查　　　D.临时性检查

三、判断题

1.国家征税是为了满足政府及其工作人员的生活需要。　　　　　　　　（　　　）

2.税收的固定性对征纳双方都有约束力。　　　　　　　　　　　　　　（　　　）

3.在任何情况下，财务会计主体一定是税务会计主体。　　　　　　（　　）

4.税法规定的扣缴义务人必须依法履行代扣代缴税款义务。如果不履行义务，就要承担相应的法律责任。　　　　　　　　　　　　　　　　　　　　　（　　）

5.纳税人在免税期间不需要纳税，因而不需要进行税额计算和纳税申报。（　　）

6.通过直接减少应纳税额的方式实现的减免税形式称为税基式减免。　（　　）

7.税务机关可依法到纳税人的生产、生活、经营场所和货物存放地，检查纳税人应纳税的商品、货物或者其他有关财产。　　　　　　　　　　　　　　　（　　）

8.纳税人因偷税未缴或少缴的税款，税务机关可以无限期追缴。　　（　　）

9.纳税人须办理税务信息变更的，主管税务机关应当重新发放税务登记证件。（　　）

10.纳税人在办理完停业登记手续后，应当自行封存保管其发票领购簿、未使用完的发票和其他税务证件，防止丢失。　　　　　　　　　　　　　　　　（　　）

增值税

1. 熟悉增值税的征税范围、纳税人、税率；
2. 掌握增值税的计算；
3. 熟悉增值税相关业务的会计处理；
4. 掌握增值税纳税申报表的填制方法。

技能目标

1. 判断哪些项目应征收增值税；
2. 根据业务资料填制增值税纳税申报表；
3. 根据涉税业务进行增值税的账务处理。

案例导入

湖北荆门明星企业为7省335家公司虚开发票

2012年湖北天新公司法定代表人王荣伙同刘某、黄某等为7省335家受票公司虚开增值税专用发票（销项），同时接受6省75家开票公司提供虚开的增值税专用发票（进项）用于抵扣税款。涉案金额高达19.6亿元，造成国家税款损失2.7亿元。王荣曾于2002年涉嫌虚开增值税专用发票罪和合同诈骗罪入狱，2008年释放。此案已移送检察机关起诉，等待他的将是法律的又一次制裁。

请思考：什么是增值税？开具增值税专用发票的规定有哪些？为什么虚开增值税专用发票会给国家造成税款损失？

任务描述

滨江有限责任公司是增值税一般纳税人，除农产品外，公司的原材料和产品均适用17%的增值税税率。2017年7月份，该公司发生相关业务如下：

1.1日，购入原材料一批，取得增值税专用发票，注明价款200 000元、增值税 34 000 元，款项已支付，材料尚未收到。

2.3 日，购进免税农产品作为原材料，支付买价 70 000 元，材料已验收入库。

3.7 日，1 日购进的原材料验收入库，向运输公司支付运费及税款 111 000 元，取得增值税专用发票，注明运费 100 000 元、增值税 11 000 元。

4.11 日，收到捐赠的原材料，取得增值税专用发票，注明价款 100 000 元、增值税 17 000 元。

5.13 日，销售 A 产品，开具增值税专用发票，注明价款 1 000 000 元、增值税 170 000 元，款项已收。

6.15 日，向运输公司支付 13 日所售 A 产品的运费，取得增值税专用发票，注明运费 150 000 元、增值税 16 500 元；支付装卸费取得增值税专用发票，注明装卸费 20 000 元、增值税 1 200 元。

7.16 日，没收出借包装物押金 20 000 元。

8.19 日，将自产的 B 产品捐赠给灾区。该产品的市场售价 80 000 元（不含税），生产成本为 65 000 元。

9.22 日，将新试制产品作为福利发放给职工。该产品无市场同类产品，其生产成本为 150 000 元，成本利润率为 10%。

10.25 日，购进一台生产设备，取得增值税专用发票，注明价款 600 000 元、增值税 102 000 元，款已付。

11.期末甲材料盘亏 200 000 元，暂未查明原因。

上月尚有未抵扣增值税进项税额 35 000 元，该月取得的发票均经认证通过。

要求：

1.对上述业务进行账务处理；

2.计算该公司当月应缴纳的增值税；

3.填写 2017 年 7 月增值税纳税申报表。

任务一　　　　　　　　认识增值税

一、增值税的概念和类型

（一）增值税的概念

增值税是以商品（含应税劳务、应税行为）在流转过程中实现的增值额作为计税依据而征收的一种流转税。我国增值税相关法规规定，在我国境内销售货物，提供加工、修理修配劳务（简称应税劳务），销售应税服务、无形资产和不动产（简称应税行为）以及进口货物的单位和个人为增值税的纳税人。其中，"应税服务"，包括交通运输服务、邮政服务、电信服务、建筑服务、金融服务、现代服务、生活服务。

（二）增值税的类型

按照对购入固定资产进项税额的处理方式不同，可以将增值税分为以下几种：

1.生产型增值税

生产型增值税是指对购进的固定资产价值中所含的增值税款不允许扣除，也不考虑生产经营过程中固定资产磨损的那部分转移价值（即折旧）。就整个社会而言，相当于对国民生产总值（工资+租金+利息+利润+折旧）征税，所以称为生产型增值税。

2.收入型增值税

收入型增值税是指对购入固定资产价值中所含的增值税款，可以按照磨损程度相应地给予扣除。就整个社会而言，相当于对国民收入征税，所以称为收入型增值税。

3.消费型增值税

消费型增值税是指对购入固定资产价值中所含的增值税款，允许在购置当期全部一次性扣除。对整个社会而言，课税对象不包括生产资料部分，仅限于当期生产销售的所有消费品，所以称为消费型增值税。

从2009年1月1日起，我国实行消费型增值税。

二、增值税的纳税义务人

根据《增值税暂行条例》和《营业税改征增值税试点实施办法》的规定，在中华人民共和国境内销售货物、提供应税劳务、发生应税行为及进口货物的单位和个人，为增值税的纳税人。

单位，是指企业、行政单位、事业单位、军事单位、社会团体及其他单位。个人，是指个体工商户和其他个人。

增值税实行凭专用发票抵扣税款的制度，客观上要求纳税人具备健全的会计核算制度和能力。为了既简化增值税的计算和征收，也有利于减少税收征管漏洞，将增值税纳税人按会计核算水平和经营规模分为一般纳税人和小规模纳税人两类，分别采取不同的增值税计税方法。

（一）小规模纳税人

小规模纳税人是指应税行为的年应税销售额在财政部和国家税务总局规定标准以下，并且会计核算不健全，不能按规定报送有关税务资料的增值税纳税人。

根据《增值税暂行条例》、《增值税暂行条例实施细则》和《营业税改征增值税试点实施办法》及相关文件的规定，小规模纳税人的认定标准是：

❶从事货物生产或者提供加工、修理修配的纳税人，以及以从事货物生产或者提供加工、修理修配为主，并兼营货物批发或者零售的纳税人，年应税销售额在50万元（含本数）以下的；"以从事货物生产或者提供应税劳务为主"是指纳税人的年货物生产或者提供加工、修理修配的销售额占年应税销售额的比重在50%以上。

❷对上述规定以外的纳税人，年应税销售额在80万元（含本数）以下的。

❸年应税销售额超过小规模纳税人标准的其他个人按小规模纳税人纳税。

❹非企业性单位可选择按小规模纳税人纳税。

❺发生应税行为的纳税人年应税销售额标准为500万元，应税行为年应税销售额未超过500万元的纳税人为小规模纳税人。

小规模纳税人不能领购和使用增值税专用发票，按简易办法计算应纳增值税额。能够认真履行纳税义务的小规模企业，经税务机关批准，其销售货物或提供应税劳务可由税务所代开增值税专用发票。

（二）一般纳税人

增值税一般纳税人资格实行登记制，年应税销售额超过小规模纳税人标准（50万元或者80万元）的企业和企业性单位，应当向主管税务机关办理一般纳税人资格登记。除国家税务总局另有规定外，一经登记为一般纳税人后，不得转为小规模纳税人。

除财政部、国家税务总局另有规定外，纳税人自其选择的一般纳税人资格生效之日起，按照增值税一般计税方法计算应纳税额，并按照规定领用增值税专用发票。

两类纳税人的划分规定见表2-1。

表2-1　　　　　　　　　　　**两类纳税人具体划分规定**

纳税人		年应纳增值税销售额（万元）		
货物生产、应税劳务	货物批发、零售	50万元（含）以下	50万元~80万元（含）	超过80万元
主营		小规模纳税人	一般纳税人	一般纳税人
主营	兼营	小规模纳税人	一般纳税人	一般纳税人
兼营	主营	小规模纳税人	小规模纳税人	一般纳税人
	主营	小规模纳税人	小规模纳税人	一般纳税人

注：应税服务年销售额在500万元以下的为小规模纳税人，超过500万元的为一般纳税人。

三、增值税的征税范围

根据《增值税暂行条例》和《营业税改征增值税试点实施办法》的规定，增值税的征税范围分为一般规定和具体规定。

（一）征税范围的一般规定

1.销售或者进口的货物

销售货物，是指有偿转让货物的所有权。进口货物，是指经申报进入我国关境的货物。

2.提供加工、修理修配劳务

加工是指受托加工货物，即委托方提供原料及主要材料，受托方按照委托方的要求制造货物并收取加工费的业务；修理修配是指受托对损伤和丧失功能的货物进行修复，使其恢复原状和功能的业务。单位或者个体工商户聘用的员工为本单位或者雇主提供的加工、修理修配劳务，不包括在内。

3.发生的应税行为

应税行为分为三大类，即销售应税服务、销售无形资产和销售不动产。其中，应税服务包括交通运输服务、邮政服务、电信服务、建筑服务、金融服务、现代服务、生活服务。

销售应税服务，是指有偿提供应税服务，但不包括非经营活动中提供的应税服务。

非经营活动主要包括：一是行政单位收取的同时满足以下条件的政府性基金或者行政事业性收费：❶由国务院或者财政部批准设立的政府性基金，由国务院或者省级人民政府及其财政、价格主管部门批准设立的行政事业性收费；❷收取时开具省级以上（含省级）财政部门监（印）制的财政票据；❸所收款项全额上缴财政。二是单位或者个体工商户聘用的员工为本单位或者雇主提供取得工资的服务。三是单位或者个体工商户为员工提供的应税服务。四是财政部和国家税务总局规定的其他情形。

（1）交通运输服务，是指使用运输工具将货物或旅客送达目的地，使其空间位置得到转移的业务活动，包括陆路运输服务、水路运输服务、航空运输服务和管道运输服务。

（2）邮政服务，是指中国邮政集团公司及其所属邮政企业提供邮件寄递、邮政汇兑、机要通信和邮政代理等邮政基本服务的业务活动，包括邮政普通服务、邮政特殊服务和其他邮政服务。

邮政普通服务是指函件、包裹等邮件寄递，以及邮票发行、报刊发行和邮政汇兑等业务活动。邮政特殊服务是指义务兵平常信函、机要通信、盲人读物和革命烈士遗物的寄递等业务活动。其他邮政服务是指邮册等邮品销售、邮政代理等业务活动。

（3）电信服务，是指利用有线、无线的电磁系统或者光电系统等各种通信网络资源，提供语音通话服务，传送、发射、接收或者应用图像、短信等电子数据和信息的业务活动，包括基础电信服务和增值电信服务。

基础电信服务是指利用固网、移动网、卫星、互联网，提供优质语音通话服务的业务活动，以及出租或者出售带宽、波长等网络元素的业务活动。增值电信服务是指利用固网、移动网、卫星、互联网、有线电视网络，提供短信和彩信服务、电子数据和信息的传输及应用服务、互联网接入服务等业务活动。卫星电视信号落地转接服务，按照增值电信服务计算缴纳增值税。

（4）建筑服务，是指建筑安装工程作业，具体包括工程服务、安装服务、修缮服务、装饰服务和其他建筑服务。

（5）金融服务，是指经营金融保险的业务活动，包括贷款服务、直接收费金融服务、保险服务和金融商品转让。

（6）现代服务，是指围绕制造业、文化产业、现代物流产业等提供技术性、知识性服务的业务活动，包括研发和技术服务、信息技术服务、文化创意服务、物流辅助服务、租赁服务、鉴证咨询服务、广播影视服务、商务辅助服务和其他现代服务。

❶研发和技术服务，包括研发服务、技术转让服务、技术咨询服务、合同能源管理服务、工程勘察勘探服务。

研发服务，是指就新技术、新产品、新工艺或者新材料及其系统进行研究与试验开发的业务活动。

技术转让服务，是指转让专利或者非专利技术的所有权或者使用权的业务活动。

技术咨询服务，是指对特定技术项目提供可行性论证、技术预测、技术测试、技术培训、专题技术调查、分析评价报告和专业知识咨询等业务活动。

合同能源管理服务，是指节能服务公司与用能单位以契约形式约定节能目标，节能服务公司提供必要的服务，用能单位以节能效果支付节能服务公司投入及其合理报酬的业务活动。

工程勘察勘探服务，是指在采矿、工程施工前，对地形、地质构造、地下资源蕴藏情况进行实地调查的业务活动。

❷信息技术服务，是指利用计算机、通信网络等技术对信息进行生产、收集、处理、加工、存储、运输、检索和利用，并提供信息服务的业务活动，包括软件服务、电路设计及测试服务、信息系统服务和业务流程管理服务。

软件服务，是指提供软件开发服务、软件咨询服务、软件维护服务、软件测试服务的业务行为。

电路设计及测试服务，是指提供集成电路和电子电路产品设计、测试及相关技术支持服务的业务行为。

信息系统服务，是指提供信息系统集成、网络管理、桌面管理与维护、信息系统应用、基础信息技术管理平台整合、信息技术基础设施管理、数据中心、托管中心、安全服务的业务行为，包括网站对非自有的网络游戏提供的网络运营服务。

业务流程管理服务，是指依托计算机信息技术提供的人力资源管理、财务经济管理、审计管理、税务管理、金融支付服务、内部数据分析、内部数控挖掘、内部数控管理、内部数据使用、呼叫中心和电子商务平台等服务的业务活动。

❸文化创意服务，包括设计服务、商标和著作权转让服务、知识产权服务、广告服务和会议展览服务。

设计服务，是指把计划、规划、调查通过视觉、文字等形式传递出来的业务活动，包括工业设计、造型设计、服装设计、环境设计、平面设计、包装设计、动漫设计、网游设计、展示设计、网站设计、机械设计、工程设计、广告设计、创意策划、文印晒图等。

商标和著作权转让服务，是指转让商标、商誉和著作权的业务活动。

知识产权服务，是指处理知识产权事务的业务活动，包括对专利、商标、著作权、软件、集成电路布图设计的代理、登记、鉴定、评估、认证、咨询、检索服务。

广告服务，是指利用图书、报纸、杂志、广播、电视、电影、幻灯、路牌、招贴、橱窗、霓虹灯、灯箱、互联网等各种形式为客户的商品、经营服务项目、文体节目或者通告、声明等委托事项进行宣传和提供相关服务的业务活动，包括广告代理和广告的发布、播映、宣传、展示等。

会议展览服务是指为商品流通、促销、展示、经贸洽谈、民间交流、企业沟通、国际往来等举办或者组织安排的各类展览和会议的业务活动。

❹物流辅助服务，包括航空服务、港口码头服务、货运客运场站服务、打捞救助服务、货物运输代理服务、代理报关服务、仓储服务、装卸搬运服务和收派服务。

航空服务，包括航空地面服务和通用航空服务。航空地面服务，是指航空公司、飞机场、民航管理局、航站等向在境内航行或者境内机场停留的境内外飞机或者其他飞行器提供的导航等劳务性地面服务的业务活动，包括旅客安全检查服务、停机坪管理服务、机场候机厅管理服务、飞机清洗消毒服务、空中飞行管理服务、飞机起降服务、飞行通讯服务、地面信号服务、飞机安全服务、飞机跑道管理服务、空中交通管理服务等。通用航空服务，是指为专业工作提供飞行服务的业务活动，包括航空摄影、航空培训、航空测量、航空勘探、航空护林、航空吊挂播撒、航空降雨等。

港口码头服务，是指港务船舶调度服务、船舶通讯服务、航道管理服务、航道疏浚服务、灯塔管理服务、航标管理服务、船舶引航服务、理货服务、系解缆服务、停泊和移泊服务、海上船舶溢油清除服务、水上交通管理服务、船只专业清洗消毒检测服务和防止船只漏洞服务等为船只提供服务的业务活动。港口设施经营人收取的港口设施保安费按照"港口码头服务"征收增值税。

货运客运场站服务，是指货运客运场站提供的货物配载服务、运输组织服务、中转换乘服务、车辆调度服务、票务服务、货物打包整理、铁路线路使用服务、加挂铁路客车服务、铁路行包专列发送服务、铁路到达和中转服务、铁路车辆编解服务、车辆挂运服务、铁路接触网服务、铁路机车牵引服务、车辆停放服务等业务活动。

打捞救助服务，是指提供船舶人员救助、船舶财产救助、水上救助和沉船沉物打捞服务的业务活动。

货物运输代理服务，是指接受货物收货人、发货人、船舶所有人、船舶承租人或船舶经营人的委托，以委托人的名义或者以自己的名义，在不直接提供货物运输服务的情况下，为委托人办理货物运输、船舶进出港口、联系安排引航、靠泊、装卸等货物和船舶代理相关业务手续的业务活动。

代理报关服务，是指接受进出口货物的收、发货人委托，代为办理报关手续的业务活动。

仓储服务，是指利用仓库、货场或者其他场所代客贮放、保管货物的业务活动。

装卸搬运服务，是指使用装卸搬运工具或人力、畜力将货物在运输工具之间、装卸现场之间或者运输工具与装卸现场之间进行装卸和搬运的业务活动。

收派服务，是指接受寄件人委托，在承诺的时限内完成函件和包裹的收件、分拣、派送服务的业务活动。

❺租赁服务，包括有形动产租赁服务和不动产租赁服务。

❻鉴证咨询服务，包括认证服务、鉴证服务和咨询服务。

认证服务，是指具有专业资质的单位利用检测、检验、计量等技术，证明产品、服务、管理体系符合相关技术规范、相关技术规范的强制性要求或者标准的业务活动。

鉴证服务，是指具有专业资质的单位，为委托方的经济活动及有关资料进行鉴证，发表具有证明力的意见的业务活动，包括会计鉴证、税务鉴证、法律鉴证、工程造价鉴证、资产评估、环境评估、房地产土地评估、建筑图纸审核、医疗事故鉴定等。

咨询服务，是指提供和策划财务、税收、法律、内部管理、业务运作和流程管理等信息或者建议的业务活动。

代理记账、翻译服务按照"咨询服务"征收增值税。

❼广播影视服务，包括广播影视节目（作品）的制作服务、发行服务和播映（含放映，下同）服务。

广播影视节目（作品）制作服务，是指进行专题（特别节目）、专栏、综艺、体育、动画片、广播剧、电视剧、电影等广播影视节目和作品制作的服务，具体包括与广播影视节目和作品相关的策划、采编、拍摄、录音，音视频文字图片素材制作，场景布置，后期的剪辑、翻译（编译）、字幕制作，片头、片尾、片花制作，特效制作、影片修复、编目和确权等业务活动。

广播影视节目（作品）发行服务，是指以分账、买断、委托、代理等方式，向影院、电台、电视台、网站等单位和个人发行广播影视节目（作品）以及转让体育赛事等活动的报道及播映权的业务活动。

广播影视节目（作品）播映服务，是指在影视、剧院、录像厅及其他场所播映广播影视节目（作品）以及通过电台、电视台、卫星通信、互联网、有线电视等无线或有线装置播映广播影视节目（作品）的业务活动。

❽商务辅助服务，包括企业管理服务、经纪代理服务、人力资源服务、安全保护服务。

❾其他现代服务，是指除研发和技术服务、信息技术服务、文化创意服务、物流辅助服务、租赁服务、鉴证咨询服务、广播影视服务和商务辅助服务以外的现代服务。

（7）生活服务，是指为满足城乡居民日常生活需求提供的各类服务活动，包括文化体育服务、教育医疗服务、旅游娱乐服务、餐饮住宿服务、居民日常服务和其他生活服务。

（8）销售无形资产。销售无形资产，是指转让无形资产所有权或者使用权的业务活动。无形资产，是指不具实物形态，但能带来经济利润的资产，包括技术、商标、著作权、商誉、自然资源使用权和其他权益性无形资产。

（9）销售不动产。销售不动产，是指转让不动产所有权的业务活动。不动产，是指不能移动或者移动后会引起性质、形状改变的财产，包括建筑物、构筑物等。

（二）征税范围的具体规定

1.属于征税范围的特殊项目

❶货物期货，应当征收增值税，在期货的实物交割环节纳税。

❷对增值税纳税人收取的会员费收入不征收增值税。

❸各燃油电厂从政府财政专户取得的发电补贴不属于增值税规定的价外费用，不计入应税销售额，不征收增值税。

❹经批准允许从事二手车经销业务的纳税人按照《机动车登记规定》的有关规定，收购二手车时将其办理过户登记到自己名下，销售时再将该二手车过户登记到买家名下的行为，属于《增值税暂行条例》规定的销售货物的行为，应按照现行规定征收增值税。

❺航空运输企业已售票但未提供航空运输服务取得的逾期票证收入，按照"航空运输服务"征收增值税。

❻纳税人取得的中央财政补贴，不属于增值税应税收入，不征收增值税。

❼存款利息不征收增值税。

❽被保险人获得的保险赔付不征收增值税。

2.属于征税范围的特殊行为

（1）视同销售货物或视同发生应税行为。

单位或者个体工商户的下列行为，应确定为视同销售货物或视同发生应税行为，征收增值税：

❶将货物交付其他单位或者个人代销；

❷销售代销货物；

❸设有两个以上机构并实行统一核算的纳税人，将货物从一个机构移送至其他机构用于销售，但相关机构设在同一县（市）的除外；

❹将自产、委托加工的货物用于非应税项目；

❺将自产、委托加工的货物用于集体福利或者个人消费；

❻将自产、委托加工或者购进的货物作为投资，提供给其他单位或者个体工商户；

❼将自产、委托加工或者购进的货物分配给股东或者投资者；

❽将自产、委托加工或者购进的货物无偿赠送给其他单位或者个人；

❾单位和个体工商户向其他单位或者个人无偿销售应税服务、无偿转让无形资产或不动产，但以公益活动为目的或者以社会公众为对象的除外；

❿财政部和国家税务总局规定的其他情形。

（2）混合销售行为。

根据《营业税改征增值税试点实施办法》第四十条，一项销售行为如果既涉及服务又涉及货物，为混合销售。从事货物的生产、批发或者零售的单位和个体工商户的混合销售行为，按照销售货物缴纳增值税；其他单位和个体工商户的混合销售行为，按照销售服务缴纳增值税。

混合销售行为成立的行为标准有两点：❶其销售行为必须是一项；❷该项行为必须既涉及货物销售又涉及应税行为。

（3）兼营行为。

纳税人兼有不同税率或者征收率的销售货物、提供应税劳务或者应税服务的，应当分别核算适用不同税率或征收率的销售额，未分别核算销售额的，按照以下方法适用税率或征收率：

❶兼有不同税率的销售货物、提供加工修理修配劳务或者应税服务的，从高适用税率。

❷兼有不同征收率的销售货物、提供加工修理修配劳务或者应税服务的，从高适用征收率。

❸兼有不同税率和征收率的销售货物、提供加工修理修配劳务或者应税服务的，从高适用税率。

四、增值税的税率、征收率

我国增值税采用比例税率形式。为了发挥增值税的中性作用，原则上增值税的税率应该对不同行业、不同企业实行单一税率，称为基本税率。实践中为了照顾一些特殊行业或产品也增设了低税率，以及对出口产品实行零税率。为了适应增值税纳税人分成两类的情况，故对这两类不同的纳税人又采用了不同的税率和征收率。

（一）税率

（1）增值税一般纳税人销售或者进口货物，提供应税劳务，税率一律为17%。

（2）增值税一般纳税人销售或者进口下列货物，按低税率11%计征增值税：

❶农产品（含粮食，不含淀粉；含干姜、姜黄，不含麦芽、复合胶、人发制品）、食用植物油（含橄榄油，不含肉桂油、桉油、香茅油）。

❷自来水、暖气、冷气、热水、煤气、石油液化气、天然气、沼气、居民用煤炭制品、食用盐。

❸图书、报纸、杂志。

❹饲料、化肥、农药、农机、农膜。

❺国务院及其有关部门规定的其他货物，如农产品、音像制品、电子出版物、二甲

醚等。

（3）提供交通运输、邮政、基础电信、建筑、不动产租赁服务，销售不动产，转让土地使用权，税率为11%。

（4）提供现代服务（有形动产租赁服务适用17%），提供增值电信、金融和生活服务，发生转让土地使用权以外的其他无形资产的应税行为，税率为6%。

（二）零税率

纳税人出口货物和财政部、国家税务总局规定的应税服务，税率为零；但是，国务院另有规定的除外。

（三）征收率

增值税对小规模纳税人及一些特殊情况采用简易征收办法，对小规模纳税人及特殊情况适用的税率称为征收率。

1.一般规定

考虑到小规模纳税人经营规模小，且会计核算不健全，难以按上述增值税税率计税和使用增值税专用发票抵扣进项税额，因此实行按销售额与征收率计算应纳税额的简易办法。目前，小规模纳税人的征收率一般为3%。根据"营改增"的规定，下列情况适用5%征收率：

❶小规模纳税人销售自建或取得的不动产。

❷一般纳税人选择简易计税方法计税的不动产销售。

❸房地产开发企业中的小规模纳税人，销售自行开发的房地产项目。

❹其他个人销售其取得（不含自建）的不动产（不含其购买的住房）。

❺一般纳税人选择简易计税方法计税的不动产经营租赁。

❻小规模纳税人出租（经营租赁）其取得的不动产（不含个人出租住房）。

❼其他个人出租（经营租赁）其取得的不动产（不含住房）。

❽个人出租住房，应按照5%征收率减按1.5%计算应纳税额。

❾纳税人转让2016年4月30日前取得的土地使用权，选择适用简易计税方法的。

2.特殊政策

根据增值税相关规定，适用3%征收率的某些一般纳税人和小规模纳税人可以减按2%计征增值税：

（1）一般纳税人销售自己使用过的属于《增值税暂行条例》第十条规定不得抵扣且未抵扣进项税额的固定资产，按照简易办法依照3%征收率减按2%征收增值税，应纳税额＝含税销售额÷（1＋3%）×2%。

一般纳税人销售自己使用过的除固定资产以外的物品，应当按照适用税率征收增值税。

（2）小规模纳税人（除其他个人外，下同）销售自己使用过的固定资产，减按2%征收率征收增值税，应纳税额＝含税销售额÷（1＋3%）×2%。

小规模纳税人销售自己使用过的除固定资产以外的物品，按3%征收率征收增值税，应纳税额＝含税销售额÷（1＋3%）×3%。

（四）兼营行为的税率选择

纳税人兼有不同税率或者征收率的销售货物、提供应税劳务或者应税服务的，应当分别核算适用不同税率或征收率的销售额，未分别核算销售额的，按照以下方法适用税率或征收率：

❶兼有不同税率的销售货物、提供应税劳务、发生应税行为，从高适用税率。

❷兼有不同征收率的销售货物、提供应税劳务、发生应税行为，从高适用征收率。

❸兼有不同税率和征收率的销售货物、提供应税劳务、发生应税行为，从高适用税率。

五、增值税专用发票的管理

增值税实行凭国家印发的增值税专用发票注明的税款进行抵扣的制度。增值税专用发票（以下简称专用发票）不仅是纳税人经济活动中的重要商业凭证，而且是兼记销售方销项税额和购买方进项税额进行税款抵扣的凭证，对增值税的计算和管理起着决定性的作用。因此，正确使用专用发票是十分重要的。

专用发票，是一般纳税人发生应税行为时开具的发票，是购买方支付增值税额并可按照增值税有关规定据以抵扣增值税进项税额的凭证。纳税人自税务机关批准为一般纳税人的次月起（新开业纳税人自主管税务机关受理申请的当月起），按照规定可领购、使用专用发票。

一般纳税人应通过增值税防伪税控系统（以下简称防伪税控系统）使用专用发票。使用，包括领购、开具、缴销、认证纸质专用发票及其相应的数据电文。

上述所称防伪税控系统，是指经国务院同意推行的，使用专用设备和通用设备、运用数字密码和电子存储技术管理专用发票的计算机管理系统。"专用设备"是指金税卡、IC卡、读卡器和其他设备。"通用设备"是指计算机、打印机、扫描器具和其他设备。

（一）专用发票的联次

专用发票由基本联次或者基本联次附加其他联次构成。基本联次为三联：发票联、抵扣联和记账联。发票联，作为购买方核算采购成本和增值税进项税额的记账凭证；抵扣联，作为购买方报送主管税务机关认证和留存备查的凭证；记账联，作为销售方核算销售收入和增值税销项税额的记账凭证。其他联次的用途，由一般纳税人自行确定。

（二）专用发票的开票限额

增值税专用发票实行最高开票限额管理。最高开票限额，是指单份专用发票开具的销售额合计数不得达到的上限额度。

最高开票限额由一般纳税人申请，区县税务机关依法审批。一般纳税人申请最高开票限额时，需填报"增值税专用发票最高开票限额申请单"（见表2-2）。主管税务机关受理纳税人申请以后，根据需要进行实地查验。税务机关应根据纳税人实际生产经营和销售情况进行审批，保证纳税人生产经营的正常需要。

（三）专用发票领购

一般纳税人凭发票领购簿、IC卡和经办人身份证明领购专用发票。一般纳税人有下列情形之一的，不得领购专用发票：

（1）会计核算不健全，不能向税务机关准确提供增值税销项税额、进项税额、应纳税额数据及其他有关增值税税务资料的。

（2）有《税收征管法》规定的税收违法行为，拒不接受税务机关处理的。

表 2-2　　　　　**增值税专用发票最高开票限额申请单**

申请事项（由纳税人填写）	纳税人名称		纳税人识别号	
	地　　址		联系电话	
	购票人信息			
	申请增值税专用发票（增值税税控系统）最高开票限额	□初次　　□变更　　（请选择一个项目并在□内打"√"）		
		□一亿元　□一千万元　□一百万元　□十万元　□一万元　　□一千元 （请选择一个项目并在□内打"√"）		
	申请货物运输业增值税专用发票（增值税税控系统）最高开票限额	□初次　　□变更　　（请选择一个项目并在□内打"√"）		
		□一亿元　□一千万元　□一百万元　□十万元　□一万元　　□一千元 （请选择一个项目并在□内打"√"）		
	申请理由： 经办人（签字）：　　　　　　纳税人（印章）：　 年　月　日　　　　　　　年　月　日			
区县税务机关意见	发票种类		批准最高开票限额	
	增值税专用发票（增值税税控系统）			
	货物运输业增值税专用发票 （增值税税控系统）			
	经办人（签字）：　　　批准人（签字）：　　　税务机关（印章）： 　年　月　日　　　　　　年　月　日　　　　　　年　月　日			

注：本申请表一式两联：第一联由申请纳税人留存；第二联由区县税务机关留存。

（3）有下列行为之一，经税务机关责令限期改正而仍未改正的：

❶虚开增值税专用发票。

❷私自印制专用发票。

❸向税务机关以外的单位和个人买取专用发票。

❹借用他人专用发票。

❺未按规定开具专用发票。

❻未按规定保管专用发票和专用设备。有下列情形之一的，为未按规定保管专用发票和专用设备：

A.未设专人保管专用发票和专用设备；

B.未按税务机关要求存放专用发票和专用设备；

C.未将认证相符的专用发票抵扣联、"认证结果通知书"和"认证结果清单"装订成册；

D.未经税务机关查验，擅自销毁专用发票基本联次。

❼未按规定申请办理防伪税控系统变更发行。

❽未按规定接受税务检查。

有上列情形的，如已领购专用发票，主管税务机关应暂扣其结存的专用发票和IC卡。

（四）专用发票开具范围

（1）一般纳税人发生应税行为的，应向购买方开具专用发票。

（2）商业企业一般纳税人零售的烟、酒、食品、服装、鞋帽（不包括劳保专用部分）、化妆品等消费品不得开具专用发票。

（3）增值税小规模纳税人需要开具专用发票的，可向主管税务机关申请代开。

（4）销售免税货物不得开具专用发票，法律、法规及国家税务总局另有规定的除外。

（5）属于下列情形之一的，不得开具增值税专用发票：

❶向消费者个人销售服务、无形资产或者不动产。

❷适用免征增值税规定的应税行为。

（五）专用发票开具要求

（1）项目齐全，与实际交易相符；

（2）字迹清楚，不得压线、错格；

（3）发票联和抵扣联加盖财务专用章或者发票专用章；

（4）按照增值税纳税义务的发生时间开具。

对不符合上列要求的专用发票，购买方有权拒收。

六、税收减免

1.起征点

增值税起征点幅度如下：

（1）按期纳税的，为月销售额5 000～20 000元（含本数）。

（2）按次纳税的，为每次（日）销售额300～500元（含本数）。

起征点的调整由财政部和国家税务总局规定。省、自治区、直辖市财政厅（局）和国家税务局应当在规定的幅度内，根据实际情况确定本地区适用的起征点，并报财政部和国家税务总局备案。

对增值税小规模纳税人中月销售额未达到2万元的企业或非企业性单位，免征增值税。2017年12月31日前，对月销售额2万元（含本数）至3万元的增值税小规模纳税人，免征增值税。

个人发生应税行为的销售额未达到增值税起征点的，免征增值税；达到起征点的，全额计算缴纳增值税。

增值税起征点不适用于登记为一般纳税人的个体工商户。

2.税收优惠

根据《营业税改征增值税试点过渡政策的规定》，营改增试点全面推开后，在过渡期内将对以下40个项目免征增值税：

（1）托儿所、幼儿园提供的保育和教育服务。

（2）养老机构提供的养老服务。

（3）残疾人福利机构提供的育养服务。

（4）婚姻介绍服务。

（5）殡葬服务。

（6）残疾人员本人为社会提供的服务。

（7）医疗机构提供的医疗服务。

（8）从事学历教育的学校提供的教育服务。

（9）学生勤工俭学提供的服务。

（10）农业机耕、排灌、病虫害防治、植物保护、农牧保险以及相关技术培训业务，家禽、牲畜、水生动物的配种和疾病防治。

（11）纪念馆、博物馆、文化馆、文物保护单位管理机构、美术馆、展览馆、书画院、图书馆在自己的场所提供文化体育服务取得的第一道门票收入。

（12）寺院、宫观、清真寺和教堂举办文化、宗教活动的门票收入。

（13）行政单位之外的其他单位收取的符合规定的政府性基金和行政事业性收费。

（14）个人转让著作权。

（15）个人销售自建自用住房。

（16）2018年12月31日前，公共租赁住房经营管理单位出租公共租赁住房。

（17）台湾航运公司、航空公司从事海峡两岸海上直航、空中直航业务在大陆取得的运输收入。

（18）纳税人提供的直接或者间接国际货物运输代理服务。

（19）以下利息收入：2016年12月31日前，金融机构农户小额贷款；国家助学贷款；国债、地方政府债；人民银行对金融机构的贷款；住房公积金管理中心用住房公积金在指定的委托银行发放的个人住房贷款；外汇管理部门在从事国家外汇储备经营过程中，委托金融机构发放的外汇贷款；统借统还业务中，企业集团或企业集团中的核心企业以及集团所属财务公司按不高于支付给金融机构的借款利率水平或者支付的债券票面利率水平，向企业集团或者集团内下属单位收取的利息。

（20）被撤销金融机构以货物、不动产、无形资产、有价证券、票据等财产清偿债务。

（21）保险公司开办的一年期以上人身保险产品取得的保费收入。

（22）下列金融商品转让收入：合格境外投资者（QFII）委托境内公司在我国从事证券买卖业务；香港市场投资者（包括单位和个人）通过沪港通买卖上海证券交易所上市A股；对香港市场投资者（包括单位和个人）通过基金互认买卖内地基金份额；证券投资基金（封闭式证券投资基金、开放式证券投资基金）管理人运用基金买卖股票、债券；个人从事金融商品转让业务。

（23）金融同业往来利息收入。

（24）符合条件的担保机构从事中小企业信用担保或者再担保业务取得的收入（不含信用评级、咨询、培训等收入）3年内免征增值税。

（25）国家商品储备管理单位及其直属企业承担商品储备任务，从中央或者地方财政取得的利息补贴收入和价差补贴收入。

（26）纳税人提供技术转让、技术开发和与之相关的技术咨询、技术服务。

（27）符合条件的合同能源管理服务。

（28）2017 年 12 月 31 日前，科普单位的门票收入，以及县级及以上党政部门和科协开展科普活动的门票收入。

（29）政府举办的从事学历教育的高等、中等和初等学校（不含下属单位），举办进修班、培训班取得的全部归该学校所有的收入。

（30）政府举办的职业学校设立的主要为在校学生提供实习场所，并由学校出资自办、由学校负责经营管理、经营收入归学校所有的企业，从事《销售服务、无形资产或者不动产注释》中"现代服务"（不含融资租赁服务、广告服务和其他现代服务）、"生活服务"（不含文化体育服务、其他生活服务和桑拿、氧吧）业务活动取得的收入。

（31）家政服务企业由员工制家政服务员提供家政服务取得的收入。

（32）福利彩票、体育彩票的发行收入。

（33）军队空余房产租赁收入。

（34）为了配合国家住房制度改革，企业、行政事业单位按房改成本价、标准价出售住房取得的收入。

（35）将土地使用权转让给农业生产者用于农业生产。

（36）涉及家庭财产分割的个人无偿转让不动产、土地使用权。

（37）土地所有者出让土地使用权和土地使用者将土地使用权归还给土地所有者。

（38）县级以上地方人民政府或自然资源行政主管部门出让、转让或收回自然资源使用权（不含土地使用权）。

（39）随军家属就业。

（40）军队转业干部就业。

任务二　　计算增值税

一、一般计税方法

（一）一般纳税人适用的计税方法

一般纳税人发生应税行为适用一般计税方法计税，这也是国际上通行的购进扣税法。其计算公式是：

当期应纳增值税税额=当期销项税额-当期进项税额

=当期销售额×适用税率-当期进项税额

但是一般纳税人销售或提供财政部和国家税务总局规定的特定的货物、应税行为，可以选择适用简易计税方法计税，一经选择，36 个月内不得变更。

（二）销项税额的计算

销项税额是指纳税人销售货物，提供应税劳务以及发生应税行为时，按照销售额或者应税劳务收入或者应税行为收入与规定税率计算并向购买方收取的增值税税额。销项税额的计算公式为：

销项税额=销售额×适用税率

1.一般销售方式下的销售额

销售额是指纳税人销售货物，提供应税劳动以及发生应税行为时向购买方收取的全部价款和价外费用，财政部和国家税务总局另有规定的除外。特别需要强调的是，尽管销项税额也是销售方向购买方收取的，但是由于增值税采用价外计税方式，用不含税价作为计税依据，因而销售额中不包括向购买方收取的销项税额。

价外费用，包括价外向购买方收取的手续费、补贴、基金、集资费、返还利润、奖励费、违约金、滞纳金、延期付款利息、赔偿金、代收款项、代垫款项、包装费、包装物租金、储备费、优质费、运输装卸费以及其他各种性质的价外收费。但下列项目不包括在内：

❶代为收取并符合规定的政府性基金或者行政事业性收费。

❷以委托方名义开具发票代委托方收取的款项。

❸受托加工应征消费税的消费品所代收代缴的消费税。

❹销售货物的同时代办保险等而向购买方收取的保险费，以及向购买方收取的代购买方缴纳的车辆购置税、车辆牌照费。

应当注意，对一般纳税人向购买方收取的价外费用和逾期包装物押金，应视为含税收入，在征税时换算成不含税收入再并入销售额。

2.特殊销售方式下的销售额

（1）采取折扣方式销售。

折扣方式销售主要有折扣销售、销售折扣和销售折让三种方式。它们的税务处理规定各不相同，具体规定和区别见表2-3。

表2-3　　　　　　　　折扣销售、销售折扣与销售折让

折扣方式	折扣目的	表现形式举例	税务处理
折扣销售 （商业折扣）	促销	买100件，折扣10%；买200件，折扣20%	销售额和折扣额必须在同一张发票的"金额"栏分别注明，折扣额才可从销售额中扣除
销售折扣 （现金折扣）	鼓励购买方及早偿还货款	2/10，n/30	折扣额不得从销售额中扣除
销售折让	品种或质量问题引起的部分货款退还	售价1 000元，售后发现质量问题，折让100元	折让额可从当期销售额中扣除

（2）采取以旧换新方式销售。

以旧换新是纳税人在销售自己的货物时，有偿收回旧货物的行为。根据税法规定，采取以旧换新方式销售货物的，应按新货物的同期销售价格确定销售额，不得扣减旧货物的收购价格。考虑到金银首饰以旧换新业务的特殊情况，对金银首饰以旧换新业务，可以按销售方实际收取的不含增值税的全部价款征收增值税。

（3）以物易物销售。

以物易物是指购销双方以同等价款的货物相互结算以实现货物销售的一种购销方式。以物易物双方都应作购销处理，以各自发出的货物核算销售额并计算销项税额，以各自收到的货物按规定核算购买额并计算进项税额。应注意，在以物易物活动中，应分别开具合

法的票据，如收到的货物不能取得相应的专用发票或其他合法票据的，不能抵扣进项税额。

（4）包装物押金的税务处理。

包装物是指纳税人包装本单位货物的各种物品。纳税人销售货物时另收取包装物押金，目的是促使购货方及早退回包装物以便周转使用。

根据税法规定，纳税人为销售货物而出租出借包装物收取押金，单独记账核算的，时间在1年以内，又未过期的，不并入销售额征税，但对因逾期未收回包装物不再退还的押金，应按所包装货物的适用税率计算销项税额。上述规定中，"逾期"是指按合同约定实际逾期或以1年为期限，对收取1年以上的押金，无论是否退还均并入销售额征税。

对销售除啤酒、黄酒以外的其他酒类产品而收取的包装物押金，无论是否返还以及会计上如何核算，均应并入当期销售额征税。对销售啤酒、黄酒所收取的押金，按上述一般押金的规定处理。

特别注意

包装物押金不应混同于包装物租金，包装物租金在销货时作为价外费用并入销售额计算销项税额。

（5）销售已使用过的固定资产的税务处理。

自2009年1月1日起，一般纳税人销售自己使用过的固定资产，应区分不同情形征收增值税，同时应根据《关于简并增值税征收率政策的通知》的规定，对2014年7月1日后的有关行为进行征收率的处理：

❶销售自己使用过的2009年1月1日以后购进或者自制的固定资产，按照适用税率征收增值税。

❷2008年12月31日以前未纳入扩大增值税抵扣范围试点的纳税人，销售自己使用过的2008年12月31日以前购进或者自制的固定资产，按照4%征收率减半征收增值税；2014年7月1日以后按照3%征收率减按2%征收增值税。

❸2008年12月31日以前已纳入扩大增值税抵扣范围试点的纳税人，销售自己使用过的在本地区扩大增值税抵扣范围试点以前购进或者自制的固定资产，按照4%征收率减半征收增值税；2014年7月1日以后按照3%征收率减按2%征收增值税。销售自己使用过的在本地区扩大增值税抵扣范围试点以后购进或者自制的固定资产，按照适用税率征收增值税。

❹按照"营改增"规定认定的一般纳税人，销售自己使用过的本地区试点实施之日（含）以后购进或自制的固定资产，按照适用税率征收增值税；销售自己使用过的本地区试点实施之日以前购进或者自制的固定资产，按照4%征收率减半征收增值税，2014年7月1日以后按照3%征收率减按2%征收增值税。

3.对视同销售货物行为的销售额的确定

任务一"增值税的征税范围"中已列明了单位和个体工商户的10种视同销售货物或视同发生应税行为，如将货物交付他人代销，将自产、委托加工或购买的货物无偿赠送他人等。这10种视同销售或视同发生应税行为中的某些行为由于不是以资金的形式反映，会出现无销售额的现象。因此，税法规定，对视同销售征税而无销售额的按下列顺序确定其销售额：

❶按纳税人最近时期销售同类货物、服务、无形资产或者不动产的平均销售价格确定。

❷按其他纳税人最近时期同类货物、服务、无形资产或者不动产的平均销售价格确定。

❸按组成计税价格确定。组成计税价格的公式为：

组成计税价格=成本×（1+成本利润率）

征收增值税的货物，同时又征收消费税的，其组成计税价格中应加上消费税税额。其组成计税价格公式为：

组成计税价格=成本×（1+成本利润率）+消费税税额

或　　　　　　　　=成本×（1+成本利润率）÷（1−消费税税率）

或　　　　　　　　=［成本×（1+成本利润率）+课税数量×消费税定额税率］÷（1−消费税税率）

公式中的成本：销售自产货物的为实际生产成本，销售外购货物的为实际采购成本。公式中的成本利润率由国家税务总局确定。

根据"营改增"相关规定，纳税人发生应税行为的价格明显偏低或者偏高且不具有合理商业目的的，主管税务机关有权按照上述办法确定销售额。

4.含税销售额的换算

一般纳税人发生应税行为取得的含税销售额在计算销项税额时，必须将其换算为不含税的销售额。对于一般纳税人发生应税行为，采用销售额和销项税额合并定价方法的，按下列公式计算销售额：

销售额=含税销售额÷（1+增值税税率）

（三）进项税额的计算

进项税额，是指纳税人购进货物、加工修理修配劳务、服务、无形资产或者不动产，支付或者负担的增值税额。进项税额是与销项税额相对应的另一个概念。在开具增值税专用发票的情况下，它们之间的对应关系是，销售方收取的销项税额，就是购买方支付的进项税额。每一个一般纳税人都会有收取的销项税额和支付的进项税额。增值税的核心就是从纳税人收取的销项税额中扣减其支付的进项税额，其余额为纳税人实际应缴纳的增值税税额。这样，进项税额作为可抵扣的部分，对于纳税人实际纳税多少就产生了举足轻重的作用。

然而，并不是纳税人支付的所有进项税额都可以从销项税额中抵扣。为体现增值税的配比原则，即购进项目金额与销售产品销售额之间应有配比性，当纳税人购进的货物或接受的应税服务不是用于增值税应税项目，而是用于简易计税方法计税项目、免税项目或用于集体福利、个人消费等情况时，其支付的进项税额就不能从销项税额中抵扣。

1.准予从销项税额中抵扣的进项税额

（1）从销售方取得的专用发票（含税控机动车销售统一发票，下同）上注明的增值税。

（2）从海关取得的海关进口增值税专用缴款书上注明的增值税额。

（3）购进农产品，除取得增值税专用发票或者海关进口增值税专用缴款书外，按照农产品收购发票或者销售发票上注明的农产品买价和11%的扣除率计算进项税额。进项税额计算公式：进项税额＝买价×扣除率。

（4）从境外单位或者个人购进服务、无形资产或者不动产，自税务机关或者扣缴义务人取得的解缴税款的完税凭证上注明的增值税额。

（5）不动产进项税额分期抵扣办法。

❶2016年5月1日后取得并在会计制度上按固定资产核算的不动产或者2016年5月1日后取得的不动产在建工程，其进项税额应自取得之日起分2年从销项税额中抵扣，第一年抵扣比例为60%，第二年抵扣比例为40%。取得不动产，包括以直接购买、接受捐赠、接受投资入股、自建以及抵债等各种形式取得的不动产，不包括房地产开发企业自行开发的房地产项目。

❷纳税人2016年5月1日后购进货物和设计服务、建筑服务，用于新建不动产，或者用于改建、扩建、修缮、装饰不动产并增加不动产原值超过50%的，其进项税额依照上述①的规定分2年从销项税额中抵扣。

上述分2年从销项税额中抵扣的购进货物，是指构成不动产实体的材料和设备，包括建筑装饰材料和给排水、采暖、卫生、通风、照明、通信、煤气、消防、中央空调、电梯、电气、智能化楼宇设备及配套设施。

❸纳税人按照上述规定从销项税额中抵扣进项税额，应取得2016年5月1日后开具的合法有效的增值税扣税凭证。

上述进项税额中，60%的部分于取得扣税凭证的当期从销项税额中抵扣；40%的部分为待抵扣进项税额，于取得扣税凭证的当月起第13个月从销项税额中抵扣。

❹纳税人销售其取得的不动产或者不动产在建工程时，尚未抵扣完毕的待抵扣进项税额，允许于销售的当期从销项税额中抵扣。

（6）原增值税一般纳税人自用的应征消费税的摩托车、汽车、游艇，其进项税额准予从销项税额中抵扣。但抵扣仅限于生产经营用的部分，属于个人消费或集体福利的，仍然不能抵扣。

原增值税一般纳税人取得的试点小规模纳税人由税务机关代开的增值税专用发票，按增值税专用发票注明的税额抵扣进项税额。

2.不得从销项税额中抵扣的进项税额

纳税人购进货物或者接受应税行为，取得的增值税扣税凭证不符合法律、行政法规或者国务院税务主管部门的有关规定的，其进项税额不得从销项税额中抵扣。增值税扣税凭证，是指增值税专用发票、海关进口增值税专用缴款书、农产品收购发票、农产品销售发票和完税凭证。

按《增值税暂行条例》和"营改增"相关规定，下列项目的进项税额不得从销项税额中抵扣：

（1）用于简易计税方法计税项目、免征增值税项目、集体福利或者个人消费的购进货物、加工修理修配劳务、服务、无形资产和不动产。其中涉及的固定资产、无形资产、不动产，仅指专用于上述项目的固定资产、无形资产（不包括其他权益性无形资产）、不动产。

所称的购进货物，不包括既用于增值税应税项目（不含免征增值税项目）也用于非增值税应税项目、免征增值税（以下简称"免税"）项目、集体福利或者个人消费的固定资产。

所称的个人消费包括纳税人的交际应酬消费。

（2）非正常损失的购进货物，以及相关的加工修理修配劳务和交通运输服务。

所称的非正常损失，是指因管理不善造成货物被盗、丢失、霉烂变质，以及因违反法律法规造成货物或者不动产被依法没收、销毁、拆除的情形。

（3）非正常损失的在产品、产成品所耗用的购进货物（不包括固定资产）、加工修理修配劳务和交通运输服务。

（4）非正常损失的不动产，以及该不动产所耗用的购进货物、设计服务和建筑服务。

（5）非正常损失的不动产在建工程所耗用的购进货物、设计服务和建筑服务。

纳税人新建、改建、扩建、修缮、装饰不动产，均属于不动产在建工程。

（6）购进的旅客运输服务、贷款服务、餐饮服务、居民日常服务和娱乐服务。

（7）财政部和国家税务总局规定的其他情形。

其中，第（4）项、第（5）项所称的货物，是指构成不动产实体的材料和设备，包括建筑装饰材料和给排水、采暖、卫生、通风、照明、通信、煤气、消防、中央空调、电梯、电气、智能化楼宇设备及配套设施。

（四）应纳税额计算的相关规定

1.计算应纳税额的时间限定

为了保证计算应纳税额的合理、准确性，纳税人必须严格把握当期进项税额从当期销项税额中抵扣这个要点。"当期"是个重要的时间限定，具体是指税务机关依照税法规定对纳税人确定的纳税期限，只有在纳税期限内实际发生的销项税额、进项税额，才是法定的当期销项税额或当期进项税额。

（1）计算销项税额的时间限定。

❶采取直接收款方式销售货物，为收到销售款或者取得索取销售款凭据的当天；

❷采取托收承付和委托银行收款方式销售货物，为发出货物并办妥托收手续的当天；

❸视同销售行为中第3～9项的，为货物移送和应税行为完成的当天，等等。

（2）防伪税控专用发票进项税额抵扣的时间限定。

自2017年7月1日起，增值税一般纳税人取得的2017年7月1日以后开具的增值税专用发票和机动车销售统一发票，应自开具之日起360天内进行认证或登录增值税发票选择确认平台进行确认。纳税人取得的2017年6月30日前开具的增值税扣税凭证，认证期限为180天。未在规定期限内认证的，不得作为有效的增值税扣税凭证，不得计算进项税额抵扣。

（3）海关进口增值税专用缴款书进项税额抵扣的时间限定。

❶自2013年7月1日起，一般纳税人进口货物取得的属于增值税范围的海关缴款书，需经税务机关稽核比对相符后，其增值税税额方能作为进项税额在销项税额中抵扣。

❷一般纳税人进口货物取得的2017年7月1日以后开具的海关进口增值税专用缴款书，应自开具之日起360天内向主管税务机关报送海关完税凭证抵扣清单（电子数据），申请稽核比对；逾期未申请的，其进项税额不予抵扣。

2.计算应纳税额时进项税额不足抵扣的处理

由于增值税实行购进扣税法，有时企业当期购进的货物很多，在计算应纳税额时会出现当期销项税额小于当期进项税额、不足抵扣的情况。根据税法规定，当期进项税额不足抵扣的部分可以结转下期继续抵扣。

3.进项税额转出的规定

前期已抵扣进项税额的应税行为，如果事后改变用途，用于简易计税方法计税项目、用于免征增值税项目、用于集体福利或者个人消费、购进货物发生非正常损失、在产品或产成品发生非正常损失，应当将该应税行为的进项税额从当期的进项税额中扣减；无法确定该项进项税额的，按当期实际成本计算应扣减的进项税额。这里的实际成本的计算公式为：

实际成本=进价+运费+保险费+其他有关费用

4.销货退回或折让涉及销项税额和进项税额的税务处理

一般纳税人发生应税行为，开具增值税专用发票后，发生销售货物退回或者折让、开票有误等情形，应按国家税务总局的规定开具红字增值税专用发票。未按规定开具红字增值税专用发票的，不得扣减销项税额或者销售额。

（五）一般纳税人应纳税额计算实例

【例2-1】某生产企业为增值税一般纳税人，适用的增值税税率为17%，2017年7月份的有关生产经营业务如下：

（1）销售甲产品给某大商场，开具增值税专用发票，取得不含税销售额40万元；另外，取得销售甲产品的送货运输费收入5.85万元（含增值税价格，与销售货物不能分别核算）。

（2）销售乙产品，开具增值税普通发票，取得含税销售额23.4万元。

（3）将试制的一批应税新产品用于本企业基建工程，成本价为10万元，国家税务总局规定的成本利润率为10%，该新产品无同类产品市场销售价格。

（4）销售2016年6月份购进作为固定资产使用过的进口摩托车5辆，开具增值税专用发票，注明每辆不含税销售额为1万元。

（5）购进货物取得增值税专用发票，注明货款30万元、进项税额5.1万元；另外支付购货的运输费用3万元（不含税），取得运输公司开具的增值税专用发票。

（6）向农业生产者购进免税农产品一批（不适用进项税额核定扣除办法），支付收购价款20万元，支付给运输单位运费3万元（不含税），取得相关的合法票据。本月下旬将购进的农产品的20%用于本企业职工福利。

以上相关票据均符合税法的规定。请按下列顺序计算该企业2017年7月份应缴纳的增值税税额。

（1）计算销售甲产品的销项税额；

（2）计算销售乙产品的销项税额；

（3）计算自用新产品的销项税额；

（4）计算销售使用过的摩托车应纳税额；

（5）计算外购货物应抵扣的进项税额；

（6）计算外购免税农产品应抵扣的进项税额；

（7）计算该企业7月份应缴纳的增值税税额。

计算如下：

（1）销售甲产品的销项税额=40×17%＋5.85÷（1+17%）×17%=7.65（万元）

（2）销售乙产品的销项税额=23.4÷（1+17%）×17%=3.4（万元）

（3）自用新产品的销项税额=10×（1+10%）×17%=1.87（万元）

（4）销售使用过的摩托车应纳税额=1×5×17%=0.85（万元）

（5）外购货物应抵扣的进项税额=5.1+3×11%=5.43（万元）

（6）外购免税农产品应抵扣的进项税额=（20×11%+3×11%）×（1-20%）=2.024（万元）

（7）该企业7月份应缴纳的增值税税额=7.65+3.4+1.87+0.85-5.43-2.024=6.316（万元）

二、简易计税方法

小规模纳税人发生应税行为适用简易计税方法计税。但一般纳税人销售或提供财政部和国家税务总局规定的特定的应税行为，也可以选择适用简易计税方法计税。采用简易计税方法的计算公式为：

当期应纳增值税税额=当期销售额（不含增值税）×征收率

销售额=含税销售额÷（1＋征收率）

【例2-2】某商店为增值税小规模纳税人，2017年7月份取得零售收入总额20.6万元。计算该商店7月份应缴纳的增值税税额。

7月份取得的不含税销售额=20.6÷（1＋3%）=20（万元）

7月份应缴纳增值税税额=20×3%=0.6（万元）

三、进口货物征税

1.进口货物征税范围

根据《增值税暂行条例》的规定，申报进入中华人民共和国海关境内的货物，均应缴纳增值税。

2.进口货物的纳税人

进口货物的收货人或办理报关手续的单位和个人，为进口货物增值税的纳税义务人。也就是说，进口货物增值税纳税人的范围较宽，包括了国内一切从事进口业务的企事业单位、机关团体和个人。

3.进口货物的适用税率

进口货物增值税税率与任务一中"增值税的税率、征收率"的规定相同。

4.进口货物应纳税额的计算

纳税人进口货物，按照组成计税价格和《增值税暂行条例》规定的税率计算应纳税额。组成计税价格是指在没有实际销售价格时，按照税法规定计算出作为计税依据的价格。进口货物计算增值税组成计税价格和应纳税额的计算公式为：

组成计税价格=关税完税价格+关税+消费税

或　　　　　　　　=（关税完税价格+关税）÷（1-消费税税率）

应纳税额=组成计税价格×税率

纳税人在计算进口货物的增值税时应注意以下问题：

（1）进口货物增值税的组成计税价格中包括已纳关税税额，如果进口货物属于消费税应税消费品，其组成计税价格中还要包括进口环节已纳消费税税额。

（2）在计算进口环节的应纳增值税税额时不得抵扣任何税额，即在计算进口环节的应纳增值税税额时，不得抵扣发生在我国境外的各种税金。

（3）按照《海关法》和《进出口关税条例》的规定，一般贸易下进口货物的关税完税价格以海关审定的成交价格为基础的到岸价格作为完税价格。所谓成交价格是指一般贸易项下进口货物的买方为购买该货物向卖方实际支付或应当支付的价格；到岸价格，是指包括货价，加上货物运抵我国关境内输入地点起卸前的包装费、运费、保险费和其他劳务费等费用构成的一种价格。

（4）纳税人进口货物取得的合法海关完税凭证，是计算增值税进项税额的唯一依据，其价格差额部分以及从境外供应商取得的退还或返还的资金，不作为进项税额转出处理。

【例2-3】某公司进口货物一批。该批货物在国外的买价为30万元，另该批货物运抵我国海关前发生的运输费、保险费等共计10万元。货物报关后，该公司按规定缴纳了进口环节的增值税并取得了海关开具的海关进口增值税专用缴款书。假定该批进口货物在国内全部销售，取得不含税销售额60万元。该批货物进口关税税率为15%，增值税税率为17%。请计算下列项目：

（1）关税的组成计税价格；

（2）进口环节应缴纳的进口关税；

（3）进口环节应纳增值税的组成计税价格；

（4）进口环节应缴纳的增值税税额；

（5）国内销售环节的销项税额；

（6）应缴纳的增值税税额。

计算如下：

（1）关税的组成计税价格=30+10=40（万元）

（2）进口环节应缴纳的进口关税=40×15%=6（万元）

（3）进口环节应纳增值税的组成计税价格=40+6=46（万元）

（4）进口环节应缴纳的增值税税额=46×17%=7.82（万元）

（5）国内销售环节的销项税额=60×17%=10.2（万元）

（6）应缴纳的增值税税额=10.2-7.82=2.38（万元）

四、出口货物和服务的退（免）税

出口货物退（免）税是国际贸易中通常采用的并为世界各国普遍接受的、目的在于鼓励各国出口货物公平竞争的一种退还或免征间接税（目前在我国主要包括增值税、消费税）的税收措施，即对出口货物已承担或应承担的增值税和消费税等间接税实行退还或者免征。由于这项制度比较公平合理，因此它已成为国际社会通行的惯例。

1.出口货物免、退税的类型

（1）出口免税并退税。

出口免税是指对货物在出口销售环节不征增值税、消费税。这是把货物出口环节与出口前的销售环节都同样视为一个征税环节。出口退税是指对货物在出口前实际负担的税款，按规定的退税率计算后予以退还。

（2）出口免税不退税。

出口免税与上述第（1）项含义相同。出口不退税是指适用这个政策的出口货物因在前一道生产、销售环节或进口环节是免税的，因此，出口时该货物的价格中本身就不含税，也无须退税。出口不退税适用于来料加工复出口的货物、列入免税项目的避孕药品和工具、古旧图书、免税农产品、国家计划内出口的卷烟及军用品等。

（3）出口不免税也不退税。

出口不免税是指对国家限制或禁止出口的某些货物的出口环节视同内销环节，照常征税；出口不退税是指对这些货物出口不退还出口前其所负担的税款。适用这个政策的主要是税法列举限制或禁止出口的货物，如天然牛黄、麝香等。

2.出口货物免、退税的条件

❶必须是属于增值税、消费税征税范围的货物。这两种税的具体征收范围及其划分，《增值税暂行条例》和《消费税暂行条例》对其税目、税率（单位税额）均已明确。

❷必须是报关离境的货物。所谓报关离境，即出口，就是货物输出海关，这是区别货物是否应退（免）税的主要标准之一。凡是报关不离境的货物，不论出口企业以外汇结算还是以人民币结算，也不论企业在财务上和其他管理上作何处理，均不能视为出口货物予以退（免）税。

❸必须是在财务上作销售处理的货物。出口货物只有在财务上作销售处理后，才能办理退税。

❹必须是出口收汇并已核销的货物。将出口退税与出口收汇核销挂钩可以有效地防止出口企业高报出口价格骗取退税，有助于提高出口收汇率，有助于强化出口收汇核销制度。

3.出口货物免、退税方法

出口货物免、退税的只有增值税和消费税。由于纳税性质和会计处理不同，其具体的免、退税方法也不相同。

（1）先征后退法。

先征后退法是出口退税的一种主要计算方法。"先征后退"仅指对生产企业自营出口或委托外贸企业代理出口自产货物实行的一种出口退税办法，即有进出口经营权的生产企业自营出口或委托外贸企业代理出口的自产货物，一律先按出口货物离岸价及增值税法定税率计算征税，然后按出口货物离岸价及规定的退税率计算退税。

（2）免、抵、退法。

免、抵、退法应用于生产企业，具体操作是对生产企业出口销售环节的增值税减免，进项税额准予在内销货物的应纳税额中抵扣，不足抵扣的部分给予退税。

4.出口退税率

除财政部和国家税务总局根据国务院决定而明确的增值税出口退税率（以下称退税率）外，出口货物的退税率为其适用税率。应税服务退税率为其按照"营改增"规定适用的增值税税率。

5.增值税退税额的计算

（1）流通企业增值税退税额的计算。

流通企业出口货物增值税应退税额的计算采用先征后退法，应依据购进出口货物增值税专用发票上所注明的金额和出口货物适用的出口退税率计算。

应退税额=购进出口货物增值税专用发票上注明的金额×出口退税率

不得退税税额=购进出口货物增值税专用发票上注明的金额×（出口货物征税税率−出口退税率）

（2）生产企业增值税退税额的计算。

　　生产企业自营或委托外贸企业代理出口（以下简称出口）自产货物，除另有规定外，增值税一律实行免、抵、退税管理办法。增值税小规模纳税人出口自产货物实行免征增值税办法，相关进项税额不予退还或抵扣。

　　"免、抵、退"税办法中："免"税是指对生产企业自营或委托外贸企业代理出口的自产货物，免征本企业生产销售环节增值税；"抵"税是指生产企业出口自产货物所耗用的原材料、零部件、燃料、动力等购进时所含的应退还的进项税额，可抵顶内销货物的应纳税额；"退"税是指生产企业出口的自产货物在当月内应抵顶的进项税额大于应纳税额时，经主管退税的税务机关批准，对未抵顶完的部分予以退税。

　　具体计算过程：

❶ 当期应纳（退）税额 = 当期内销货物的销项税额 − (当期进项税额 + 上期未抵扣完的进项税额 − 当期免抵退税不得免征和抵扣税额)

　　其中：当期免抵退税不得免征和抵扣税额 = 出口货物的离岸价 × 外汇人民币牌价 × (货物征税率 − 出口退税率) − 免抵退税不得免征和抵扣税额抵减额

　　由于增值税的征收率与退税率之间的差异，应有一部分当期免抵退税不得免征和抵扣税额计入企业主营业务成本中。那么，若生产企业当期生产产品耗用料件中有免税进口的，应从当期免抵退税不得免征和抵扣税额中扣除这部分。

　　免抵退税不得免征和抵扣税额抵减额 = 免税购进原材料价格 × (出口货物征税率 − 出口退税率)

　　在这一计算过程中应当准确理解公式中的"当期进项税额"，它是生产企业当期出口货物和内销货物在生产过程中所耗用的原材料等购进时的进项税额。"免抵退税不得免征和抵扣税额抵减额"的含义是生产企业若有进料加工业务，购进料件免税，所生产的产品复出口自然不应退税，体现了"不征不退"的原则。

　　通过上述计算，若应纳税额为正数，则为当期应纳税额；若应纳税额为负数，则为当期"期末留抵税额"，均表现在企业当期"增值税纳税申报表"中。在这里需注意的是，只有生产企业的当期应纳增值税为负数时才考虑退税的问题。

❷ 免抵退税额 = 出口货物的离岸价 × 外汇人民币牌价 × 出口货物退税率 − 免抵退税抵减额

　　其中：免抵退税抵减额 = 免税购进原材料价格 × 出口退税率

❸ 当期应退税额和免抵税额的计算

　　如当期期末留抵税额 ≤ 当期免抵退税额，则：

　　当期应退税额 = 当期期末留抵税额（为企业实际应取得的退税款）

　　当期免抵税额 = 当期免抵退税额 − 当期应退税额（为企业出口抵减内销产品应纳税额）

　　如当期期末留抵税额 > 当期免抵退税额，则：

　　当期应退税额 = 当期免抵退税额（为企业实际应取得的退税额）

　　当期免抵税额 = 0

　　免抵退税后的未留抵完税额 = 当期期末留抵税额 − 当期免抵退税额

　　免抵退税后的未留抵完税额留到下期继续抵扣。

任务三　　　　增值税的核算

一、一般纳税人涉税业务的主要会计科目

　　一般纳税人增值税的会计核算涉及的会计科目主要是"应交税费"，它属于负债类账户，

期末贷方余额反映企业尚未缴纳的税费；期末借方余额，反映企业多缴或尚未抵扣的税金。

"应交税费"科目下应设置"应交增值税""未交增值税""预交增值税""待抵扣进项税额""待认证进项税额""待转销项税额""增值税留抵税额""简易计税""转让金融商品应交增值税""代扣代交增值税"等明细科目。

（1）"应交税费——应交增值税"明细账内设置若干专栏，其中借方分别为"进项税额""销项税额抵减""已交税金""减免税款""出口抵减内销产品应纳税额""转出未交增值税"；贷方分别为"销项税额""进项税额转出""出口退税""转出多交增值税"。其账簿设置见表2-4。

表2-4　　　　　　　　　　　　应交税费——应交增值税

略	借方							贷方				借或贷	余额
	合计	进项税额	销项税额抵减	已交税金	减免税款	出口抵减内销产品应纳税额	转出未交增值税	合计	销项税额	进项税额转出	出口退税	转出多交增值税		

（2）"应交税费——未交增值税"账户，核算一般纳税人月度终了从"应交增值税"或"预交增值税"明细科目转入当月应交未交、多交或预缴的增值税额，以及当月应纳以前期间未交的增值税额。其账簿设置账表2-5。

表2-5　　　　　　　　　　　应交税费——未交增值税

年		凭证字号	摘要	借方	贷方	借或贷	余额
月	日						

月末，企业应将当月发生的应缴增值税税额自"应交税费——应交增值税"科目转入"应交税费——未交增值税"科目，会计分录为：

借：应交税费——应交增值税（转出未交增值税）

　　贷：应交税费——未交增值税

企业当月缴纳上月应缴未缴增值税，会计分录为：

借：应交税费——未交增值税

　　贷：银行存款

如果企业月末有多缴纳的增值税，会计分录为：

借：应交税费——未交增值税

　　贷：应交税费——应交增值税（转出多交增值税）

（3）"应交税费——预交增值税"账户，核算一般纳税人转让不动产、提供不动产经营租赁服务、提供建筑服务、采用预收款方式销售自行开发的房地产项目等，以及其他按现行增值税制度规定应预缴的增值税额。

（4）"应交税费——待抵扣进项税额"账户，核算一般纳税人已取得增值税扣税凭证并经税务机关认证，按照现行增值税制度规定准予以后期间从销项税额中抵扣的进项税额。

（5）"应交税费——待认证进项税额"账户，核算一般纳税人由于未经税务机关认证而不得从当期销项税额中抵扣的进项税额。

（6）"应交税费——待转销项税额"账户，核算一般纳税人销售货物、加工修理修配劳务、服务、无形资产或不动产，已确认相关收入（或利得）但尚未发生增值税纳税义务而需于以后期间确认为销项税额的增值税额。

（7）"应交税费——增值税留抵税额"账户，核算兼有销售服务、无形资产或不动产的原增值税一般纳税人，截止到纳入营改增试点之日前的增值税期末留抵税额按照现行增值税制度规定不得从销售服务、无形资产或不动产的销项税额中抵扣的增值税留抵税额。

（8）"应交税费——简易计税"账户，核算一般纳税人采用简易计税方法发生的增值税计提、扣减、预缴、缴纳等业务。

（9）"应交税费——转让金融商品应交增值税"账户，核算增值税纳税人转让金融商品发生的增值税额。

（10）"应交税费——代扣代交增值税"账户，核算纳税人购进在境内未设经营机构的境外单位或个人在境内的应税行为代扣代缴的增值税额。

二、一般纳税人的账务处理

1.进项税额的账务处理

（1）一般购进业务。

一般纳税人在购入货物时，将取得的增值税专用发票上注明的价款计入货物的成本，将税款计入进项税额。

【例2-4】某公司购入一批原材料，取得的增值税专用发票上注明的价款为200 000元、税款为34 000元，材料已验收入库，款项用银行存款付清。另外，用银行存款支付该批材料的运费共11 100元，收到的增值税专用发票上注明的运费为10 000元、税款为1 100元。该业务的会计分录编制如下：

```
借：原材料                                      210 000
    应交税费——应交增值税（进项税额）              35 100
  贷：银行存款                                              245 100
```

（2）购进免税农产品。

购进免税农产品，应按农产品的买价和11%的扣除率计算进项税额。

【例2-5】某企业向当地农民收购棉花，填开的经税务机关批准使用的收购凭证上注明的买价为80 000元。该批棉花已验收入库，货款以现金支付。

```
借：原材料——棉花                               71 200
    应交税费——应交增值税（进项税额）              8 800
  贷：库存现金                                              80 000
```

（3）购进固定资产。

自2009年1月1日起，一般纳税人购进（包括接受捐赠、实物投资）或者自制（包括改扩建、安装）固定资产发生的进项税额，可凭增值税专用发票、海关进口增值税专用缴款书和运输费用结算单据从销项税额中抵扣。允许抵扣的范围主要是机器、机械、运输工具以及其他与生产经营有关的设备、工具、器具。自2013年8月1日起，增值税一般纳税人自用的应征消费税的摩托车、汽车、游艇,其进项税额准予从销项税额中抵扣。但抵扣仅限于生产经营用的部分,属于个人消费或集体福利的,仍然不能抵扣。需注意的是,一定要将购车发票的"组织机构代码证"项目,填写为"纳税识别号",且自该发票开具之日起360日内到主管国税机关认证通过;否则,将不能作为增值税进项税额抵扣。

【例2-6】某厂当月购进生产用机器设备一台,取得的增值税专用发票上注明的价款为100 000元、税款为17 000元。货款已通过银行存款付清,设备已投入使用。该业务的会计分录编制如下:

借:固定资产　　　　　　　　　　　　　　　　　　 100 000

　　应交税费——应交增值税(进项税额)　　　　 17 000

　贷:银行存款　　　　　　　　　　　　　　　　　　 117 000

(4)退货。

一般纳税人购进货物发生退货时,购买方应区别以下两种情况分别处理:

❶购买方未付款也未作账务处理。

如果是全部退货,购买方只需将发票联和抵扣联退还给销售方即可,也无需进行账务处理。如果是部分退货,将发票联和抵扣联退还给销售方后,由销售方根据实际数量重新开具专用发票。购买方收到重开后的专用发票,再根据实际数量、金额进行账务处理。

❷购买方已付款,或者货款未付但已作账务处理。

购买方应当取得当地主管税务机关开具的"进货退出及索取折让证明单"并交销售方,作为销售方开具红字专用发票的合法依据。购买方根据销售方转来的红字发票联、抵扣联,调整原来的账务处理。

【例2-7】某公司2017年6月购进甲商品一批,已进行了相应的账务处理。2017年7月,因上述商品存在质量问题发生退货,货物价款30 000元,增值税税款5 100元。收到销售方开具的红字专用发票和退款。该业务的会计分录编制如下:

借:银行存款　　　　　　　　　　　　　　　　　　 35 100

　　应交税费——应交增值税(进项税额)　　　　 5 100

　贷:库存商品——甲商品　　　　　　　　　　　　 30 000

(5)委托加工。

企业发生委托加工业务时,除了要支付加工费,还应支付增值税。

【例2-8】某厂发出布料委托某服装厂加工工作服,布料的实际成本为50 000元,支付加工费2 000元和增值税340元。月末工作服已加工完毕并验收入库,款项均通过银行存款付清。该业务的会计分录编制如下:

❶发出布料时:

借:委托加工物资——工作服　　　　　　　　　　 50 000

　贷:原材料——布料　　　　　　　　　　　　　　 50 000

❷支付加工费时:

借:委托加工物资——工作服　　　　　　　　　　 2 000

　　应交税费——应交增值税(进项税额)　　　　 340

　贷:银行存款　　　　　　　　　　　　　　　　　　 2 340

❸加工完毕验收入库时:

```
借：库存商品——工作服                              52 000
    贷：委托加工物资——工作服                          52 000
```

（6）进口货物。

一般纳税人进口货物时，要按规定缴纳进口环节的关税、增值税和消费税。

【例2-9】某公司从国外进口商品一批，海关核定的关税完税价格为100 000元，应缴纳进口关税10 000元，从海关取得的海关进口增值税专用缴款书上注明的增值税税额为18 700元。商品已验收入库，款项以银行存款付清。该业务的会计分录编制如下：

```
借：库存商品                                      110 000
    应交税费——应交增值税（进项税额）                 18 700
    贷：银行存款                                      128 700
```

（7）购进不动产或不动产在建工程按规定进项税额分年抵扣。

一般纳税人自2016年5月1日后取得并按固定资产核算的不动产或者2016年5月1日后取得的不动产在建工程，其进项税额按现行增值税相关规定自取得之日起分2年从销项税额中抵扣的，应当按取得成本，借记"固定资产""在建工程"等科目，按当期可抵扣的增值税额（第1年抵扣比例为60%），借记"应交税费——应交增值税（进项税额）"科目，按以后期间可抵扣的增值税额（第2年抵扣比例为40%），借记"应交税费——待抵扣进项税额"科目，按应付或实际支付的金额，贷记"应付账款""应付票据""银行存款"等科目。尚未抵扣的进项税额待以后期间允许抵扣时，按允许抵扣的金额，借记"应交税费——应交增值税（进项税额）"科目，贷记"应交税费——待抵扣进项税额"科目。

【例2-10】某公司购入自行建造办公楼工程所用的物资一批，价款100 000元，增值税专用发票上注明的增值税额为17 000元，物资已验收入库，款项尚未支付。该业务的会计分录编制如下：

第1年：
```
借：工程物资                                      100 000
    应交税费——应交增值税（进项税额）                 10 200
             ——待抵扣进项税额                        6 800
    贷：应付账款                                      117 000
```
第2年：
```
借：应交税费——应交增值税（进项税额）                 6 800
    贷：应交税费——待抵扣进项税额                       6 800
```

（8）购入货物时不得抵扣进项税额。

一般纳税人未按规定取得并保存增值税扣税凭证，以及购进固定资产、购入货物或者接受应税行为用于免税项目、集体福利或个人消费、非正常损失，进项税额不得从销项税额中抵扣。对于按规定不予抵扣的进项税额，账务处理上采用不同的方法：

❶购入时即能认定其进项税额不能抵扣。

A.如未按规定取得并保存增值税扣税凭证，购入货物直接用于免税项目、集体福利或个人消费，其专用发票上注明的增值税税额，计入购入货物及接受应税行为的成本。

B.外购货物在购进货物中发生非正常损失的，其进项税额不得抵扣，应将损失货物的价值连同相应的进项税额一并转入"待处理财产损溢——待处理流动资产损溢"科目。

【例 2-11】 某公司购入原材料一批，数量为 30 吨，取得的增值税专用发票上注明的价款为 75 000 元、税款为 12 750 元，款项已付。运输途中因自然灾害造成非正常损失 5 吨。该批材料已验收入库。该业务的会计分录编制如下：

原材料 = 75 000÷30×25 = 62 500（元）

增值税进项税额 = 62 500×17% = 10 625（元）

借：原材料　　　　　　　　　　　　　　　　　　　　　　62 500

　　应交税费——应交增值税（进项税额）　　　　　　　　10 625

　　待处理财产损溢——待处理流动资产损溢　　　　　　　14 625

　　贷：银行存款　　　　　　　　　　　　　　　　　　　　　　87 750

❷购入货物时不能直接认定其进项税额能否抵扣。

购入时，按增值税专用发票上的税款记入"应交税费——应交增值税（进项税额）"科目。当这部分购入货物以后用于按规定不得抵扣进项税额项目的，应将原已计入的进项税额转入有关承担者予以承担。

A.购进货物改变用途。

为生产、销售购进的货物，购进后被用于集体福利或个人消费时，应将其负担的增值税转入有关成本、费用科目。

一般纳税人购进时已全额抵扣进项税额的货物或服务等转用于不动产在建工程的，其已抵扣进项税额的 40% 部分应于转用当期转出，借记"应交税费——待抵扣进项税额"账户，贷记"应交税费——应交增值税（进项税额转出）"账户。

【例 2-12】 某厂因扩建仓库需要，领用上月购入的生产用钢材一批。该批钢材的原采购进价为 100 000 元，进项税额为 17 000 元（购入当月已全额抵扣）。该业务的会计分录编制如下：

借：在建工程　　　　　　　　　　　　　　　　　　　　100 000

　　应交税费——待抵扣进项税额（17 000×40%）　　　　　6 800

　　贷：原材料——钢材　　　　　　　　　　　　　　　　　　100 000

　　　　应交税费——应交增值税（进项税额转出）　　　　　　6 800

B.购进货物用于免税项目。

企业购进货物，如果既用于应税项目又用于免税项目，而进项税额不能分别核算时，月末应按免税项目销售额占全部销售额的比重分摊不予抵扣的进项税额，借记"主营业务成本"等科目，贷记"应交税费——应交增值税（进项税额转出）"科目。

C.非正常损失货物。

非正常损失的在产品、产成品所耗用的购进货物或应税行为的进项税额不得从销项税额中抵扣。

【例 2-13】 某公司由于火灾导致仓库中的一批产品毁损，损失产品的账面价值为 10 000 元。当期总的生产成本为 300 000 元，其中，耗用外购材料的价值为 180 000 元，外购货物均适用 17% 的增值税税率。该业务的会计分录编制如下：

损失产品成本中所耗外购材料的金额 = 10 000×（180 000÷300 000）= 6 000（元）

应转出进项税额 = 6 000×17% = 1 020（元）

借：待处理财产损溢——待处理流动资产损溢　　　　　　　7 020

　　贷：库存商品　　　　　　　　　　　　　　　　　　　　　　　　　6 000
　　　　应交税费——应交增值税（进项税额转出）　　　　　　　　　1 020
　　2.销项税额的账务处理
　　（1）一般销售业务。
　　【例2-14】某公司销售产品一批，开具的增值税专用发票上注明的价款为18 000元、税款为3 060元，另开出支票代垫运费800元，款项未收。该业务的会计分录编制如下：

　　借：应收账款　　　　　　　　　　　　　　　　　　　　　　　　21 860
　　　　贷：主营业务收入　　　　　　　　　　　　　　　　　　　　18 000
　　　　　　应交税费——应交增值税（销项税额）　　　　　　　　　 3 060
　　　　　　银行存款　　　　　　　　　　　　　　　　　　　　　　　 800

　　（2）折扣方式销售业务。
　　❶折扣销售。
　　如果销售额和折扣额在同一张发票的"金额"栏分别注明的，可按折扣后的余额作为销售额计算增值税；如果将折扣额另开发票，不论其在财务上如何处理，均不得从销售额中扣减折扣额。
　　【例2-15】某公司销售商品一批，专用发票上注明的价款为200 000元，给予客户10%的商业折扣，折扣额与销售额在同一张发票的"金额"栏分别注明，货款尚未收到。该业务的会计分录编制如下：

　　借：应收账款　　　　　　　　　　　　　　　　　　　　　　　210 600
　　　　贷：主营业务收入（200 000×（1-10%））　　　　　　　 180 000
　　　　　　应交税费——应交增值税（销项税额）　　　　　　　　 30 600

　　❷销售折扣。
　　我国企业会计准则规定，销售折扣需采用总价法核算，即在销售业务发生时，以未扣减销售折扣的销售价格和增值税税额，确认销售收入、销项税额和应收账款。企业在发生销售折扣时，将其记入"财务费用"科目。
　　【例2-16】某公司销售商品一批，增值税专用发票上注明的价款为200 000元、税款为34 000元。约定好的付款条件为"2/10，1/20，N/30"。该业务的会计分录编制如下：

　　确认收入时：
　　借：应收账款　　　　　　　　　　　　　　　　　　　　　　　234 000
　　　　贷：主营业务收入　　　　　　　　　　　　　　　　　　　 200 000
　　　　　　应交税费——应交增值税（销项税额）　　　　　　　　 34 000
　　若购买方在10天内付款：
　　借：财务费用（200 000×2%）　　　　　　　　　　　　　　　　4 000
　　　　银行存款　　　　　　　　　　　　　　　　　　　　　　　230 000
　　　　贷：应收账款　　　　　　　　　　　　　　　　　　　　　234 000

　　❸销售退回和折让。
　　企业在销售过程中，如果发生退回或折让，不论是当年销售的退回与折让，还是以前年度销售的退回与折让，除特殊情况外，一般应冲减当月的主营业务收入。
　　A.购买方未付款且未作账务处理。

购买方需将发票联和抵扣联退还给销售方。销售方收到后，应在该发票联和抵扣联及有关的存根联、记账联上注明"作废"字样，作为扣减当期销项税额的凭证。属于销售折让的，销售方应按折让后的价格重开专用发票。

B.购买方已付款，或者货款未付但已作账务处理。

销售方在收到"进货退出及索取折让证明单"后，根据退回货物的数量、价款或折让金额向购买方开具红字专用发票。红字专用发票的存根联、记账联作为销售方扣减当期销项税额的凭证，其发票联、抵扣联作为购买方扣减进项税额的凭证。

【例 2-17】A 公司 2017 年 6 月销售给 B 公司商品一批，专用发票上注明的价款为 50 000 元、税款为 8 500 元，货款已支付，双方均已作账务处理。由于质量问题，经双方协商，A 公司决定给予 B 公司折让 20%。7 月，A 公司收到 B 公司转来的"进货退出及索取折让证明单"。该业务的会计分录编制如下：

```
借：主营业务收入                                               10 000
    贷：应交税费——应交增值税（销项税额）                      1 700
        银行存款                                              11 700
```

（3）视同销售业务。

增值税视同销售行为的会计核算关键点有两个：第一，计算增值税销项税额，并贷记"应交税费——应交增值税（销项税额）"科目；第二，判定是否确认销售收入。

❶委托代销货物。委托代销按结算方式不同分为两种情况：一是以支付手续费方式委托代销，即受托方以双方约定的价格对外销售，并按约定的价格与委托方结算，受托方只收取手续费；二是视同买断，即委托方按协议价收取所代销货款，实际售价由受托方自定，实际售价与协议价之间的差额归受托方所有。无论采用上述何种代销方式，委托方应在收到代销清单或收到货款（两者中的较早者）的当天，对发出代销货物超过 180 天仍未收到代销清单或货款的，应在发出货物满 180 天的当天，计算确认增值税销项税额。

【例 2-18】甲公司委托乙公司代销 A 产品，代销合同约定不含税单价为 500 元，代销手续费按不含税售价的 6% 支付。该批产品共 100 件，每件成本 400 元。2017 年 7 月 20 日，甲公司收到乙公司代销清单和手续费结算凭证，A 产品已全部售完。甲公司的会计分录编制如下：

手续费=500×100×6%=3 000（元）

```
借：应收账款——乙公司                                         55 500
    销售费用                                                  3 000
    贷：主营业务收入                                          50 000
        应交税费——应交增值税（销项税额）                      8 500
```

❷销售代销货物。与委托代销对应，受托代销结算方式也有收取手续费与视同买断两种。无论采用何种方式，对于受托方而言，均应在对外销售货物时计算确认增值税销项税额，在与委托方结算时索取专用发票，并确认增值税进项税额。

【例 2-19】同上例。乙公司的会计分录编制如下：

对外销售时：

```
借：银行存款                                                  58 500
    贷：应付账款——甲公司                                     50 000
        应交税费——应交增值税（销项税额）                      8 500
```

向委托方开具代销清单，收到专用发票时：

借：应交税费——应交增值税（进项税额）　　　　　　　　　　8 500

　　贷：应付账款——甲公司　　　　　　　　　　　　　　　　　　8 500

开具手续费结算凭证，与甲公司结算货款时（假定不考虑手续费的相关税费）：

借：应付账款——甲公司　　　　　　　　　　　　　　　　　　58 500

　　贷：其他业务收入　　　　　　　　　　　　　　　　　　　　3 000

　　　　银行存款　　　　　　　　　　　　　　　　　　　　　　55 500

小思考

如果采用买断方式，委托方和受托方应如何处理？

---

❸设有两个以上机构并实行统一核算的纳税人，将货物从一个机构移送至其他机构用于销售，但相关机构设在同一县（市）的除外。送出机构在发出商品时，根据商品出库单，按成本借记"发出商品"科目，贷记"库存商品"科目。同时，按发出商品的销售额和增值税税率计算销项税额，借记"应收账款"科目，贷记"应交税费——应交增值税（销项税额）"科目。收到外地机构销售货物后转来的货物和税金时，按价税合计借记"银行存款"科目，贷记"应收账款""主营业务收入"科目。同时结转已销商品成本，借记"主营业务成本"科目，贷记"发出商品"科目。

❹将自产、委托加工的货物用于集体福利或者个人消费。企业在发放货物时，按货物的公允价值和增值税税额，借记"应付职工薪酬"科目；按货物的公允价值，贷记"主营业务收入"科目；按计算的增值税税额，贷记"应交税费——应交增值税（销项税额）"科目。

【例2-20】某食品厂将自制的一批月饼作为节日福利分给职工。该批月饼的生产成本为20 000元，不含税售价为40 000元。该业务的会计分录编制如下：

借：应付职工薪酬　　　　　　　　　　　　　　　　　　　　46 800

　　贷：主营业务收入　　　　　　　　　　　　　　　　　　　　40 000

　　　　应交税费——应交增值税（销项税额）　　　　　　　　　6 800

❺将自产、委托加工或者购进的货物作为投资，提供给其他单位或者个体工商户。企业应在发出货物时，按货物的公允价值和相关税费，借记"长期股权投资"科目；按货物的公允价值，贷记"主营业务收入"科目；按计算的增值税税额，贷记"应交税费——应交增值税（销项税额）"科目。

【例2-21】某公司将自产的A产品用于对外投资，占被投资企业注册资本的5%，并准备长期持有。投资产品的生产成本为50 000元，不含税售价为80 000元。该业务的会计分录编制如下：

借：长期股权投资　　　　　　　　　　　　　　　　　　　　93 600

　　贷：主营业务收入　　　　　　　　　　　　　　　　　　　　80 000

　　　　应交税费——应交增值税（销项税额）　　　　　　　　　13 600

❻将自产、委托加工或者购进的货物分配给股东或者投资者。企业应在货物移送时，按依法核定的销售额与增值税销项税额的合计数，借记"应付股利"等科目；按核定的销售额，贷记"主营业务收入"科目；按计算的增值税税额，贷记"应交税费——应交增值税（销项税额）"科目。

【例2-22】 某股份公司将自产的一批产品作为股利分配给投资者。该批产品的实际成本为80 000元，不含税售价为100 000元。该业务的会计分录编制如下：

借：应付股利 117 000
　　贷：主营业务收入 100 000
　　　　应交税费——应交增值税（销项税额） 17 000

❼将自产、委托加工或者购进的货物无偿赠送给其他单位或者个人。企业在货物移送时，按移送货物的成本和计算的增值税税额，借记"营业外支出"科目；按货物的成本，贷记"库存商品"等科目；按计算的增值税税额，贷记"应交税费——应交增值税（销项税额）"科目。

【例2-23】 某公司将一批新产品作为礼物赠送给客户，该批产品无同类产品销售价格。已知该批产品实际成本20 000元，成本利润率为10%。该业务的会计分录编制如下：

组成计税价格=20 000×（1＋10%）=22 000（元）

增值税销项税额=22 000×17%=3 740（元）

借：营业外支出 23 740
　　贷：库存商品 20 000
　　　　应交税费——应交增值税（销项税额） 3 740

（4）带包装物销售。

❶随同产品销售不单独计价的包装物。不单独计价的包装物，其收入随同所销售的产品一起计入主营业务收入，会计处理同一般销售业务。

❷随同产品销售单独计价的包装物。单独计价包装物的收入计入其他业务收入。

【例2-24】 某公司销售A产品一批，开具的增值税专用发票注明价款50 000元、税额8 500元；随同产品出售包装物，不含税价款为1 000元。上述款项已收妥。该业务的会计分录编制如下：

借：银行存款 59 670
　　贷：主营业务收入 50 000
　　　　其他业务收入 1 000
　　　　应交税费——应交增值税（销项税额） 8 670

❸逾期押金的核算。根据企业会计准则的规定，包装物押金通过"其他应付款"科目核算。收取包装物押金时，借记"库存现金""银行存款"等科目，贷记"其他应付款"科目；退回押金时编制相反的会计分录。

根据税法规定，对"逾期"的正确理解为：签订了购销合同，规定押期在1年之内的，以实际合同逾期为计算收入和税额的时间；没有签订购销合同或签订购销合同规定押期在1年以上的，已超过1年仍未返还的，以1年作为计算收入和税额的时间。

根据增值税相关法规，对于因逾期未收回包装物不再退还的押金，应按所包装货物的适用税率计算销项税额。在这里请注意三个方面的问题：其一，所采用的税率是依据包装物所包装的货物来进行选择的，并不是依据包装物本身的材质进行选择。其二，应该将押金作为含税收入来对待。其三，在税款确认之后，其押金应该根据不同的情况进行不同的会计核算，具体又会出现三种情况：

A.对于出租、出借包装物收取的押金，因逾期未收回包装物而没收的部分，视同包装物租金收入处理，应记入"其他业务收入"科目。这是因为出租包装物的价值在领用摊销时已记入"其他业务成本"科目，没收押金的收入应用来补偿包装物的价值，记入"其他业务收入"科目，符合配比原则。

B.对于包装物已作价随同产品销售，但为促使购货人将包装物退回而另外加收的押金，因为这部分押金不需要抵补包装物的价值，没收时属于企业的一种额外收入，所以应记入"营业外收入"科目。此种情况只适用于经国家批准实行加收包装物押金办法的特定包装物，如水泥袋等。

C.逾期未退包装物没收的加收的押金，由于没有包装物的金额作对应，属于罚没收入，是企业非日常活动所形成的，记入"营业外收入"科目。

【例2-25】某企业销售A产品500件，专用发票上注明的价款为20 000元。出租包装物500个，租期1个月，收取租金2 340元；另收取包装物押金每个10元。上述款项均已收妥入账。包装物租期满，购买方归还包装物400个，其余100个无法归还。该业务的会计分录编制如下：

销售A产品时：

借：银行存款　　　　　　　　　　　　　　　　　　　　　　30 740
　　贷：主营业务收入　　　　　　　　　　　　　　　　　　　　　20 000
　　　　其他业务收入　　　　　　　　　　　　　　　　　　　　　2 000
　　　　应交税费——应交增值税（销项税额）　　　　　　　　　　3 740
　　　　其他应付款——存入保证金　　　　　　　　　　　　　　　5 000

没收包装物押金时：

没收包装物押金的增值税=100×10÷（1+17%）×17%=145.30（元）

借：其他应付款——存入保证金　　　　　　　　　　　　　　5 000
　　贷：银行存款　　　　　　　　　　　　　　　　　　　　　　4 000
　　　　其他业务收入　　　　　　　　　　　　　　　　　　　　　854.70
　　　　应交税费——应交增值税（销项税额）　　　　　　　　　　145.30

对销售除黄酒、啤酒以外的其他酒类产品而收取的包装物押金，不论是否归还，也不论会计上如何核算，均应在收到押金时并入销售额计算增值税。

（5）销售自己使用过的固定资产。

❶增值税转型后购置固定资产的一般纳税人销售自己使用过的2009年1月1日以后购进（包括接受捐赠、实物投资）或者自制（包括改扩建、安装）的固定资产（主要是机器、机械、运输工具以及其他与生产经营有关的设备、工具、器具，不包括房屋建筑物等不动产），及2008年12月31日以前已纳入扩大增值税抵扣范围试点的纳税人销售自己使用过的在本地区扩大增值税抵扣范围试点以后购进或者自制的固定资产，按照适用税率征收增值税。

【例2-26】某公司于2017年7月转让2013年7月购入的一台设备。该设备原价为300 000元，累计已提取折旧90 000元，取得变价收入180 000元，增值税税额30 600元，款项已收妥。该设备购进时所含增值税51 000元已全部计入进项税额。假定该公司未计提减值准备，不考虑其他相关税费。该业务的会计分录编制如下：

转入清理时：

借：固定资产清理	210 000	
累计折旧	90 000	
贷：固定资产		300 000

收取价款和税款时：

借：银行存款	210 600	
贷：固定资产清理		180 000
应交税费——应交增值税（销项税额）		30 600

结转固定资产清理净损失：

借：营业外支出	30 000	
贷：固定资产清理		30 000

❷2008年12月31日以前已纳入扩大增值税抵扣范围试点的纳税人销售自己使用过的在本地区扩大增值税抵扣范围试点以前购进或者自制的固定资产及其他地区一般纳税人销售自己使用过的2008年12月31日以前购进或者自制的固定资产，现均按照3%的征收率减按2%征收增值税。

【例2-27】某企业于2017年5月转让2007年购入的生产设备，原价为500 000元，已提累计折旧300 000元，取得变价收入103 000元，款项已收到。假定该公司未计提减值准备，不考虑其他相关税费。该业务的会计分录编制如下：

转入清理时：

借：固定资产清理	200 000	
累计折旧	300 000	
贷：固定资产		500 000

收取价款时：

借：银行存款	103 000	
贷：固定资产清理		103 000

计算应交增值税时：

应交增值税=103 000÷（1＋3%）×2%=2 000（元）

借：固定资产清理	2 000	
贷：应交税费——简易计税		2 000

结转固定资产清理净损失：

借：营业外支出	99 000	
贷：固定资产清理		99 000

3.增值税缴纳的账务处理

以1个月为纳税期限的企业，月末应根据"应交税费"相关增值税明细科目本期发生额和余额，计算企业当期应缴纳的增值税税额，并在规定期限内申报缴纳。

企业根据计算出的当月应交而未交的增值税，借记"应交税费——应交增值税（转出未交增值税）"科目，贷记"应交税费——未交增值税"科目；根据当月多交的增值税，借记"应交税费——未交增值税"科目，贷记"应交税费——应交增值税（转出多交增值税）"科目。

企业缴纳当月的增值税，通过"应交税费——应交增值税（已交税金）"科目核算；缴纳以前各期未交的增值税，通过"应交税费——未交增值税"科目核算。

企业预缴增值税，借记"应交税费——预交增值税"科目，贷记"银行存款"科目。月末，企业应将"预交增值税"明细科目余额转入"未交增值税"明细科目，借记"应交税费——未交增值税"科目，贷记"应交税费——预交增值税"科目。

【例2-28】2017年5月，某公司发生允许抵扣的进项税额合计120 000元，本月初"应交税费——应交增值税"明细账户借方余额为20 000元，本月对外销售取得的销项税额合计为210 000元。该公司以1个月为纳税期限。该业务的会计分录编制如下：

本月增值税应纳税额=210 000-（120 000+20 000）=70 000（元）

借：应交税费——应交增值税（转出未交增值税）　　　　70 000
　　贷：应交税费——未交增值税　　　　　　　　　　　　　　70 000

2017年6月，缴纳上月增值税70 000元：

借：应交税费——未交增值税　　　　　　　　　　　70 000
　　贷：银行存款　　　　　　　　　　　　　　　　　　　70 000

三、小规模纳税人的核算

1.涉税业务的主要会计科目

小规模纳税人的应纳增值税税额通过"应交税费——应交增值税"明细科目核算，但由于小规模纳税人不得抵扣进项税额，不需要在"应交税费——应交增值税"科目的借、贷方设置若干子目。小规模纳税人"应交税费——应交增值税"科目的借方发生额，反映已经缴纳的增值税税额；贷方发生额反映应缴纳的增值税税额；期末借方余额，反映多缴的增值税税额；期末贷方余额，反映尚未缴纳的增值税税额。其账簿设置见表2-6。

表2-6　　　　　　　　　　　　　应交税费——应交增值税

年		凭证字号	摘要	借方	贷方	借或贷	余额
月	日						

2.账务处理

（1）购进货物或接受应税劳务。

小规模纳税人购进货物或接受应税劳务时，按实际支付的价税合计额，借记"原材料"等科目，贷记"银行存款"等科目。

（2）销售货物或提供应税劳务。

小规模纳税人销售货物或提供应税劳务时，按实际收取或应收的款项，借记"银行存款"或"应收账款"等科目，按不含税销售额贷记"主营业务收入"或"其他业务收入"科目，按增值税税额贷记"应交税费——应交增值税"科目。

（3）缴纳税款。

小规模纳税人缴纳税款时，借记"应交税费——应交增值税"科目，贷记"银行存款"科目。

四、出口退税的核算

1.流通企业出口退税的核算

流通企业按照规定退税率计算应收出口退税款时，借记"其他应收款——应收出口退税（增值税）"科目，贷记"应交税费——应交增值税（出口退税）"科目；收到出口退税款时，借记"银行存款"科目，贷记"其他应收款——应收出口退税"科目。按照出口货物购进时取得的增值税专用发票上记载的进项税额或应分摊的进项税额与按照国家规定的退税率计算的应退税额的差额，借记"主营业务成本"科目，贷记"应交税费——应交增值税（进项税额转出）"科目。

【例 2-29】某进出口公司出口货物一批，离岸价为 580 000 元人民币。该批货物是从增值税一般纳税人企业购进，取得的专用发票上注明价款 400 000 元、税款 68 000 元。该批货物的退税率为 13%。该业务的会计分录编制如下：

应退税额=400 000×13%=52 000（元）

借：其他应收款——应收出口退税（增值税）　　　　　52 000
　　贷：应交税费——应交增值税（出口退税）　　　　　　　　52 000

不予退税额=400 000×（17%-13%）=16 000（元）

借：主营业务成本　　　　　　　　　　　　　　　　16 000
　　贷：应交税费——应交增值税（进项税额转出）　　　　　　16 000

2.生产企业出口退税的核算

生产企业实行"免、抵、退"税的办法，按规定计算的当期出口不予免征、抵扣和退税的税额，借记"主营业务成本"科目，贷记"应交税费——应交增值税（进项税额转出）"科目；按应退税额，借记"其他应收款——应收出口退税（增值税）"科目；按应免抵税额，借记"应交税费——应交增值税（出口抵减内销产品应纳税额）"科目；按两者之和，贷记"应交税费——应交增值税（出口退税）"科目。

【例 2-30】某企业生产 A 产品，增值税税率为 17%，出口退税率为 13%。2017 年 7 月共销售 8 吨。其中，出口 5 吨，离岸价格 614 000 元；内销 3 吨，销售额 480 000 元，销项税额 81 600 元。当月取得增值税进项税额合计 136 000 元，上月期末留抵税额为 0。该企业无免税购进原材料的情况。该业务的会计分录编制如下：

第一步，按规定计算出口免抵退税：

当期免抵退税不得免征和抵扣税额=614 000×（17%-13%）=24 560（元）

当期应纳（退）税额=81 600-（136 000-24 560）=-29 840（元）

当期免抵退税额=614 000×13%=79 820（元）

当期期末留抵税额<当期免抵退税额，因此：

当期应退税额=29 840 元

当期免抵税额=当期免抵退税额-当期应退税额=79 820-29 840=49 980（元）

第二步，编制有关会计分录：

（1）申报出口货物免抵退税：

借：其他应收款——应收出口退税（增值税）　　　　　29 840
　　应交税费——应交增值税（出口抵减内销产品应纳税额）　49 980
　　贷：应交税费——应交增值税（出口退税）　　　　　　　79 820

（2）当期出口货物不予免征、抵扣和退税的税额，计入出口货物成本：

借：主营业务成本　　　　　　　　　　　　　　　　24 560
　　贷：应交税费——应交增值税（进项税额转出）　　　　　　24 560

【例2-31】承【例2-30】，假设当期取得的增值税进项税额为238 000元，其他条件不变。该业务的会计分录编制如下：

第一步，按规定计算出口免抵退税：

当期免抵退税不得免征和抵扣税额=614 000×（17%-13%）=24 560（元）

当期应纳（退）税额=81 600-（238 000-24 560）=-131 840（元）

当期免抵退税额=614 000×13%=79 820（元）

当期期末留抵税额>当期免抵退税额，因此：

当期应退税额=79 820元

当期免抵税额=79 820-79 820=0

当期期末留抵税额=131 840-79 820=52 020（元）

第二步，编制有关会计分录：

（1）申报出口货物免抵退税：

借：其他应收款——应收出口退税（增值税）　　　　　　　　　　　　79 820

　　贷：应交税费——应交增值税（出口退税）　　　　　　　　　　　　　　79 820

（2）当期出口货物不予免征、抵扣和退税的税额，计入出口货物成本：

借：主营业务成本　　　　　　　　　　　　　　　　　　　　　　　　24 560

　　贷：应交税费——应交增值税（进项税额转出）　　　　　　　　　　　　24 560

【例2-32】承【例2-30】，假设当期内销的增值税销项税额为111 440元，其他条件不变。该业务的会计分录编制如下：

第一步，按规定计算出口免抵退税：

当期免抵退税不得免征和抵扣税额=614 000×（17%-13%）=24 560（元）

当期应纳（退）税额=111 440-（136 000-24 560）=0

当期免抵退税额=614 000×13%=79 820（元）

当期期末留抵税额<当期免抵退税额，因此：

当期应退税额=0

当期免抵税额=当期免抵退税额-当期应退税额=79 820-0=79 820（元）

第二步，编制有关会计分录：

（1）申报出口货物免抵退税：

借：应交税费——应交增值税（出口抵减内销产品应纳税额）　　　　　79 820

　　贷：应交税费——应交增值税（出口退税）　　　　　　　　　　　　　　79 820

（2）当期出口货物不予免征、抵扣和退税的税额，计入出口货物成本：

借：主营业务成本　　　　　　　　　　　　　　　　　　　　　　　　24 560

　　贷：应交税费——应交增值税（进项税额转出）　　　　　　　　　　　　24 560

任务四　　　　　　　　　增值税的申报

一、增值税的征收管理

1.纳税义务、扣缴义务发生时间

增值税的纳税义务发生时间为：

（1）纳税人发生应税行为，为收讫销售款项或者取得索取销售款项凭据的当天；先开具发票的，为开具发票的当天。

收讫销售款项，是指纳税人销售服务、无形资产、不动产过程中或者完成后收到款项。

取得索取销售款项凭据的当天，是指书面合同约定的付款日期；未签订书面合同或者书面合同未约定付款日期的，为服务、无形资产转让完成的当天或者不动产权属变更的当天。

（2）纳税人提供建筑服务、租赁服务采取预收款方式的，为收到预收款的当天。

（3）纳税人从事金融商品转让的，为金融商品所有权转移的当天。

（4）纳税人发生视同销售服务、无形资产或者不动产的，为服务、无形资产转让完成的当天或者不动产权属变更的当天。

（5）增值税扣缴义务发生时间为纳税人增值税纳税义务发生的当天。

2.纳税期限

根据《增值税暂行条例》的规定，增值税的纳税期限分别为1日、3日、5日、10日、15日、1个月或者1个季度。纳税人的具体纳税期限，由主管税务机关根据纳税人应纳税额的大小分别核定。以1个季度为纳税期限的规定适用于小规模纳税人、银行、财务公司、信托投资公司、信用社，以及财政部和国家税务总局规定的其他纳税人。不能按照固定期限纳税的，可以按次纳税。

纳税人以1个月或者1个季度为1个纳税期的，自期满之日起15日内申报纳税；以1日、3日、5日、10日或者15日为1个纳税期的，自期满之日起5日内预缴税款，于次月1日起15日内申报纳税并结清上月应纳税款。

扣缴义务人解缴税款的期限，依照前两款规定执行。

纳税人进口货物，应当自海关填发进口增值税专用缴款书之日起15日内缴纳税款。

纳税人出口货物适用退（免）税规定的，应当向海关办理出口手续，凭出口报关单等有关凭证，在规定的出口退（免）税申报期内按月向主管税务机关申报办理该项出口货物的退（免）税。

出口货物办理退税后发生退货或者退关的，纳税人应当依法补缴已退的税款。

3.纳税地点

（1）固定业户应当向其机构所在地或者居住地主管税务机关申报纳税。总机构和分支机构不在同一县（市）的，应当分别向各自所在地的主管税务机关纳税；经财政部和国家税务总局或者其授权的财政和税务机关批准，可以由总机构汇总向总机构所在地的主管税务机关申报缴纳增值税。

（2）非固定业户应当向应税行为发生地主管税务机关申报纳税；未申报纳税的，由其机构所在地或者居住地的主管税务机关补征税款。

（3）其他个人提供建筑服务，销售或者租赁不动产，转让自然资源使用权，应向建筑服务发生地、不动产所在地、自然资源所在地主管税务机关申报纳税。

（4）扣缴义务人应当向其机构所在地或者居住地的主管税务机关申报缴纳扣缴的税款。

二、一般纳税人的纳税申报

电子信息采集系统一般纳税人纳税申报资料包括以下几项：

1.纳税申报表及其附列资料

（1）增值税纳税申报表及附表：

❶增值税纳税申报表（一般纳税人适用）（见表2-12）

❷增值税纳税申报表附列资料（一）（本期销售情况明细）；

❸增值税纳税申报表附列资料（二）（本期进项税额明细）；

❹增值税纳税申报表附列资料（三）（服务、不动产和无形资产扣除项目明细）；

❺增值税纳税申报表附列资料（四）（税额抵减情况表）；

❻增值税纳税申报表附列资料（五）（不动产分期抵扣计算表）；

❼固定资产（不含不动产）进项税额抵扣情况表；

❽本期抵扣进项税额结构明细表；

❾增值税减免税申报明细表；

❿增值税预缴税款表；

⓫营改增税负分析测算明细表。

（2）备份数据软盘和IC卡；

（3）资产负债表和利润表。

2.纳税申报其他资料

（1）海关完税凭证抵扣清单；

（2）代开发票抵扣清单；

（3）主管国税机关规定的其他资料。

3.备查资料

已开具普通发票存根联；符合抵扣条件并且在本期申报抵扣的增值税专用发票抵扣联；海关进口货物完税凭证；购进农产品普通发票存根联原件及复印件；收购发票；代扣代缴税款凭证存根联；主管税务机关规定的其他备查资料。备查资料是否需要在当期报送，由各级国家税务局确定。

三、小规模纳税人的纳税申报

小规模纳税人的纳税申报表及其附列资料包括：

（1）增值税纳税申报表（小规模纳税人适用）（见表2-7）。

（2）增值税纳税申报表（小规模纳税人适用）附列资料（见表2-8）。

小规模纳税人提供应税服务，在确定应税服务销售额时，按照有关规定可以从取得的全部价款和价外费用中扣除价款的，需要填报增值税纳税申报表（小规模纳税人适用）附列资料。其他情况不填写该附列资料。

四、出口货物退（免）增值税申报

1.出口货物退（免）税管理

（1）备案登记。

根据《中华人民共和国对外贸易法》和《对外贸易经营者备案登记办法》的规定，凡从事货物进出口或技术进出口的对外贸易经营者，应当向商务部或商务部委托的机构办理备案登记。对外贸易经营者未按规定办理备案登记的，海关不予办理进出口的报关验放手续。

表 2-7　　　　　　　　　　**增值税纳税申报表**

（小规模纳税人适用）

纳税人识别号：□□□□□□□□□□□□□□□□□□□□

纳税人名称（公章）：　　　　　　　　　　　　　　　金额单位：元至角分

税款所属期：　年　月　日至　年　月　日　　　　填表日期：　年　月　日

	项目	栏次	本期数		本年累计	
			货物及劳务	服务、不动产和无形资产	货物及劳务	服务、不动产和无形资产
一、计税依据	（一）应征增值税不含税销售额	1				
	税务机关代开的增值税专用发票不含税销售额	2				
	税控器具开具的普通发票不含税销售额	3				
	（二）销售、出租不动产不含税销售额	4	—		—	
	税务机关代开的增值税专用发票不含税销售额	5	—		—	
	税控器具开具的普通发票不含税销售额	6	—		—	
	（三）销售使用过的固定资产不含税销售额	7(7≥8)		—		—
	其中：税控器具开具的普通发票不含税销售额	8		—		—
	（四）免税销售额	9=10+11+12				
	其中：小微企业免税销售额	10				
	未达起征点销售额	11				
	其他免税销售额	12				
	（五）出口免税销售额	13(13≥14)				
	其中：税控器具开具的普通发票销售额	14				
二、税款计算	本期应纳税额	15				
	本期应纳税额减征额	16				
	本期免税额	17				
	其中：小微企业免税额	18				
	未达起征点免税额	19				
	应纳税额合计	20=15-16				
	本期预缴税额	21			—	—
	本期应补（退）税额	22=20-21				

纳税人或代理人声明：	如纳税人填报，由纳税人填写以下各栏：	
本纳税申报表是根据国家税收法律法规及相关规定填报的，我确定它是真实的、可靠的、完整的。	办税人员：　　　　　　　　财务负责人：	
	法定代表人：　　　　　　　联系电话：	
	如委托代理人填报，由代理人填写以下各栏：	
	代理人名称（公章）：　　　经办人：	
	联系电话：	

主管税务机关：　　　　　　接收人：　　　　　　接收日期：

表2-8　　　　　增值税纳税申报表（小规模纳税人适用）附列资料

税款所属期：　　年　月　日至　　年　月　日　　　　　　　　　　填表日期：　　年　月　日

纳税人名称（公章）：　　　　　　　　　　　　　　　　　　　　　　　　金额单位：元至角分

应税服务扣除额计算			
期初余额	本期发生额	本期扣除额	期末余额
1	2	3（3≤1+2之和，且3≤5）	4＝1+2-3
应税服务计税销售额计算			
全部含税收入	本期扣除额	含税销售额	不含税销售额
5	6＝3	7＝5-6	8＝7÷1.03

（2）出口货物退（免）税的认定。

对外贸易经营者按规定办理备案登记后，没有出口经营资格的生产企业委托出口自产货物，应分别在备案登记、代理出口协议签订之日起30日内持有关资料，填写"出口货物退（免）税认定表"，到所在地税务机关办理出口货物退（免）税认定手续。出口企业在办理认定手续前已出口的货物，凡在出口退税申报期限内申报退税的，可按规定批准退税；凡超过出口退税申报期限的，视同内销予以征税。已办理出口货物退（免）税认定的出口商，其认定内容发生变化的，须自有关管理机关批准变更之日起30日内，持相关证件向税务机关申请办理出口货物退（免）税认定变更手续。出口商发生解散、破产、撤销及其他依法应终止出口货物退（免）税事项的，应持相关证件、资料向税务机关办理出口货物退（免）税注销认定。

（3）出口货物退（免）税申报。

出口商应在规定期限内，收齐出口货物退（免）税所需的有关单证，使用国家税务总局认可的出口货物退（免）税电子申报系统生成电子申报数据，填写出口货物退（免）税申报表，向税务机关申报办理出口货物退（免）税手续。逾期申报的，除另有规定外，税务机关不再办理该笔出口货物的退（免）税申报。

（4）出口货物退（免）税受理、审核。

出口商申报出口货物退（免）税，经税务机关初步审核，其报送的申报资料、电子申报数据及纸质凭证齐全的，税务机关应受理该笔出口货物退（免）税申报。其报送的申报资料或纸质凭证不齐全的，除另有规定外，税务机关不予受理该笔出口货物退（免）税申报，并应当即向出口商提出改正或补充的要求。税务机关受理出口货物退（免）税申报后，应在规定时间内对申报凭证、资料的合法性、准确性进行审查，并核实申报数据之间的逻辑对应关系。

2.出口货物退（免）税申报

（1）生产企业"免、抵、退"税的申报。

生产企业向征税机关办理"免、抵、退"税申报时，应提供下列资料：生产企业出口货物免、抵、退税申报汇总表（见表2-9）；生产企业出口货物免、抵、退税申报明细表（见表2-10）；经征税部门审核签章的当期增值税纳税申报表。有进料加工业务的还应填报其他相关表格。

表2-9　　　　生产企业出口货物免、抵、退税申报汇总表

（适用于增值税一般纳税人）

纳税人识别号：　　　　　　　　　　纳税人名称（公章）：

海关代码：　　　　　　　　　　税款所属期：　年　月　日至　年　月　日

申报日期：　年　月　日　　　　　　　　金额单位：元（列至角分）

项目	栏次	当期	本年累计	与增值税纳税申报表差额
		(a)	(b)	(c)
当期免抵退出口货物销售额（美元）	1			—
当期免抵退出口货物销售额	2=3+4			—
其中：单证不齐销售额	3			—
单证齐全销售额	4			—
前期出口货物当期收齐单证销售额	5		—	—
单证齐全出口货物销售额	6=4+5			—
不予免、抵、退出口货物销售额	7			—
出口销售额乘征退税率之差	8			—
上期结转免抵退税不得免征和抵扣税额抵减额	9		—	—
免、抵、退税不得免征和抵扣税额抵减额	10			—
免、抵、退税不得免征和抵扣税额	11（如8>9+10，则为8-9-10，否则为0）			—
结转下期免、抵、退税不得免征和抵扣税额抵减额	12（如9+10>8，则为9+10-8，否则为0）		—	—
出口销售额乘退税率	13			—
上期结转免、抵、退税额抵减额	14		—	—
免、抵、退税额抵减额	15			—
免、抵、退税额	16（如13>14+15，则为13-14-15，否则为0）			—
结转下期免、抵、退税额抵减额	17（如14+15>13，则为14+15-13，否则为0）		—	—
增值税纳税申报表期末留抵税额	18		—	—
计算退税的期末留抵税额	19=18-11（c）		—	—
当期应退税额	20（如16>19，则为19，否则为16）			—
当期免抵税额	21=16-20			—

出口企业	退税部门
兹声明以上申报无讹并愿意担一切法律责任。经办人：　　　财务负责人：（公章）企业负责人：　　　　　年　月　日	经办人：复核人：（章）负责人：　　　年　月　日

受理人：　　　　受理日期：　年　月　　受理税务机关（签章）

注：1.本表一式四联，退税部门审核签章后返给企业两联，其中一联作为下期增值税纳税申报表附表，退税部门留存一联，报上级退税机关一联。

2.第（c）列"与增值税纳税申报表差额"为退税部门审核确认的第（b）列"本年累计"申报数减增值税纳税申报表对应项目的累计数的差额，企业应进行相应账务调整，并在下期增值税纳税申报时对增值税纳税申报表进行调整。

表2-10

生产企业出口货物免、抵、退税申报明细表

企业代码：

纳税人识别号：

企业名称：

所属期：　　　年　　月　　日　　　　　　　　　金额单位：元（列至角分）

序号	出口发票号码	出口报关单号	出口日期	代理证明号	核销单号	出口商品代码	出口商品名称	计量单位	出口数量	出口销售额		征税税率	退税税率	出口销售额乘征退税率之差	出口销售额乘退税率	海关进料加工手册	单证不齐标志	备注
										美元	人民币							
1	2	3	4	5	6	7	8	9	10	11	12	13	14	15=12×(13−14)	16=12×14	17	18	19
1																		
合计																		

兹声明以上申报无讹并愿意承担一切法律责任。

出口企业

　　　　出口企业　　　　　　　　　　　退税部门

经办人：　　　财务负责人：　　　经办人：　　　负责人：

企业负责人：　　　　年　月　日　　　复核人：（章）

　　　　　　　　　　　　　　　　　　　　　　　年　月　日

（2）外贸企业出口退税的申报。

外贸企业出口货物退税汇总申报表的格式见表2-11。

表2-11　　　　　外贸企业出口货物退税汇总申报表

（适用于增值税一般纳税人）

申报年月：　年　月　　　　申报批次：

纳税人识别号：　　　　　　海关代码：

纳税人名称（公章）：　　　申报日期：年　月　日　　金额单位：元至角分、美元

出口企业申报				主管退税机关审核		
出口退税出口明细申报表	份　记录		条	机审情况		
出口发票	张　出口额		美元			
出口报关单	张			本次机审通过退增值税额		元
代理出口货物证明	张			其中：上期结转疑点退增值税		元
收汇核销单	张　收汇额		美元	本期申报数据退增值税		元
远期收汇证明	张　其他凭证		张			
出口退税进货明细申报表	份　记录		条	本次机审通过退消费税额		元
增值税专用发票	张　其中，非税控专用发票		张	其中：上期结转疑点退消费税		元
普通发票	张　专用税票		张	本期申报数据退消费税		元
其他凭证	张　总进货金额		元	结余疑点数据退增值税		元
总进货税额	元			结余疑点数据退消费税		元
其中：增值税	元　消费税		元			
本月申报退税额	元					
其中：增值税	元　消费税		元	授权人申明		
进料应抵扣税额	元					
申请开具单证				（如果你已委托代理申报人，请填写下列资料）		
代理出口货物证明	份　记录		条	为代理出口货物退税申报事宜，现授权		
代理进口货物证明	份　记录		条	_____为本纳税人的代理申报人，任何与		
进料加工免税证明	份　记录		条	本申报表有关的往来文件都可寄予此人。		
来料加工免税证明	份　记录		条			
出口货物转内销证明	份　记录		条			
补办报关单证明	份　记录		条			
补办收汇核销单证明	份　记录		条	授权人签字（盖章）		
补办代理出口证明	份　记录		条			
内销抵扣专用发票	张　其他非退税专用发票		张			
申报人申明				审单人：　　　　审核人：		
此表各栏填报内容是真实、合法的，与实际出口货物情况相符。此次申报的出口业务不属于"四自三不见"等违背正常出口经营程序的出口业务。否则，本企业愿意承担由此产生的相关责任。				年　月　日		
企业填表人：				签批人：　　（公章）		
财务负责人：　　　　　　（公章）				年　月　日		
企业负责人：　　　　　年　月　日						

受理人：　　　　　　　受理日期：　年　月　日　　受理税务机关（签章）

任务实施

1.账务处理

（1）借：在途物资　　　　　　　　　　　　　　　　　　　　　200 000

　　　　应交税费——应交增值税（进项税额）　　　　　　　 34 000

　　　　　贷：银行存款　　　　　　　　　　　　　　　　　　　　　　　234 000

（2）借：原材料（70 000×（1-11%））　　　　　　　　　　　 62 300

　　　　应交税费——应交增值税（进项税额）（70 000×11%）　7 700

　　　　　贷：银行存款　　　　　　　　　　　　　　　　　　　　　　　 70 000

（3）借：原材料　　　　　　　　　　　　　　　　　　　　　　100 000

　　　　应交税费——应交增值税（进项税额）　　　　　　　 11 000

　　　　　贷：银行存款　　　　　　　　　　　　　　　　　　　　　　　111 000

（4）借：原材料　　　　　　　　　　　　　　　　　　　　　　100 000

　　　　应交税费——应交增值税（进项税额）　　　　　　　 17 000

　　　　　贷：营业外收入　　　　　　　　　　　　　　　　　　　　　　117 000

（5）借：银行存款　　　　　　　　　　　　　　　　　　　　1 170 000

　　　　　贷：主营业务收入　　　　　　　　　　　　　　　　　　　　1 000 000

　　　　　　　应交税费——应交增值税（销项税额）　　　　　　　　 170 000

（6）借：销售费用　　　　　　　　　　　　　　　　　　　　　170 000

　　　　应交税费——应交增值税（进项税额）　　　　　　　 17 700

　　　　　贷：银行存款　　　　　　　　　　　　　　　　　　　　　　　187 700

（7）借：其他应付款——存入保证金　　　　　　　　　　　　 20 000

　　　　　贷：其他业务收入　　　　　　　　　　　　　　　　　　　 17 094.02

　　　　　　　应交税费——应交增值税（销项税额）　　　　　　　 2 905.98

（8）借：营业外支出　　　　　　　　　　　　　　　　　　　　 78 600

　　　　　贷：库存商品——B产品　　　　　　　　　　　　　　　　　 65 000

　　　　　　　应交税费——应交增值税（销项税额）　　　　　　　　 13 600

（9）借：应付职工薪酬　　　　　　　　　　　　　　　　　　　193 050

　　　　　贷：主营业务收入　　　　　　　　　　　　　　　　　　　　165 000

　　　　　　　应交税费——应交增值税（销项税额）　　　　　　　　 28 050

（10）借：固定资产　　　　　　　　　　　　　　　　　　　　 600 000

　　　　　应交税费——应交增值税（进项税额）　　　　　　 102 000

　　　　　　贷：银行存款　　　　　　　　　　　　　　　　　　　　　 702 000

（11）借：待处理财产损溢　　　　　　　　　　　　　　　　　 234 000

　　　　　贷：原材料——甲材料　　　　　　　　　　　　　　　　　 200 000

　　　　　　　应交税费——应交增值税（进项税额转出）　　　　　　 34 000

2.相关计算过程

可抵扣的进项税额=34 000＋7 700＋11 000＋17 000＋17 700＋102 000－34 000=155 400（元）

销项税额=170 000＋2 905.98＋13 600＋28 050=214 555.98（元）

应纳增值税=214 555.98−155 400−35 000=24 155.98（元）

3. 填写增值税纳税申报表（见表2-12）

表2-12   **增值税纳税申报表**

（一般纳税人适用）

根据国家税收法律法规及增值税相关规定制定本表。纳税人不论有无销售额，均应按主管税务机关核定的纳税期限按期填报本表，并向当地税务机关申报。

税款所属时间：自2017年7月1日至2017年7月31日   填表日期：2017年8月2日   金额单位：元（列至角分）

纳税人识别号					所属行业：			
纳税人名称	（公章）		法定代表人 姓名		注册 地址		生产经营 地址	
开户银行及 账号				登记注册类型			电话号码	
项目		栏次	一般项目			即征即退项目		
			本月数	本年累计		本月数	本年累计	
销售额	（一）按适用税率征税货物及劳务销售额	1	1 262 094.02					
	其中：应税货物销售额	2	1 262 094.02					
	应税劳务销售额	3						
	纳税检查调整的销售额	4						
	（二）按简易征收办法征税货物销售额	5						
	其中：纳税检查调整的销售额	6						
	（三）免、抵、退办法出口货物销售额	7				—	—	
	（四）免税货物及劳务销售额	8				—	—	
	其中：免税货物销售额	9				—	—	
	免税劳务销售额	10				—	—	
税款计算	销项税额	11	214 555.98					
	进项税额	12	189 400					
	上期留抵税额	13	35 000	—			—	
	进项税额转出	14	34 000					
	免抵退货物应退税额	15				—	—	
	按适用税率计算的纳税检查应补缴税额	16				—	—	

续表

项目		栏次	一般项目		即征即退项目	
			本月数	本年累计	本月数	本年累计
税款计算	应抵扣税额合计	17=12+13-14-15+16	190 400	—		—
	实际抵扣税额	18（如17<11，则为17，否则为11）	190 400			
	应纳税额	19=11-18	24 155.98			
	期末留抵税额	20=17-18		—		—
	简易征收办法计算的应纳税额	21				
	按简易征收办法计算的纳税检查应补缴税额	22			—	—
	应纳税额减征额	23				
	应纳税额合计	24=19+21-23	24 155.98			
税款缴纳	期初未缴税额（多缴为负数）	25				
	实收出口开具专用缴款书退税额	26				
	本期已缴税额	27=28+29+30+31				
	（1）分次预缴税额	28		—	—	—
	（2）出口开具专用缴款书预缴税额	29		—	—	—
	（3）本期交纳上期应纳税额	30				
	（4）本期缴纳欠缴税额	31				
	期末未缴税额（多缴为负数）	32=24+25+26-27	24 155.98			
	其中：欠缴税额（≥0）	33=25+26-27		—		—
	本期应补（退）税额	34=24-28-29	24 155.98			
	即征即退实际退税额	35	—	—		
	期初未缴查补税额	36			—	—
	本期入库查补税额	37			—	—
	期末未缴查补税额	38=16+22+36-37			—	—

授权声明	如果你已委托代理人申报，请填写下列资料： 为代理一切税务事宜，现授权_____（地址）_____为本纳税人的代理申报人，任何与本申报表有关的往来文件，都可寄予此人。 授权人签字：	申报人声明	此纳税申报表是根据《中华人民共和国增值税暂行条例》的规定填报的，我相信它是真实的、可靠的、完整的。 声明人签字：

主管税务机关： 接收人： 接收日期：

同步训练

一、单项选择题

1.我国现行的增值税采用（　　）。

A.价内税　　　　　　B.价外税　　　　　　C.定额税　　　　　　D.累进税

2.2009年1月1日起，我国增值税实行（　　）。

A.消费型增值税　　　B.收入型增值税　　　C.生产型增值税　　　D.消耗型增值税

3.下列不得作为一般纳税人的企业是（　　）。

A.会计核算不健全的新办小型商贸零售企业

B.从事货物生产，年应征增值税销售额在100万元以上的制造业企业

C.从事货物批发，年应征增值税销售额在200万元以上的商贸企业

D.从事货物零售，年应征增值税销售额在100万元以上的商贸企业

4.某企业（一般纳税人）发生的下列行为中，不属于增值税视同销售行为的是（　　）。

A.将外购的货物用于捐赠　　　　　　　B.将外购的货物用于投资

C.将外购的货物用于分配给股东　　　　D.将外购的货物用于集体福利

5.某企业为从事货物生产的一般纳税人，某日销售产品，取得货款56 000元及包装费4 000元，均开具普通发票。该笔销售业务产生的增值税销项税额为（　　）元。

A.9 520　　　　　　B.8 136.75　　　　　C.8 717.95　　　　　D.10 200

6.某小规模纳税人，2017年7月份销售商品取得含税收入20 600元，当月该企业应纳的增值税是（　　）元。

A.2 993.16　　　　　B.3 502　　　　　　C.618　　　　　　　D.600

7.某食品加工厂为一般纳税人，2017年7月份购进免税农产品的收购凭证上注明的收购价为10 000元。支付运输公司运费取得增值税专用发票，注明运费3 000元、税款330元。根据规定，该食品加工厂2017年7月准予抵扣的进项税额为（　　）元。

A.1 100　　　　　　B.1 300　　　　　　C.1 430　　　　　　D.1 531

8.甲企业（一般纳税人）销售给乙企业商品一批，不含税价格为40 000元。由于乙企业购买数量多，享受了8折优惠（销售额与折扣额在同一张发票上分别注明）。另外，甲企业提供（1/10，N/20）的销售折扣。乙企业于10日内付款，则甲企业此项业务的销项税额为（　　）元。

A.4 896　　　　　　B.5 440　　　　　　C.6 120　　　　　　D.6 800

9.下列货物适用17%税率的是（　　）。

A.服装　　　　　　B.图书　　　　　　C.二甲醚　　　　　　D.音像制品

10.纳税人销售的下列货物中，属于免征增值税的是（　　）。

A.销售天然气　　　　　　　　　B.销售自来水

C.销售报纸　　　　　　　　　　D.销售自产的农产品

11.某服装厂将自产的服装作为福利发给本厂职工，该产品制造成本共计10万元，成本利润率为10%，当月同类产品的平均售价为18万元，计征增值税的销售额为（　　）万元。

A.9　　　　　　　　B.10　　　　　　　　C.11　　　　　　　　D.18

12.某企业为一般纳税人，外购如下货物，按照增值税的有关规定，可以作为进项税额从销项税额中抵扣的是（　　）。

A.外购的货物分给职工

B.外购自用的小汽车

C.从小规模纳税人处购进货物，取得增值税普通发票

D.从一般纳税人处购进货物，未取得增值税专用发票

13.企业缴纳当月的增值税应通过（　　）科目核算。

A."应交税费——应交增值税（进项税额）"

B."应交税费——应交增值税（销项税额）"

C."应交税费——应交增值税（已交税金）"

D."应交税费——未交增值税"

14.进口货物的增值税由（　　）征收。

A.海关　　　　　　　　　　　　B.进口地税务机关

C.交货地税务机关　　　　　　　D.进口方所在地税务机关

15.以1个月为一期缴纳增值税的，其申报纳税的期限为自期满之日起（　　）日内。

A.3　　　　　　　　B.5　　　　　　　　C.10　　　　　　　　D.15

二、多项选择题

1.应交增值税的行业是（　　）。

A.商业　　　　　　B.工业　　　　　　C.建筑业　　　　　　D.交通运输业

2.下列各项中，属于增值税纳税人的有（　　）。

A.进口服装的公司　　　　　　　B.销售家用电器的公司

C.零售日用品的小商店　　　　　D.销售商品房的公司

3.划分一般纳税人和小规模纳税人的标准有（　　）。

A.经营效益好　　　　　　　　　B.销售额达到规定标准

C.有上级主管部门　　　　　　　D.会计核算健全

4.依据增值税的有关规定，不能认定为增值税一般纳税人的有（　　）。

A.个体经营者以外的其他个人

B.从事货物生产业务的小规模纳税人

C.选择按照小规模纳税人纳税的非企业性单位

D.选择按照小规模纳税人纳税的不经常发生应税行为的企业

5.根据增值税有关规定，一般纳税人在（　　）情况下，不得开具增值税专用发票。

A.商品零售企业出售给消费者货物的

B.生产企业出售给小规模纳税人货物的

C.生产企业出售给一般纳税人货物的

D.生产企业出售给批发企业货物的

6.下列各项中，按增值税有关规定不能作为进项税额抵扣的有（　　）。

A.外购的固定资产设备　　　　　B.外购货物用于免税项目

C.外购货物用于集体福利　　　　D.外购货物用于无偿赠送他人

7.下列出口货物中，适用于增值税免税但不退税政策的有（　　）。

A.对港澳台贸易的货物

B.小规模生产企业出口自产货物

C.外贸企业从小规模纳税人购入并持普通发票的货物

D.国家计划内出口的卷烟

8.办理出口退税时，必须提供（　　）。

A.购进出口货物的增值税专用发票　　　B.购进内销货物的增值税专用发票

C.出口货物销售明细账　　　　　　　　D.盖有海关验讫章的出口货物报关单

9.应在"应交税费——应交增值税"科目借方反映的有（　　）。

A.进项税额　　　　　　　　　　　　　B.减免税款

C.转出未交增值税　　　　　　　　　　D.出口退税

10.增值税的计税依据销售额中，价外费用不包括（　　）。

A.包装物租金　　　　　　　　　　　　B.增值税

C.包装费　　　　　　　　　　　　　　D.委托加工应税消费品代收代缴的消费税

三、判断题

1.某一般纳税人从农民手中购入小麦，共用10 000元，未取得增值税专用发票，不能计算该货物的进项税额。　（　　）

2.一般纳税人和小规模纳税人的计税依据相同，都是不含税的销售额。　（　　）

3.对小规模纳税人增值税的征收，不实行进项税额抵扣制度。　（　　）

4.纳税人采用以旧换新方式销售货物（金银首饰除外），应按销售全价，全额计征增值税。　（　　）

5.甲企业未按规定向乙企业支付货款，乙企业按合同规定向甲企业收取违约金。由于违约金是在销售实现后收取的，故不应征增值税。　（　　）

6.增值税专用发票只限于小规模纳税人领购使用，非增值税一般纳税人不得领购使用。　（　　）

7.增值税的计税依据是不含增值税的价格，它的最终承担者是经营者。　（　　）

8.对生产企业自营或委托外贸企业代理出口的自产货物，除另有规定外，增值税一律实行"免、抵、退"税的管理办法。　（　　）

9.纳税人出口货物，税率为零，因此一般纳税人的税率有两档，即基本税率和零税率。　（　　）

10.某商店将购进的一种饮料作为防暑降温用品发放给本单位职工，应视同销售计算增值税。　（　　）

四、综合题

1.某公司为增值税一般纳税人，2017年7月从国外进口一批原材料，海关审定的关税完税价格为60万元，该批原材料的关税税率为5%，增值税税率为17%。该批原材料加工成产成品后出售，取得销售收入130万元（不含增值税），同时支付运输费取得增值税专用发票，注明运费3万元、税款0.33万元。

要求：

（1）计算该公司当月进口环节应缴纳的增值税；

（2）计算该公司当月允许抵扣的增值税进项税额；

（3）计算该公司当月应缴纳的增值税。

2.某公司为增值税一般纳税人，适用的增值税税率为17%，其存货采用实际成本法核算，增值税纳税期限为1个月。2017年7月31日，"应交税费——应交增值税"账户借方余额为2 000元。2017年8月份该公司发生的主要经济业务如下：

（1）购进甲材料一批，价款50 000元，税款8 500元，取得增值税专用发票，已验收入库，货款未付。

（2）以折扣销售方式销售乙产品100件，每件2 000元，按协议折扣10%（折扣额与销售额在同一张增值税专用发票上分别注明）。同时，协议规定（2/10，N/20）。购货方在10日内付款。

（3）销售丙产品，开具普通发票，取得含税销售额105 300元，款项尚未收到。

（4）购入生产用设备一台，取得增值税专用发票，注明货款300 000元、税款51 000元，款项已付清。

（5）将本公司生产的一批产品发放给职工作为福利，成本价为100 000元，成本利润率为10%。该产品无同类产品市场销售价格。

（6）收到退货一批。该批货物系2017年5月售出，因不符合购买方要求，双方协商未果，本月予以退回，货物已验收入库，开具红字增值税专用发票，全部款项23 400元已退。

（7）销售本企业使用过的机器设备一台（该机器设备为2010年购入的），账面原值150 000元，累计折旧为110 000元，售价26 000元。

（8）月末在进行存货盘点时发现，甲材料毁损一批，成本为30 000元。

要求：

（1）对以上日常经济业务进行账务处理；

（2）计算该公司当月应缴纳的增值税；

（3）进行月末结转未交增值税的账务处理。

3.某外贸企业是增值税一般纳税人，购进价值100万元的商品，出口时该批商品的价格为300万元人民币，增值税税率为17%，退税率为13%。

要求：根据上述资料按"先征后退"办法计算应退税额和不得退税额，并进行相应的账务处理。

4.某自营出口生产企业本月出口产品48 000美元，该批产品的出口退税率为11%，报关出口当天的汇率为1美元=6.2元人民币。该月内销产品700 000元，增值税税率为17%。当月购进原材料的进项税额为150 000元。

要求：根据上述资料按"免、抵、退"税办法计算本月的应纳（退）税额及免抵税额，并进行相应的账务处理。

项目三

消费税

知识目标

1. 熟悉消费税的征税范围、纳税人、税率；
2. 掌握消费税的计算；
3. 熟悉消费税相关业务的会计处理；
4. 掌握消费税纳税申报表的填制方法。

技能目标

1. 判断哪些项目应征收消费税；
2. 根据业务资料计算应纳消费税税额；
3. 根据业务资料填制消费税纳税申报表；
4. 根据涉税业务进行消费税的账务处理。

案例导入

大学生小青买了一套 5 000 元的化妆品，同学告诉她："你这将近 1/3 的价格都交了税呢！"小青很讶异，化妆品的税负这么重吗？她好奇地上网查了一下，发现高档化妆品除了征收增值税之外，还额外征收了消费税。

请思考：什么是消费税？哪些产品要缴纳消费税？消费税应如何计算？消费税存在的意义是什么？

任务描述

丰收酿酒有限公司 2017 年 7 月份发生下列业务：

1. 生产销售散装啤酒 500 吨，每吨售价 3 600 元。
2. 生产一种新的粮食白酒，分给职工 1 吨，已知该粮食白酒无同类产品的出厂价，生产成本每吨 35 000 元，成本利润率 10%。

要求：

1.根据丰收酿酒有限公司 2017 年 7 月份的业务资料，计算该公司当月应缴纳的消费税额；

2.填写 2017 年 7 月份消费税纳税申报表。

任务一　　　　　　　　　认识消费税

一、消费税的概念

消费税是指对消费品和特定的消费行为按消费流转额征收的一种商品税。消费税一般是对特定消费品或特定消费行为（如奢侈品）等课税。在此情况下，税收随价格转嫁给消费者负担，消费者是实际的负税人。

消费税的征收具有较强的选择性，是国家贯彻消费政策、引导消费结构从而引导产业结构的重要手段，因而在保证国家财政收入、体现国家经济政策等方面具有十分重要的意义。

二、消费税的征税范围

消费税的征税范围分布在以下四个环节：生产应税消费品、委托加工应税消费品、进口应税消费品、零售应税消费品。

（一）生产应税消费品

生产应税消费品是消费税征收的主要环节，因为消费税具有单一环节征税的特点，在生产销售环节征税以后，货物在流通环节无论再转销多少次，都不用再缴纳消费税。生产应税消费品除了直接对外销售应征收消费税外，纳税人将生产的应税消费品用于换取生产资料、消费资料，投资入股，偿还债务，以及用于继续生产应税消费品以外的其他方面都应缴纳消费税。

另外，工业企业以外的单位和个人的下列行为视为应税消费品的生产行为，按规定征收消费税：

❶将外购的消费税非应税产品以消费税应税产品对外销售的；

❷将外购的消费税低税率应税产品以高税率应税产品对外销售的。

（二）委托加工应税消费品

委托加工应税消费品是指委托方提供原料和主要材料，受托方只收取加工费和代垫部分辅助材料加工的应税消费品。由受托方提供原材料或其他情形的一律不能视同加工应税消费品。委托加工的应税消费品收回后，再继续用于生产应税消费品销售且符合现行政策规定的，其加工环节缴纳的消费税款可以扣除。

（三）进口应税消费品

单位和个人进口货物属于消费税征税范围的，在进口环节要缴纳消费税。为了减少征税成本，进口环节缴纳的消费税由海关代征。

（四）零售应税消费品

经国务院批准，自 1995 年 1 月 1 日起，金银首饰消费税由生产销售环节征收改为零售环节征收。改在零售环节征收消费税的金银首饰仅限于金基、银基合金首饰以及金、银和金基、银基合金的镶嵌首饰，进口环节暂不征收，零售环节适用税率为 5%，在纳税人销售金银首饰、钻石及钻石饰品时征收。其计税依据是不含增值税的销售额。

对既销售金银首饰，又销售非金银首饰的生产、经营单位，应将两类商品划分清楚，分别核算销售额。凡划分不清楚或不能分别核算的，在生产环节销售的，一律从高适用税率征收消费税；在零售环节销售的，一律按金银首饰征收消费税。金银首饰与其他产品组成成套消费品销售的，应按销售额全额征收消费税。

金银首饰连同包装物销售的，无论包装物是否单独计价，也无论会计上如何核算，均应并入金银首饰的销售额，计征消费税。

带料加工的金银首饰，应按受托方销售同类金银首饰的销售价格确定计税依据征收消费税。没有同类金银首饰销售价格的，按照组成计税价格计算纳税。

纳税人采用以旧换新（含翻新改制）方式销售的金银首饰，应按实际收取的不含增值税的全部价款确定计税依据征收消费税。

为了引导合理消费，促进节能减排，经国务院批准，自2016年12月1日起，对超豪华小汽车，在生产（进口）环节按现行税率征收消费税的基础上，在零售环节加征消费税。将超豪华小汽车销售给消费者的单位和个人为零售环节的纳税人。

三、消费税的纳税人、税目和税率

（一）纳税义务人

在中华人民共和国境内生产、委托加工和进口应税消费品的单位和个人，为消费税的纳税义务人。"单位"是指企业、行政单位、事业单位、军事单位、社会团体及其他单位；"个人"是指个体工商户及其他个人；"在中华人民共和国境内"是指生产、委托加工和进口应税消费品的起运地或者所在地在我国境内。

（二）税目和税率

1.税目

消费税的税目按照消费税的征收范围选择设置，共有15个税目，分别是：烟、酒、高档化妆品、贵重首饰及珠宝玉石、鞭炮和焰火、成品油、小汽车、摩托车、高尔夫球及球具、高档手表、游艇、木制一次性筷子、实木地板、电池、涂料。

2.税率

消费税采用比例税率和定额税率两种形式，以适应不同应税消费品的实际情况，具体见表3-1。

表3-1　　　　　　　　消费税税目、税率（税额）表

税目	子目	税率（税额）
一、烟	1.卷烟	—
	（1）甲类卷烟（调拨价70元（不含增值税）/条以上（含70元））	56%加0.003元/支（生产环节征收）
	（2）乙类卷烟（调拨价70元（不含增值税）/条以下）	36%加0.003元/支（生产环节征收）
	（3）甲类卷烟和乙类卷烟	11%加0.005元/支（批发环节征收）
	2.雪茄烟	36%（生产环节征收）
	3.烟丝	30%（生产环节征收）

税目	子目	税率（税额）
二、酒	1.啤酒	—
	（1）甲类啤酒（每吨啤酒出厂价格（含包装物及包装物押金）在3 000元（含3 000元，不含增值税）以上）	250元/吨
	（2）乙类啤酒（每吨啤酒出厂价格（含包装物及包装物押金）在3 000元（不含3 000元，不含增值税）以下）	220元/吨
	2.白酒	20%加0.5元/斤（500克）或0.5元/500毫升
	3.黄酒	240/吨
	4.其他酒	10%
三、高档化妆品	—	15%
四、贵重首饰及珠宝玉石	1.除镀金（银）、包金（银）首饰以及镀金（银）、包金（银）的镶嵌首饰以外的金银首饰；铂金首饰；钻石及钻石饰品	5%（零售环节征收）
	2.其他贵重首饰；珠宝玉石	10%
五、鞭炮、焰火	—	15%
六、成品油	1.汽油	1.52元/升
	2.柴油	1.2元/升
	3.石脑油	1.52元/升
	4.溶剂油	1.52元/升
	5.润滑油	1.52元/升
	6.燃料油	1.2元/升
	7.航空煤油（暂缓征收）	1.2元/升
七、小汽车	1.乘用车	—
	（1）气缸容量（排气量，下同）在1.0升（含）以下	1%
	（2）气缸容量在1.5升（含）以下	3%
	（3）气缸容量在1.5升至2.0升（含）	5%
	（4）气缸容量在2.0升至2.5升（含）	9%
	（5）气缸容量在2.5升至3.0升（含）	12%
	（6）气缸容量在3.0升至4.0升（含）	25%
	（7）气缸容量在4.0升以上	40%
	2.中轻型商用客车	5%
	3.超豪华小汽车（每辆零售价格130万元（不含增值税）及以上的乘用车和中轻型商用客车	10%（零售环节），生产环节同子税目1和子税目2的规定征收

续表

税目	子目	税率（税额）
八、摩托车	1.气缸容量250毫升(含)以下的	3%
	2.气缸容量250毫升以上	10%
九、高尔夫球及球具	—	10%
十、高档手表	—	20%
十一、游艇	—	10%
十二、木制一次性筷子	—	5%
十三、实木地板	—	5%
十四、电池	—	4%
十五、涂料	—	4%

任务二　　计算消费税

一、消费税的计税依据

消费税应纳税额的计算主要分为从价计征、从量计征和从价从量复合计征三种方法。

（一）从价计征

在从价定率计算方法下，应纳税额等于应税消费品的销售额乘以适用税率，应纳税额的多少取决于应税消费品的销售额和适用税率两个因素。

1.销售额的确定

销售额为纳税人销售应税消费品向购买方收取的全部价款和价外费用。价外费用，是指价外向购买方收取的手续费、补贴、基金、集资费、返还利润、奖励费、违约金、滞纳金、延期付款利息、赔偿金、代收款项、代垫款项、包装费、包装物租金、储备费、优质费、运输装卸费以及其他各种性质的价外收费。但下列项目不包括在内：

（1）同时符合以下条件的代垫运输费用：

❶承运部门的运输费用发票开具给购买方的。

❷纳税人将该项发票转交给购买方的。

（2）同时符合以下条件代为收取的政府性基金或行政事业性收费：

❶由国务院或者财政部批准设立的政府性基金，由国务院或者省级人民政府及其财政、价格主管部门批准设立的行政事业性收费；

❷收取时开具省级以上财政部门印制的财政票据；

❸所收款项全额上缴财政。

其他价外费用，无论是否属于纳税人的收入，均应并入销售额计算征税。

实行从价定率办法计算应纳税额的应税消费品连同包装物销售的，无论包装物是否单独计价，也不论在会计上如何核算，均应并入应税消费品的销售额中征收消费税。如果包装物不作价随同产品销售，而是收取押金，此项押金则不应并入应税消费品的销售额中征税。但对因逾期未收回的包装物不再退还的或者已收取的时间超过12个月的押金，应并入应税消费品的销售额，按照应税消费品的适用税率缴纳消费税。

对既作价随同应税消费品销售，又另外收取的包装物押金，凡纳税人在规定的期限内没有退还的，均应并入应税消费品的销售额，按照应税消费品的适用税率缴纳消费税。

2.含税销售额的计算

应税消费品在缴纳消费税的同时，与一般货物一样，还应缴纳增值税。按照《消费税暂行条例实施细则》的规定，应税消费品的销售额，不包括向购买方收取的增值税税款。如果纳税人应税消费品的销售额中未扣除增值税税款或者因不得开具增值税专用发票而发生价款和增值税税款合并收取的，在计算消费税时，应将含增值税的销售额换算为不含增值税的销售额。其换算公式为：

应税消费品的销售额=含增值税的销售额÷（1+增值税税率或征收率）

在使用换算公式时，应根据纳税人的具体情况分别使用增值税税率或征收率。

（二）从量计征

在从量定额计算方法下，应纳税额等于应税消费品的销售数量乘以单位税额，应纳税额的多少取决于应税消费品的销售数量和单位税额两个因素。

1.销售数量的确定

销售数量是指纳税人生产、加工和进口应税消费品的数量。具体规定为：

（1）销售应税消费品的，为应税消费品的销售数量；

（2）自产自用应税消费品的，为应税消费品的移送使用数量；

（3）委托加工应税消费品的，为纳税人收回的应税消费品数量；

（4）进口应税消费品的，为海关核定的应税消费品进口征税数量。

2.计量单位的换算标准

《消费税暂行条例》规定，黄酒、啤酒是以吨为税额单位；汽油、柴油是以升为税额单位。但是，考虑到在实际销售过程中，一些纳税人会把吨或升这两个计量单位混用，故该条例规范了不同产品的计量单位，以准确计算应纳税额，吨与升两个计量单位的换算标准见表3-2。

（三）从价从量复合计征

现行消费税的征税范围中，只有卷烟、白酒采用复合计征方法。应纳税额等于应税销售数量乘以定额税率再加上应税销售额乘以比例税率。

生产销售卷烟、白酒从量定额计税依据为实际销售数量。进口、委托加工、自产自用卷烟、白酒从量定额计税依据分别为海关核定的进口征税数量、委托方收回数量、移送使用数量。

表 3-2   吨与升换算表

序号	名称	计量单位的换算标准
1	黄酒	1 吨=962 升
2	啤酒	1 吨=988 升
3	汽油	1 吨=1 388 升
4	柴油	1 吨=1 176 升
5	航空煤油	1 吨=1 246 升
6	石脑油	1 吨=1 385 升
7	溶剂油	1 吨=1 282 升
8	润滑油	1 吨=1 126 升
9	燃料油	1 吨=1 015 升

二、应纳税额的计算

（一）生产销售环节应纳消费税的计算

纳税人在生产销售环节应缴纳的消费税，包括直接对外销售应税消费品应缴纳的消费税和自产自用应税消费品应缴纳的消费税。

1. 直接对外销售应纳消费税的计算

直接对外销售应税消费品涉及三种计算方法：

（1）从价定率计算。

在从价定率计算方法下，应纳消费税额等于销售额乘以适用税率。基本计算公式为：

应纳税额=应税消费品的销售额×消费税比例税率

【例 3-1】某化妆品生产企业为增值税一般纳税人。2017 年 7 月 15 日向某大型商场销售高档化妆品一批，开具增值税专用发票，取得不含增值税销售额 5 万元、增值税税额 0.85 万元。款项未收。计算该化妆品生产企业上述业务应缴纳的消费税税额。

高档化妆品的应税销售额为不含增值税销售额 5 万元，已知高档化妆品的适用消费税税率为 15%。

应缴纳的消费税税额=5×15%=0.75（万元）

（2）从量定额计算。

在从量定额计算方法下，应纳税额等于应税消费品的销售数量乘以单位税额。基本计算公式为：

应纳税额=应税消费品的销售数量×消费税定额税率

【例 3-2】某啤酒厂 2017 年 6 月销售甲类啤酒 100 吨，取得不含增值税销售额 300 万元、增值税税额 51 万元，另收取包装物押金 20 万元。计算该啤酒厂 6 月份的应纳消费税税额。

销售甲类啤酒，适用的消费税定额税率为每吨 250 元。

应纳消费税税额=销售数量×定额税率=100×250 =25 000（元）

（3）从价定率和从量定额复合计算。

现行消费税的征税范围中，只有卷烟、白酒采用复合计算方法。基本计算公式为：

应纳税额=应税消费品的销售数量×消费税定额税率+应税消费品的销售额×消费税比例税率

【例3-3】某白酒生产企业为增值税一般纳税人，2017年6月份销售白酒50吨，取得不含增值税的销售额200万元。计算该白酒企业6月份应缴纳的消费税税额。

白酒适用的比例税率为20%，定额税率为每500克0.5元。

应纳消费税税额=200×20%+50×1 000×2×0.5÷10 000＝45（万元）

对于应税消费品包装物的押金是否计税，如何计税，何时计税，按照相关规定：

❶应税消费品连同包装物销售的，无论包装物是否单独计价，均应并入应税消费品的销售额中缴纳消费税。

❷出租出借包装物收取的押金，无论包装物周转使用的期限长短，只要超过1年以上仍未退还的，均应并入销售额征收税款。

❸包装物已作价随同产品销售，但为促使购货人将包装物退回而另外加收的押金，如果是酒类包装物（除啤酒、黄酒之外）押金，在收取时计征增值税和消费税；如果是普通货物及啤酒、黄酒的包装物押金，包装物逾期未收回，押金没收，没收的押金缴纳增值税。

❹酒类应税消费品包装物押金收入的计税比较复杂，具体分为：啤酒、黄酒因为是从量定额征收消费税，所以在收取包装物押金时不计征增值税及消费税，逾期不退回时确认收入，计征增值税但不征消费税；其他酒类产品（除啤酒、黄酒外）包装物的押金收入，收取时就要计征增值税和消费税，逾期时不再征增值税及消费税，退还押金时也不再退还已经缴纳过的增值税及消费税。

2.自产自用应纳消费税的计算

所谓自产自用，就是纳税人生产应税消费品后，不是用于直接对外销售，而是用于自己连续生产应税消费品或用于其他方面。这种自产自用应税消费品形式，在实际经济活动中是很常见的，但也是在判断是否纳税或如何纳税上最容易出现问题的。例如，有的企业把自己生产的应税消费品，以福利或奖励等形式发给本厂职工，以为不是对外销售，不必计入销售额，无须纳税，这样就出现了漏缴税款的情况。因此，很有必要认真理解税法对自产自用应税消费品的有关规定。

（1）用于连续生产应税消费品。

纳税人自产自用的应税消费品，用于连续生产应税消费品的，不纳税。所谓"纳税人自产自用的应税消费品，用于连续生产应税消费品的"，是指作为生产最终应税消费品的直接材料并构成最终产品实体的应税消费品。例如，卷烟厂生产出烟丝，烟丝已是应税消费品，卷烟厂再用生产出的烟丝连续生产卷烟，这样，用于连续生产卷烟的烟丝就不缴纳消费税，只对生产的卷烟征收消费税。当然，生产出的烟丝如果是直接销售的，则烟丝还是要缴纳消费税的。税法规定对自产自用的应税消费品，用于连续生产应税消费品的不征税，体现了不重复课税且计税简便的原则。

（2）用于其他方面。

纳税人自产自用的应税消费品，除用于连续生产应税消费品外，凡用于其他方面的，于移送使用时纳税。所谓"用于其他方面"，是指纳税人用于生产非应税消费品、在建工程、管理部门、非生产机构，提供劳务，以及用于馈赠、赞助、集资、广告、样品、职工福利、奖励等方面。所谓"用于生产非应税消费品"，是指把自产的应税消费品用于生产"消费税税目、税率（税额）表"所列 15 类产品以外的产品。例如，原油加工厂用生产出的应税消费品汽油调和制成溶剂汽油，该溶剂汽油就属于非应税消费品。所谓"用于在建工程"，是指把自产的应税消费品用于本单位的各项建设工程。例如，石化工厂把自己生产的柴油用于本厂基建工程的车辆、设备。所谓"用于管理部门、非生产机构"，是指把自己生产的应税消费品用于与本单位有隶属关系的管理部门或非生产机构。例如，汽车制造厂把生产出的小汽车提供给上级主管部门使用。所谓"用于馈赠、赞助、集资、广告、样品、职工福利、奖励"，是指把自己生产的应税消费品无偿赠送给他人或以资金的形式投资于外单位某些事业或作为商品广告、经销样品或以福利、奖励的形式发给职工。例如，摩托车厂把自己生产的摩托车赠送或赞助给摩托车拉力赛赛手使用，兼作商品广告；酒厂把生产的滋补药酒以福利的形式发给职工等。总之，企业自产的应税消费品虽然没有用于销售或连续生产应税消费品，但只要是用于税法所规定的范围的都要视同销售，依法缴纳消费税。

（3）组成计税价格及税额的计算。

纳税人自产自用的应税消费品，凡用于其他方面，应当纳税的，按照纳税人生产的同类消费品的销售价格计算纳税。同类消费品的销售价格是指纳税人当月销售的同类消费品的销售价格。如果同类消费品各期销售价格高低不同，应按销售数量加权平均计算。但销售的应税消费品有下列情况之一的，不得列入加权平均计算：

❶销售价格明显偏低又无正当理由的；

❷无销售价格的。

如果当月无销售或者当月未完结，应按照同类消费品上月或者最近月份的销售价格计算纳税。

没有同类消费品销售价格的，按照组成计税价格计算纳税。组成计税价格的计算公式是：

❶实行从价定率办法计算纳税的组成计税价格计算公式：

组成计税价格＝（成本＋利润）÷（1-消费税比例税率）

或　　　　　　　　＝成本×（1＋成本利润率）÷（1-消费税比例税率）

应纳税额=组成计税价格×消费税比例税率

❷实行复合计税办法计算纳税的组成计税价格计算公式：

组成计税价格＝（成本＋利润＋自产自用数量×消费税定额税率）÷（1-消费税比例税率）

应纳税额=组成计税价格×消费税比例税率＋自产自用数量×消费税定额税率

上述公式中的"成本"，是指应税消费品的产品生产成本；"利润"，是指根据应税消费品的全国平均成本利润率计算的利润。应税消费品全国平均成本利润率由国家税务总局确定，具体见表3-3。

表3-3

平均成本利润率表

货物名称	成本利润率	货物名称	成本利润率
1.甲类卷烟	10%	11.摩托车	6%
2.乙类卷烟	5%	12.高尔夫球及球具	10%
3.雪茄烟	5%	13.高档手表	20%
4.烟丝	5%	14.游艇	10%
5.粮食白酒	10%	15.木质一次性筷子	5%
6.薯类白酒	5%	16.实木地板	5%
7.其他酒	5%	17.乘用车	8%
8.高档化妆品	5%	18.中轻型商用客车	5%
9.鞭炮、焰火	5%	19.电池	4%
10.贵重首饰及珠宝玉石	6%	20.涂料	7%

【例3-4】某化妆品公司发放一批自产的高档化妆品用作职工福利，该高档化妆品的成本为8 000元，无同类产品市场销售价格，但已知其成本利润率为5%，消费税税率为15%。计算该批高档化妆品应缴纳的消费税税额。

组成计税价格=8 000×（1＋5%）÷（1－15%）=9 882.35（元）

应纳消费税税额=9 882.35×15%=1 482.35（元）

【例3-5】云台卷烟厂生产了100条甲类卷烟作为奖励发放给职工，该卷烟无同类产品市场销售价格，成本为80元/条，已知其成本利润率为10%，适用的消费税比例税率为56%，消费税定额税率为0.003元/支。要求计算该甲类卷烟应缴纳的消费税税额。

组成计税价格=［80×100×（1＋10%）＋100×10×20×0.003］÷（1－56%）=20 136.36（元）

应纳消费税税额=20 136.36×56%+100×10×20×0.003=11 336.36（元）

（二）委托加工环节应纳消费税的计算

企业、单位或个人由于设备、技术、人力等方面的局限或其他方面的原因，常常要委托其他单位代为加工应税消费品，然后，将加工好的应税消费品收回，直接销售或自己使用。这是生产应税消费品的另一种形式，也需要纳入征收消费税的范围。例如，某企业将购来的小客车底盘和零部件提供给某汽车改装厂，加工组装成小客车供自己使用，则加工、组装成的小客车就需要缴纳消费税。按照规定，委托加工的应税消费品，由受托方在向委托方交货时代收代缴税款。

1.委托加工应税消费品的确定

委托加工的应税消费品是指由委托方提供原料和主要材料，受托方只收取加工费和代垫部分辅助材料加工的应税消费品。对于由受托方提供原材料生产的应税消费品，或者受托方先将原材料卖给委托方，然后再接受加工的应税消费品，以及由受托方以委托方名义购进原材料生产的应税消费品，不论纳税人在财务上是否作销售处理，都不得作为委托加工应税消费品，而应当按照销售自制应税消费品缴纳消费税。

2.代收代缴税款的规定

对于确实属于委托方提供原料和主要材料，受托方只收取加工费和代垫部分辅助材料加工的应税消费品，由受托方在向委托方交货时代收代缴消费税。这样，受托方就是法定的代收代缴义务人。如果受托方对委托加工的应税消费品没有代收代缴或少代收代缴消费税，应按照《税收征管法》的规定，承担代收代缴的法律责任。因此，受托方必须严格履行代收代缴义务，正确计算和按时代缴税款。为了加强对受托方代收代缴税款的管理，委托个人（含个体工商户）加工的应税消费品，由委托方收回后缴纳消费税。

委托加工的应税消费品，受托方在交货时已代收代缴消费税，委托方将收回的应税消费品以不高于受托方的计税价格出售的，为直接出售，不再缴纳消费税；委托方以高于受托方的计税价格出售的，不属于直接出售，需按照规定申报缴纳消费税，在计税时准予扣除受托方已代收代缴的消费税。

3.组成计税价格及应纳税额的计算

委托加工的应税消费品，按照受托方的同类消费品的销售价格计算纳税。同类消费品的销售价格是指受托方（即代收代缴义务人）当月销售的同类消费品的销售价格。如果同类消费品各期销售价格高低不同，应按销售数量加权平均计算。但销售的应税消费品有下列情况之一的，不得列入加权平均计算：

（1）销售价格明显偏低又无正当理由的；

（2）无销售价格的。

如果当月无销售或者当月未完结，应按照同类消费品上月或最近月份的销售价格计算纳税。没有同类消费品销售价格的，按照组成计税价格计算纳税。组成计税价格的计算公式为：

（1）实行从价定率办法计算纳税的组成计税价格计算公式：

组成计税价格＝（材料成本＋加工费）÷（1－消费税比例税率）

（2）实行复合计税办法计算纳税的组成计税价格计算公式：

组成计税价格＝（材料成本＋加工费＋委托加工数量×消费税定额税率）÷（1－消费税比例税率）

公式中的"材料成本"是指委托方所提供加工材料的实际成本。委托加工应税消费品的纳税人，必须在委托加工合同上如实注明（或以其他方式提供）材料成本，凡未提供材料成本的，受托方所在地主管税务机关有权核定其材料成本。从这一条规定可以看出，税法对委托方提供原料和主要材料，并要以明确的方式如实提供材料成本，要求是很严格的，其目的就是为了防止假冒委托加工应税消费品或少报材料成本等逃避纳税的情况。"加工费"是指受托方加工应税消费品向委托方所收取的全部费用（包括代垫辅助材料的实际成本，不包括增值税）。受托方必须如实提供向委托方收取的全部费用，这样才能既保证组成计税价格及代收代缴消费税准确地计算出来，也使受托方按加工费得以正确计算其应纳的增值税。

【例3-6】某鞭炮企业2017年6月份受托为某单位加工一批鞭炮，委托单位提供的原材料金额为80万元。鞭炮企业收取委托单位不含增值税的加工费5万元，无同类产品市场价格。双方适用的增值税税率均为17%，消费税税费为15%。计算鞭炮企业应代收代缴的消费税。

鞭炮的组成计税价格＝（80＋5）÷（1－15%）＝100（万元）

应代收代缴消费税税额＝100×15%＝15（万元）

（三）进口环节应纳消费税的计算

进口的应税消费品，于报关进口时缴纳消费税；进口应税消费品的消费税由海关代征；进口的应税消费品，由进口人或者其代理人向报关地海关申报纳税；纳税人进口应税消费品，按照关税征收管理的相关规定，应当自海关填发海关进口消费税专用缴款书之日起15日内缴纳税款。

1993年12月，国家税务总局、海关总署联合颁发的《关于对进口货物征收增值税、消费税有关问题的通知》规定，进口应税消费品的收货人或办理报关手续的单位和个人，为进口应税消费品消费税的纳税义务人。进口应税消费品消费税的税目、税率（税额），依照《消费税暂行条例》所附的"消费税税目、税率（税额）表"执行。

纳税人进口应税消费品，按照组成计税价格和规定的税率计算应纳税额。计算方法如下：

1.从价定率计征应纳税额的计算

组成计税价格＝（关税完税价格＋关税）÷（1－消费税比例税率）

应纳税额＝组成计税价格×消费税比例税率

公式中的"关税完税价格"，是指海关核定的关税计税价格。

【例3-7】某商贸公司2017年4月份从国外进口一批应税消费品，已知该批应税消费品的关税完税价格为80万元，按规定应缴纳关税10万元，假定进口的应税消费品的消费税税率为10%。请计算该批消费品进口环节应缴纳的消费税税额。

组成计税价格＝（80＋10）÷（1－10%）＝100（万元）

应缴纳的消费税税额＝100×10%＝10（万元）

2.实行从量定额计征应纳税额的计算

应纳税额＝应税消费品进口数量×消费税定额税率

3.实行从价定率和从量定额复合计税办法应纳税额的计算

组成计税价格＝（关税完税价格＋关税＋进口数量×消费税定额税率）÷（1－消费税比例税率）

应纳税额＝组成计税价格×消费税税率＋应税消费品进口数量×消费税定额税率

进口环节消费税除国务院另有规定外，一律不得给予减税、免税。

（四）已纳消费税扣除的计算

为了避免重复征税，现行税法规定，将外购应税消费品和委托加工收回的应税消费品继续生产应税消费品销售的，可以将外购应税消费品和委托加工收回的应税消费品已缴纳的消费税给予扣除。

1.外购应税消费品已纳税款的扣除

（1）外购应税消费品连续生产应税消费品。

由于某些应税消费品是用外购已缴纳消费税的应税消费品连续生产出来的，在对这些连续生产出来的应税消费品计算征税时，税法规定应按当期生产领用数量计算准予扣除的外购应税消费品已纳的消费税税款。扣除范围包括：

❶外购已税烟丝生产的卷烟；

❷外购已税高档化妆品生产的高档化妆品；

❸外购已税珠宝玉石生产的贵重首饰及珠宝玉石；

❹外购已税鞭炮、焰火生产的鞭炮、焰火；

❺外购已税杆头、杆身和握把为原料生产的高尔夫球杆；

❻外购已税木制一次性筷子为原料生产的木制一次性筷子；

❼外购已税实木地板为原料生产的实木地板；

❽对外购已税汽油、柴油、石脑油、燃料油、润滑油用于连续生产应税成品油；

❾外购已税摩托车连续生产应税摩托车（如用外购两轮摩托车改装三轮摩托车）。

上述当期准予扣除外购应税消费品已纳消费税税款的计算公式为：

$$当期准予扣除的外购应税消费品已纳税款 = 当期准予扣除的外购应税消费品的买价 \times 外购应税消费品适用税率$$

$$当期准予扣除的外购应税消费品的买价 = 期初库存的外购应税消费品的买价 + 当期购进的应税消费品的买价 - 期末库存的外购应税消费品的买价$$

外购已税消费品的买价是指购货发票上注明的销售额（不包括增值税）。由于我国近期多次调整成品油消费税税率，纳税人外购应税油品连续生产应税成品油，根据其取得的外购应税油品增值税专用发票开具时间来确定具体扣除金额。如果增值税专用发票开具时间为调整前，则按照调整前的成品油消费税税率计算扣除消费税；如果增值税专用发票开具时间为调整后，则按照调整后的成品油消费税税率计算扣除消费税。

【例3-8】某卷烟生产企业，某月初库存外购已税烟丝50万元，当月又外购已税烟丝520万元（不含增值税），月末库存烟丝70万元，其余被当月生产卷烟领用。请计算该卷烟厂当月准许扣除的外购烟丝已缴纳的消费税税额。

已知烟丝适用的消费税税率为30%，则：

当期准许扣除的外购烟丝买价＝50＋520-70＝500（万元）

当月准许扣除的外购烟丝已缴纳的消费税税额＝500×30%＝150（万元）

需要说明的是，纳税人用外购的已税珠宝玉石生产的改在零售环节征收消费税的金银首饰（镶嵌首饰），在计税时一律不得扣除外购珠宝玉石的已纳税款。

（2）外购应税消费品后销售。

对自己不生产应税消费品，而只是购进后再销售应税消费品的工业企业，其销售的高档化妆品、鞭炮焰火和珠宝玉石，凡不能构成最终消费品直接进入消费品市场，而需进一步生产、深加工、包装、贴标、组合的珠宝玉石、高档化妆品、酒、鞭炮焰火等，应当征收消费税，同时允许扣除上述外购应税消费品的已纳税款。

2.委托加工收回的应税消费品已纳税款的扣除

委托加工的应税消费品因为已由受托方代收代缴消费税，因此，委托方收回货物后用于连续生产应税消费品的，其已纳税款准予按照规定从连续生产的应税消费品应纳消费税税额中抵扣。委托加工收回的准予扣除的已税消费品范围与外购相同。

$$当期准予扣除的委托加工应税消费品已纳税款 = 期初库存的委托加工应税消费品已纳税款 + 当期收回的委托加工应税消费品已纳税款 - 期末库存的委托加工应税消费品已纳税款$$

需要说明的是，纳税人用委托加工收回的已税珠宝玉石生产的改在零售环节征收消费税的金银首饰，在计税时一律不得扣除委托加工收回的珠宝玉石的已纳消费税税款。

（五）消费税出口退税的计算

对纳税人出口应税消费品，免征消费税；国务院另有规定的除外。

1.出口免税并退税

有出口经营权的外贸企业购进应税消费品直接出口，以及外贸企业受其他外贸企业委托代理出口应税消费品，可以享受出口免税并退税。外贸企业只有受其他外贸企业委托，代理出口应税消费品才可办理退税，外贸企业受其他企业（主要是非生产性的商贸企业）委托，代理出口应税消费品是不予退（免）税的。

属于从价定率计征消费税的，为已征且未在内销应税消费品应纳税额中抵扣的购进出口货物金额；属于从量定额计征消费税的，为已征且未在内销应税消费品应纳税额中抵扣的购进出口货物数量；属于复合计征消费税的，按从价定率和从量定额的计税依据分别确定。

$$消费税应退税额=从价定率计征消费税的退税计税依据×比例税率+从量定额计征消费税的退税计税依据×定额税率$$

【例3-9】某外贸公司2017年5月份购入高档化妆品一批，不含税价款为250万元，增值税为42.5万元，外贸公司将该批高档化妆品销往国外，离岸价为256万元，款项均已付，并按规定申报办理消费税退税。请计算消费税应退税额。

高档化妆品适用的消费税税率为15%，则：

消费税应退税额=250×15%=37.5（万元）

2.出口免税但不退税

有出口经营权的生产性企业自营出口或生产企业委托外贸企业代理出口自产的应税消费品，依据其实际出口数量免征消费税，不予办理退还消费税。免征消费税是指对生产性企业按其实际出口数量免征生产环节的消费税。不予办理退还消费税，因已免征生产环节的消费税，该应税消费品出口时，已不含有消费税，所以无须再办理退还消费税。

3.出口不免税也不退税

除生产企业、外贸企业外的其他企业，具体是指一般商贸企业。这类企业委托外贸企业代理出口应税消费品一律不予退（免）税。

任务三　　消费税的核算

一、账户设置

企业为了核算消费税，应设置"应交税费——应交消费税"科目。该账户借方登记实际缴纳的消费税和待扣的消费税，贷方登记企业按规定应缴纳的消费税；期末贷方余额反映企业应缴未缴的消费税，借方余额反映企业多缴或待扣的消费税。

二、会计核算

（一）生产销售应税消费品

企业将生产的产品直接对外销售的，对外销售产品应缴纳的消费税，通过借记"税金及附加"账户，贷记"应交税费——应交消费税"账户核算。

【例3-10】承【例3-1】，应编制如下会计分录：

（1）产品销售时：

```
借：应收账款                                                    58 500
    贷：主营业务收入                                                    50 000
        应交税费——应交增值税（销项税额）                                8 500
```
（2）计算应缴消费税时：
```
借：税金及附加                                                   7 500
    贷：应交税费——应交消费税                                             7 500
```

应税消费品连同包装物销售的，其应缴纳的消费税均记入"税金及附加"科目，其中随同产品销售且不单独计价的包装物，其收入随同销售的产品一起记入"主营业务收入"科目，随同产品销售但单独计价的包装物，其收入记入"其他业务收入"科目；出租出借包装物收取的押金，借记"银行存款"科目，贷记"其他应付款"科目，待包装物到期未收回而没收押金时，借记"其他应付款"科目，贷记"其他业务收入"科目，这部分押金收入应缴纳的消费税应相应记入"税金及附加"科目；对已作价随同产品销售，但为了促使购货人将包装物退回而加收的押金，借记"银行存款"科目，贷记"其他应付款"科目，包装物逾期未收回时，对没收的押金应缴纳的消费税应先自"其他应付款"科目冲抵，冲抵后"其他应付款"科目的余额转入"营业外收入"科目。

【例3-11】2017年某企业销售应税消费品时出借包装物（非酒类）收取押金1 170元，逾期1年未收回包装物，适用的消费税税率为10%。编制的会计分录如下：

（1）收取押金时：
```
借：银行存款                                                    1 170
    贷：其他应付款                                                     1 170
```
（2）逾期时：
```
借：其他应付款                                                   1 170
    贷：其他业务收入                                                    1 000
        应交税费——应交增值税（销项税额）                                 170
借：税金及附加                                                    100
    贷：应交税费——应交消费税                                             100
```

酒类应税消费品包装物押金收入的计税具体分为：啤酒、黄酒包装物押金收入，按一般押金的规定处理，但逾期时只计征增值税，不计征消费税（因为啤酒、黄酒实行从量计征消费税）；其他酒类产品（如白酒）包装物押金收入，收取时先记入"其他应付款"科目，并计征增值税和消费税，冲减"其他应付款"科目，没收时以"其他应付款"科目的净额记入"营业外收入"科目。

【例3-12】某酒厂2017年6月份销售粮食白酒，不含税价20 000元，另收取包装物押金2 000元，适用的消费税税率为20%，从量计征的消费税为1 000元。应编制如下会计分录：

（1）销售产品时：
```
借：银行存款                                                    25 400
    贷：主营业务收入                                                   20 000
        应交税费——应交增值税（销项税额）                                3 400
        其他应付款                                                    2 000
```

借：税金及附加 5 000
  贷：应交税费——应交消费税（20 000×20%+1 000） 5 000
（2）包装物押金计税时：
借：其他应付款 290.60
  贷：应交税费——应交增值税（销项税额）（2 000÷（1+17%）×17%） 290.60
借：其他应付款 341.88
  贷：应交税费——应交消费税（2 000÷（1+17%）×20%） 341.88
（3）❶如到期返还押金：
借：其他应付款 1 367.52
  销售费用 632.48
  贷：银行存款 2 000
❷如到期没收押金：
借：其他应付款 1 367.52
  贷：营业外收入 1 367.52

（二）自产自用应税消费品

纳税人自产自用的应税消费品用于连续生产应税消费品的，不缴纳消费税，只进行实际成本的核算。

企业将应税消费品用于在建工程、非生产机构等其他方面，按规定应缴纳的消费税应计入有关成本。如企业将应税消费品用于在建工程项目时，借记"在建工程"账户，贷记"库存商品""应交税费——应交消费税"等账户。

【例3-13】承【例3-4】，应编制如下会计分录：
借：应付职工薪酬 11 162.35
  贷：库存商品 8 000
    应交税费——应交增值税（销项税额）（9 882.35×17%） 1 680
       ——应交消费税 1 482.35

（三）委托加工应税消费品

需要缴纳消费税的委托加工应税消费品，在委托方提货时，由受托方代收代缴税款。受托方按应扣税款金额，借记"应收账款""银行存款"等账户，贷记"应交税费——应交消费税"账户。委托方收回委托加工应税消费品后：用于连续生产应税消费品，按规定准予抵扣的，委托方按消费税税款，借记"应交税费——应交消费税"账户，贷记"应付账款""银行存款"等账户，待用委托加工的应税消费品生产出应纳消费税的产品销售时，再缴纳消费税；直接用于销售的（以不高于受托方计税价格的价格出售），应将消费税计入委托加工的应税消费品成本，借记"委托加工物资""生产成本"等账户，贷记"应付账款""银行存款"等账户，待委托加工应税消费品销售时，不再缴纳消费税。

【例3-14】承【例3-6】。
（1）受托方的账务处理：
借：银行存款 208 500
  贷：主营业务收入/其他业务收入 50 000
    应交税费——应交增值税（销项税额） 8 500

贷：应交税费————应交消费税	150 000

（2）委托方的账务处理：

❶委托方发出物资：

借：委托加工物资	800 000
贷：原材料	800 000

❷支付加工费：

借：委托加工物资	50 000
应交税费——应交增值税（进项税额）	8 500
贷：银行存款	58 500

❸消费税的处理：

A.如果委托加工物资收回后用于继续生产应税消费品：

借：应交税费——应交消费税	150 000
贷：银行存款	150 000
借：原材料	850 000
贷：委托加工物资	850 000

B.如果委托加工物资收回后以不高于受托方计税价格的价格直接销售：

借：委托加工物资	150 000
贷：银行存款	150 000
借：原材料	1 000 000
贷：委托加工物资	1 000 000

（四）进口应税消费品

需要缴纳消费税的进口消费品，其缴纳的消费税应计入该进口消费品的成本，借记"固定资产""在途物资"等账户，贷记"银行存款"等账户。

【例3-15】承【例3-7】。

缴纳消费税的会计分录为：

借：在途物资	100 000
贷：银行存款	100 000

（五）消费税出口退税

自营出口应税消费品的外贸企业，应在应税消费品报关出口后申请出口退税，借记"其他应收款——应收出口退税"账户，贷记"主营业务成本"账户。实际收到出口退税款时，借记"银行存款"账户，贷记"其他应收款"账户。

【例3-16】承【例3-9】，增值税退税率为11%，上述款项均已收付。会计分录为：

（1）购入高档化妆品时：

借：库存商品	2 500 000
应交税费——应交增值税（进项税额）	425 000
贷：银行存款	2 925 000

（2）高档化妆品报关出口时：

借：应收账款	2 560 000
贷：主营业务收入	2 560 000

（3）结转销售成本时：

借：主营业务成本　　　　　　　　　　　　　　　　　　　2 500 000

　　贷：库存商品　　　　　　　　　　　　　　　　　　　　　　2 500 000

（4）不得抵扣或退税税额，调整出口成本：

外贸企业不得退还的增值税=购货金额×征、退税率之差=250×（17%-11%）=15（万元）

借：主营业务成本　　　　　　　　　　　　　　　　　　　　150 000

　　贷：应交税费——应交增值税（进项税额转出）　　　　　　　150 000

（5）申请退税时：

应退增值税=250×11%=27.5（万元）

应退消费税=250×15%=37.5（万元）

借：其他应收款——应收出口退税　　　　　　　　　　　　650 000

　　贷：应交税费——应交增值税（出口退税）　　　　　　　　　275 000

　　　　主营业务成本　　　　　　　　　　　　　　　　　　　 375 000

（6）收到出口退税时：

借：银行存款　　　　　　　　　　　　　　　　　　　　　650 000

　　贷：其他应收款——应收出口退税　　　　　　　　　　　　　650 000

任务四　　消费税的申报

一、纳税义务发生时间

纳税人生产的应税消费品于销售时纳税，进口消费品应当于应税消费品报关进口环节纳税，但金银首饰、钻石及钻石饰品在零售环节纳税。消费税纳税义务发生的时间，以货款结算方式或行为发生时间分别确定。

（1）纳税人销售的应税消费品，其纳税义务的发生时间为：

❶纳税人采取赊销和分期收款结算方式的，为书面合同约定的收款日期的当天；书面合同没有约定收款日期或者无书面合同的，为发出应税消费品的当天。

❷纳税人采取预收货款结算方式的，为发出应税消费品的当天。

❸纳税人采取托收承付和委托银行收款方式销售的应税消费品，为发出应税消费品并办妥托收手续的当天。

❹纳税人采取其他结算方式的，为收讫销售款或者取得索取销售款凭据的当天。

（2）纳税人自产自用的应税消费品，为移送使用的当天。

（3）纳税人委托加工的应税消费品，为纳税人提货的当天。

（4）纳税人进口的应税消费品，为报关进口的当天。

二、纳税期限

按照《消费税暂行条例》的规定，消费税的纳税期限分别为1日、3日、5日、10日、15日、1个月或者1个季度。纳税人的具体纳税期限，由主管税务机关根据纳税人应纳税额的大小分别核定；不能按照固定期限纳税的，可以按次纳税。纳税人以1个月或1

个季度为一期纳税的，自期满之日起15日内申报纳税；以1日、3日、5日、10日或者15日为一期纳税的，自期满之日起5日内预缴税款，于次月1日起至15日内申报纳税并结清上月应纳税款。

纳税人进口应税消费品，应当自海关填发海关进口消费税专用缴款书之日起15日内缴纳税款。

如果纳税人不能按照规定的纳税期限依法纳税，将按《税收征管法》的有关规定处理。

三、纳税地点

消费税的具体纳税地点为：

（1）纳税人销售的应税消费品，以及自产自用的应税消费品，除国务院财政、税务主管部门另有规定外，应当向纳税人机构所在地或者居住地的主管税务机关申报纳税。

（2）委托加工的应税消费品，除受托方为个人外，由受托方向机构所在地或者居住地的主管税务机关解缴消费税税款。

（3）进口的应税消费品，由进口人或者其代理人向报关地海关申报纳税。

（4）纳税人到外县（市）销售或者委托外县（市）代销自产应税消费品的，于应税消费品销售后，向机构所在地或者居住地主管税务机关申报纳税。

纳税人的总机构与分支机构不在同一县（市），但在同一省（自治区、直辖市）范围内，经省（自治区、直辖市）财政厅（局）、国家税务总局审批同意，可以由总机构汇总向总机构所在地的主管税务机关申报缴纳消费税。

省（自治区、直辖市）财政厅（局）、国家税务总局应将审批同意的结果，上报财政部、国家税务总局备案。

（5）纳税人销售的应税消费品，如因质量等原因由购买者退回时，经所在地主管税务机关审核批准后，可退还已征收的消费税税款。但不能自行直接抵减应纳税款。

四、纳税申报

纳税人应按《消费税暂行条例》的有关规定及时办理纳税申报，并如实填写消费税纳税申报表（见表3-4）。

✎ 任务实施

1.当月应缴纳的消费税税额。

（1）啤酒出厂价格3 600元，属于甲类啤酒，适用的消费税定额税率为250元/吨，则：

散装啤酒的消费税税额=500×250=125 000（元）

（2）粮食白酒适用的比例税率为20%加0.5元/500克，则：

组成计税价格=［1×35 000×（1+10%）+2 000×0.5］÷（1-20%）=49 375（元）

应纳消费税税额=49 375×20%+2 000×0.5=10 875（元）

2.填写2017年7月份消费税纳税申报表，见表3-4。

表 3-4　　　　　　　**酒类应税消费品消费税纳税申报表**

税款所属期：2017 年 7 月 1 日至 2017 年 7 月 31 日

纳税人名称（公章）：　　　纳税人识别号：

填表日期：2017 年 8 月 3 日　　　　　　　　　　　　　单位：元（列至角分）

项目 应税 消费品名称	适用税率		销售数量	销售额	应纳税额
	定额税率	比例税率			
粮食白酒	0.5 元/斤	20%	2 000 斤	49 375	10 875
薯类白酒	0.5 元/斤	20%			
啤酒	250 元/吨	—	500 吨		125 000
啤酒	220 元/吨	—			
黄酒	240 元/吨				
其他酒	—	10%			
合计	—	—			135 875

本期准予抵减税额：	**声明** 　　此纳税申报表是根据国家税收法律、法规规定填报的，我确定它是真实的、可靠的、完整的。
本期减（免）税额：	
	经办人（签章）： 　　　　　　　　财务负责人（签章）： 　　　　　　　　联系电话：
期初未缴税额：	
本期缴纳前期应纳税额：	（如果你已委托代理人申报，请填写） 　　　　　　授权声明
本期预缴税额：	为代理一切税务事宜，现授权_____ _____（地址）_____为本纳税人的代理申报人，任何与本申报表有关的往来文件，都可寄予此人。
本期应补（退）税额：	
期末未缴税额：	授权人签章：

以下由税务机关填写

受理人（签章）：　　　　受理日期：　　年　月　日　　　受理税务机关（章）：

同步训练

一、单项选择题

1.消费税的纳税义务人为在中华人民共和国境内生产、委托加工和进口应税消费品的单位和个人。其中"在中华人民共和国境内"是指生产、委托加工和进口应税消费品的（　　）在我国境内。

A.生产地
B.销售地
C.使用地
D.起运地或者所在地

2.下列单位中，不属于消费税纳税人的是（　　）。

A.生产销售应税消费品（金银首饰类除外）的单位
B.委托加工应税消费品（金银首饰类除外）的单位
C.受托加工应税消费品（金银首饰类除外）的单位
D.进口应税消费品（金银首饰类除外）的单位

3.根据消费税的有关规定，下列行为中应缴纳消费税的是（　　）。

A.生产酒精
B.生产汽车轮胎
C.进口卷烟
D.生产金银首饰

4.下列消费品中实行从量定额和从价定率相结合征税办法的是（　　）。

A.卷烟
B.啤酒
C.烟丝
D.黄酒

5.根据税法规定，下列说法不正确的是（　　）。

A.应税消费品征收增值税的，其税基含有消费税
B.应税消费品征收消费税的，其税基不含增值税
C.凡是征收增值税的货物都征收消费税
D.凡是征收消费税的消费品都征收增值税

6.某企业将生产的成套高档化妆品作为福利发给本厂职工，生产成本为10 000元，市场上无同类产品销售价格。已知其成本利润率为5%，适用的消费税税率为15%，则该企业应纳消费税税额为（　　）元。

A.3 150
B.1 852.94
C.6 750
D.15 000

7.某白酒厂当月销售自产粮食白酒100吨，全部销售，含税价款2 340万元尚未收到，该厂当月应缴纳的消费税为（　　）万元。

A.400
B.410
C.468
D.478

8.某酒厂当月销售白酒5 000斤，取得不含税价款100万元，包装物押金4万元，包装物1个月后归还厂家，则该酒厂应纳消费税税额（　　）万元。

A.20
B.21.05
C.20.25
D.20.93

9.某烟草生产企业2017年7月份销售卷烟600标准条，取得含税销售额70 200元，则该烟草生产企业应纳消费税税额为（　　）元。

A.33 600
B.33 960
C.39 312
D.39 672

10.某酒厂生产一种新的白酒，供广告使用的样品有400斤。已知该白酒无同类产品出厂价，生产成本为每斤17.5元，成本利润率为10%，则该酒厂应缴纳的消费税税额为（　　）元。

A.2 125
B.1 925
C.1 740
D.1 540

11.某化妆品公司期初库存高档化妆品50 000元，本期外购高档化妆品80 000元（不含税价），本期月末库存30 000元，生产的高档化妆品对外出售，取得不含税销售额300 000元，高档化妆品消费税税率为15%。该化妆品公司本期应纳消费税（　　）元。

A.15 000　　　　　B.24 000　　　　　C.30 000　　　　　D.45 000

12.某厂受托加工一批原材料，该批原材料不含税价格为10.5万元，受托方代垫辅料收费1.17万元（含税），另收取加工费2.34万元（含税）。假定该消费品的消费税税率为10%，则委托加工物资组成计税价格为（　　）万元。

A.12.27　　　　　B.14.01　　　　　C.15　　　　　D.15.57

13.某进出口公司从美国进口100辆小轿车，每辆小轿车到岸价格为5万元。假设关税税率为50%，消费税税率为5%，则该公司应缴纳的消费税为（　　）万元。

A.25　　　　　B.26.32　　　　　C.37.5　　　　　D.39.47

14.下列各项中，符合消费税纳税义务的发生时间规定的是（　　）。

A.纳税人采取赊销和分期收款结算方式的，为书面合同约定的收款日期的当天

B.纳税人采取预收货款结算方式的，为收到预收款的当天

C.纳税人委托加工的应税消费品，为支付加工费的当天

D.纳税人进口的应税消费品，为进口货物的当天

15.根据消费税的有关规定，纳税人以1个月为一个纳税期的，应自期满之日起（　　）日内向税务机关申报纳税。

A.5　　　　　B.7　　　　　C.10　　　　　D.15

二、多项选择题

1.下列消费品中，准予扣除已纳消费税的有（　　）。

A.外购已税烟丝生产的卷烟

B.外购已税实木地板为原料生产的实木地板

C.以委托加工已税高档化妆品为原料连续生产的高档化妆品

D.以委托加工已税汽油为原料连续生产的成品油

2.下列各项中，属于我国消费税现行出口退（免）税政策的有（　　）。

A.免税并退税　　　　　　　　　　B.免税但不退税

C.不免税但退税　　　　　　　　　D.不免税也不退税

3.下列行为中，既缴纳增值税又缴纳消费税的有（　　）。

A.汽车厂将自产的应税小汽车赞助给某活动组织

B.酒厂将自产的白酒赠送给合作单位

C.地板厂将自产的实木地板奖励给有突出贡献的员工

D.卷烟厂将自产的烟丝移送用于生产卷烟

4.下列按规定不适用5%税率的消费税货物包括（　　）。

A.高档化妆品　　　B.鞭炮、焰火　　　C.实木地板　　　D.电池、涂料

5.视同销售计征消费税的消费品有（　　）。

A.委托加工的应税消费品　　　　　　B.用于职工福利的应税消费品

C.纳税人用于连续生产的应税消费品　　D.用于奖励的应税消费品

6.下列情况中，应按照受托方销售自制应税消费品征收消费税的有（　　）。

A.受托方先将原材料卖给委托方，然后再加工的应税消费品

B.委托方提供原材料，受托方收取加工费加工的应税消费品

C.由受托方提供原材料生产的应税消费品

D.受托方以委托方名义购进原材料生产的应税消费品

7.下列关于进口消费品的说法，正确的有（　　）。

A.进口的应税消费品，于报关进口时缴纳消费税

B.纳税人进口应税消费品，按照关税征收管理的相关规定，应当自海关填发海关进口消费税专用缴款书之日起15日内缴纳税款

C.进口的应税消费品数量，为海关核定的应税消费品进口征税数量

D.进口环节缴纳的消费税由海关代征

8.生产自产产品自营出口或委托外贸企业代理出口自产的应税消费品，其出口退税政策包括（　　）。

A.增值税采用先征后退政策　　　　　　B.增值税采用免抵退税政策

C.消费税采用免税并退税政策　　　　　D.消费税采用免税但不退税政策

9.下列消费税纳税地点的表述，正确的有（　　）。

A.纳税人销售的应税消费品和自产自用的应税消费品，除国家另有规定外，应当向纳税人机构所在地或者居住地的主管税务机关申报纳税

B.委托加工的应税消费品，一律由受托方向机构所在地或者居住地的主管税务机关解缴消费税税款

C.纳税人到外县（市）销售或者委托外县（市）代销自产应税消费品的，于应税消费品销售后，向机构所在地或者居住地主管税务机关申报纳税

D.纳税人的总机构与分支机构不在同一县（市），但在同一省（自治区、直辖市）范围内，经审批同意，可以由总机构汇总向总机构所在地的主管税务机关申报缴纳消费税

10.根据消费税现行政策的有关规定，下列说法正确的有（　　）。

A.卷烟在批发环节按照5%的税率计征消费税

B.啤酒、黄酒采用比例税率

C.每标准条卷烟调拨价格在70元以上的（含70元），从价消费税税率为56%，每条定额税为0.6元

D.啤酒最高税额为250元/吨

三、判断题

1.消费税在生产销售、委托加工、进口等环节征收。　　　　　　　　　　　（　　）

2.凡征收消费税的应税消费品均应征收增值税。　　　　　　　　　　　　　（　　）

3.金店以"以旧换新"方式销售的金银首饰，其征收消费税的计税依据是同类新金银首饰的销售价格。　　　　　　　　　　　　　　　　　　　　　　　　　　（　　）

4.纳税人以外购的已税珠宝玉石为原料生产的在零售环节征收消费税的金银首饰，在计税时不得扣除外购的已纳税款。　　　　　　　　　　　　　　　　　　　（　　）

5.根据《消费税暂行条例》的规定，纳税人将自产的应税消费品用于连续生产应税消费品的，不缴纳消费税。　　　　　　　　　　　　　　　　　　　　　　　（　　）

6.委托个人加工的应税消费品，由委托方收回后缴纳消费税。　　　　　　（　　）

7.企业销售应税消费品时收取的价外费用不应并入销售额中征收消费税。（　　）

8.包装物连同应税消费品销售单独计价的，包装物不征收消费税。　　　　（　　）

9.纳税人将自己生产的应税消费品无偿赠送给他人时，按近期同类产品的加权平均售价征收消费税。　　　　　　　　　　　　　　　　　　　　　　　　　　（　　）

10.进口的应税消费品，由进口人向机构所在地申报缴纳。　　　　　　　（　　）

四、综合题

1.某烟厂系增值税一般纳税人，主要生产卷烟。其2017年7月份发生如下经济业务：

（1）当月委托某加工厂（一般纳税人）将60 000元烟叶加工成烟丝。双方签订的委托加工合同上注明，烟厂支付加工费8 000元、加工厂代垫辅助材料价款2 000元（不含增值税），取得税控专用发票。

（2）烟厂将加工好的烟丝收回后，全部生产加工成某牌号卷烟，共10箱。所有卷烟实现销售，每箱不含税价10 000元，国家税务总局核定的该牌号卷烟的计税价为50元/条。

（3）当月，烟厂将8标准箱某甲类卷烟与本市某服装厂（一般纳税人）等价交换服装250套，各自作为福利发放给本厂职工。双方签订的易货合同上注明，服装每套不含税作价800元。

要求：计算该烟厂2017年7月份应缴纳的消费税，并编制相关的会计分录。

2.某酒厂为增值税一般纳税人，2017年7月份发生以下经济业务：

（1）销售瓶装白酒3吨，每吨含税单价50 700元，收取包装物押金2 340元，全部款项存入银行；

（2）生产一种新的白酒2吨，赠送给客户，已知该白酒没有同类产品出厂价，生产成本每吨30 000元，成本利润率为10%。

要求：计算该酒厂2017年7月份应纳的消费税，并进行相关的账务处理。

3.某珠宝饰品制造公司为增值税一般纳税人，从事金银首饰经销和加工生产业务，2017年7月份发生如下经济业务：

（1）向某大型商场（金银首饰经营单位）销售黄金项链30条，专用发票注明的销售额为34 000元；

（2）采取"以旧换新"方式向消费者销售自产纯金项链100条，新项链对外含税销售价格为6 000元/条，旧项链作价4 000元/条，从消费者手中收取新旧差价款（含税）200 000元。

要求：请计算该公司应缴纳的消费税。

项目四

关税

知识目标

1. 熟悉关税的征税对象、纳税人、税率；
2. 掌握关税的计算；
3. 熟悉关税相关业务的会计处理；
4. 掌握关税的纳税申报。

技能目标

1. 判断哪些项目应征收关税；
2. 根据业务资料计算应纳关税税额；
3. 正确进行关税的纳税申报；
4. 根据涉税业务进行关税的账务处理。

案例导入

蓝天公司是具有进出口经营权的生产企业，对自产货物经营出口销售及国内销售。2017年7月份蓝天公司进口一批货物，到岸价格是人民币40万元，进口关税税率为20%，增值税税率为17%。蓝天公司需要向我国海关申报进口，并办理有关报关手续。

请思考：什么是关税？关税应如何计算？

任务描述

某化妆品生产企业为增值税一般纳税人，2017年7月份从国外进口一批高档化妆品，支付给国外货价120万元，相关税金10万元，支付卖方佣金2万元，运抵我国海关前运杂费和保险费共18万元，款项已付清。高档化妆品已验收入库。该高档化妆品的进口关税税率为40%、消费税税率为15%。

要求：计算该化妆品生产企业应缴纳的进口关税、消费税、增值税，并进行相应的会计处理。

任务一　认识关税

一、关税的概念

关税是海关依法对进出境货物、物品征收的一种税。所谓"境"是指关境，又称"海关境域"或"关税领域"，是国家《海关法》全面实施的领域。通常情况下，一国关境与国境是一致的，包括国家全部的领土、领海、领空。但当某一国家在国境内设立了自由港、自由贸易区等，这些区域就进出口关税而言处在关境之外，这时，该国家的关境小于国境。如我国根据《中华人民共和国香港特别行政区基本法》和《中华人民共和国澳门特别行政区基本法》，香港和澳门保持自由港地位，为我国单独的关税地区，即单独关境区。单独关境区是不完全适用该国海关法律、法规或实施单独海关管理制度的区域。

关税的征税对象是准许进出境的货物和物品。货物是指贸易性商品；物品是指入境旅客随身携带的行李物品、个人邮递物品、各种运输工具上的服务人员携带进口的自用物品、馈赠物品以及以其他方式进境的个人物品。

二、关税的种类

关税是国际通行的税种，是各国根据本国的经济和政治需要，用法律形式确定的、由海关对进出口的货物和物品所征收的一种流转税。

（一）按照征收对象分类

关税按照征收对象分类，分为进口关税、出口关税和过境关税三种。我国目前对进出境货物征收进口关税和出口关税两类。

1.进口关税

进口关税是指海关在外国货物进口时所课征的关税。进口关税通常在外国货物进入关境或过境时征收，或在外国货物从保税仓库提出运往国内市场时征收。现在世界各国的关税，主要是征收进口关税。征收进口关税的目的在于保护本国市场和增加财政收入。

进口关税有正税和附加税之分。正税是按照税则中法定税率征收的进口税；附加税则是在征收进口正税的基础上额外加征的关税，主要是为了保护本国市场和增加财政收入，用以补充正税的不足，通常属于临时性的限制进口措施。附加税的目的和名称繁多，如反倾销税、反补贴税、报复关税等。附加税不是一个独立的税种，是从属于进口正税的。

2.出口关税

出口关税是指海关在本国货物出口时所课征的关税。为了降低出口货物的成本，提高本国货物在国际市场上的竞争力，世界各国一般少征或不征出口关税。但为了限制本国某些产品或自然资源的输出，或为了保护本国生产、本国市场供应和增加财政收入以及某些特定的需要，有些国家也征收出口关税。

目前，我国仅对列举的部分商品征收出口关税。

3.过境关税

过境关税又称通过关税，是指对外国货物或物品通过本国国境或关境时征收的关税。过境关税最早产生并流行于欧洲各国，主要是为了增加国家财政收入。但是，由于过境关税严重阻碍了国际贸易的发展，现已被绝大多数国家废止。

（二）按照保护形式和程度的不同分类

关税按照保护形式和程度的不同，分为关税壁垒和非关税壁垒。

1.关税壁垒

关税壁垒是指一国政府以提高关税的办法限制外国商品进口的措施。关税壁垒的目的是抑制外国商品进入本国市场，最大限度地削弱外国商品在本国市场上的竞争力，保护本国商品的竞争优势，垄断国内市场。

2.非关税壁垒

非关税壁垒是指除关税以外的一切限制进口的措施，有直接非关税壁垒和间接非关税壁垒之分。

直接非关税壁垒是指通过对本国产品和进口商品的差别待遇或迫使出口国限制商品进口等措施，以直接限制进口。其措施有政府采购、海关估价、进口许可制度、进口配额制和关税配额制等。

间接非关税壁垒是指并非对商品进口进行直接限制，而是为了其他目的所采取的、同样能起到限制商品进口效果的各种措施。例如，外汇管制、进出口国家垄断、复杂的海关手续、苛刻的卫生安全和技术标准等。

（三）按征税性质分类

关税按征税性质，分为普通关税、优惠关税和差别关税三种。

1.普通关税

普通关税又称一般关税，是对本国没有签署贸易或经济互惠等友好协定的国家原产的货物征收的非优惠性关税。普通关税与优惠关税的税率差别一般较大。

2.优惠关税

优惠关税一般是互惠关税，即优惠协定的双方互相给对方优惠关税待遇，但也有单项优惠关税。优惠关税一般有特定优惠关税、普遍优惠关税和最惠国待遇三种。

（1）特定优惠关税又称特惠税，是指一国对另一国或一些国家对另一些国家的某些方面予以特定优惠关税待遇，而其他国家不得享受的一种关税制度。

（2）普遍优惠关税又称普惠税，是指发达国家对从发展中国家或地区输入的商品，特别是制成品和半成品，给予普遍的、非歧视性的非互惠关税待遇。

（3）最惠国待遇是国际贸易协定中的一项重要内容，它规定缔约国双方相互间现在和将来所给予任何第三国的优惠待遇，同样适用于对方。最惠国待遇最初只限于关税待遇，随后范围日益扩大，目前已经适用于通商及航海的各个方面，如关税、配额、航运、港口使用、仓储、移民、投资和专利权等，但仍以关税为主。

3.差别关税

差别关税实际上是保护主义政策的产物，是保护一国产业所采取的特别手段。一般意义上的差别关税主要分为加重关税、反补贴关税、反倾销关税和报复性关税等。

（1）加重关税。加重关税是出于某种原因或为达到某种目的，而对某国货物或某种货物的输入加重征收的关税，如间接输入货物加重关税等。

（2）反补贴关税。反补贴关税又称为抵消关税，它是对接受任何津贴或补贴的外国进口货物所附加征收的一种关税，是差别关税的重要形式。

（3）反倾销关税。反倾销关税即对外国的倾销商品，在征收正常进口关税的同时，附加征收的一种关税，是差别关税的又一重要形式。

（4）报复性关税。报复性关税是指他国政府以不公平、不平等、不友好的态度对待本国输出货物时，为维护本国利益，对该国输入本国的货物加重征收的关税。

（四）按征税标准分类

关税按征税标准，分为从量税、从价税。此外，各国常用的征税标准还有复合税、选择税和滑准税等。

1.从量税

从量税是以进口商品的重量、长度、容积、面积等计量单位为计税依据。这种计税方法计算简单、通关手续快捷，并能抑制质次价廉品或故意低瞒价格商品的进口。

2.从价税

从价税是以货物的价格作为征税标准计算征收的税。从价税的税率表现为货物价格的百分值。经海关审定作为计征关税依据的价格称为完税价格。目前多数国家以到岸价格作为完税价格。

3.复合税

复合税又称为混合税，是对某种进口商品同时使用从价和从量计征的一种关税计征方法。复合税既可以体现从量税抑制低价商品进口的特点，又可以体现从价税税负合理、稳定的特点。

4.选择税

选择税是在税则的同一税目中，订有从价和从量两种税率，征税时由海关选择其中一种计征的关税计征方法。

5.滑准税

滑准税是指关税税率随进口商品价格由高到低而由低至高设置的关税计征方法。简单地讲，就是进口商品的价格越高，其进口关税税率越低；进口商品的价格越低，其进口关税税率越高。其主要特点是可保持计征滑准税商品的国内市场价格的相对稳定，尽可能减少国际市场价格波动的影响。

三、纳税义务人

进口货物的收货人、出口货物的发货人、进出境物品的所有人，是关税的纳税义务人。进出口货物的收、发货人是依法取得对外贸易经营权，并进口或者出口货物的法人或者其他社会团体。进出境物品的所有人包括该物品的所有人和推定为所有人的人。一般情况下，对于携带进境的物品，推定其携带人为所有人；对分离运输的行李，推定相应的进出境旅客为所有人；对以邮递方式进境的物品，推定其收件人为所有人；以邮递或其他运输方式出境的物品推定其寄件人或托运人为所有人。

四、税率

（一）进口关税税率

1.税率计征办法

我国对进口商品基本上都实行从价税，即以进口货物的完税价格作为计税依据。从1997年7月1日起，我国对部分产品实行从量税、复合税和滑准税。

2.暂定税率与关税配额税率

根据经济发展需要，国家对部分进口原材料、零部件、农药原药和中间体、乐器及生产设备实行暂定税率。《进出口关税条例》规定，适用最惠国税率的进口货物有暂定税率的，应当适用暂定税率；适用特惠税率、协定税率的进口货物有暂定税率的，应当从低适用税率；适用普通税率的进口货物，不适用暂定税率。同时，对部分进口农产品和化肥产品实行关税配额，即一定数量内的上述进口商品适用税率较低的配额内税率，超出该数量的进口商品适用税率较高的配额外税率。现行税则对700多个税目进口商品实行了暂定税率，对小麦、玉米等7种农产品和尿素等3种化肥产品实行关税配额管理。

（二）出口关税税率

我国出口税则为一栏税率，即出口税率。国家仅对少数资源性产品及易于竞相杀价、盲目进口、需要规范出口秩序的半制成品征收出口关税。

（三）税率的运用

我国《进出口关税条例》规定，进出口货物应当依照税则规定的归类原则归入合适的税号，并按照适用的税率征税。其中：

（1）进出口货物，应当适用海关接受该货物申报进口或者出口之日实施的税率征税。

（2）进口货物到达前，经海关核准先行申报的，应当按照装载此货物的运输工具申报进境之日实施的税率征税。

（3）进出口货物的补税和退税，适用该进出口货物原申报进口或者出口之日所实施的税率，但下列情况除外：

❶按照特定减免税办法批准予以减免税的进口货物，后因情况改变经海关批准转让或出售或移作他用需予补税的，适用海关接受纳税人再次填写报关单申报办理纳税及有关手续之日实施的税率征税。

❷加工贸易进口料、件等属于保税性质的进口货物，如经批准转为内销，应按向海关申报转为内销之日实施的税率征税；如未经批准擅自转为内销的，则按海关查获日期所实行的税率征税。

❸暂时进口货物转为正式进口需予补税时，应按其申报正式进口之日实施的税率征税。

❹分期支付租金的租赁进口货物，分期付税时，适用海关接受纳税人再次填写报关单申报办理纳税及有关手续之日实施的税率征税。

❺溢卸、误卸货物事后确定需征税时，应按其原运输工具申报进口日期所实施的税率征税。如原进口日期无法查明的，可按确定补税当天实施的税率征税。

❻对由于税则归类的改变、完税价格的审定或其他工作差错而需补税的，应按原征税日期实施的税率征税。

❼对经批准缓税进口的货物，以后缴税时，不论是分期还是一次交清税款，都应按货物原进口之日实施的税率征税。

❽查获的走私进口货物需补税时，应按查获日期实施的税率征税。

五、关税的减免

关税的减免可分为法定减免税、特定减免税和临时减免税三类。

1.法定减免税

法定减免税是税法中明确列出的减税或免税，主要包括以下项目：

（1）关税税额在人民币50元以下的一票货物，可免征关税。

（2）无商业价值的广告品和货样，可免征关税。

（3）外国政府、国际组织无偿赠送的物资，可免征关税。

（4）进出境运输工具装载的途中必需的燃料、物料和饮食用品，可免征关税。

（5）经海关核准暂时进境或暂时出境，并在6个月内复运出境或者复运进境的货样、展览品、施工机械、工程车辆、工程船舶、供安装设备时使用的仪器和工具、电视或者电影摄制器械、盛装货物的容器以及剧团服装道具，在货物收发货人向海关缴纳相当于税款的保证金或提供担保后，可予免税。

（6）为境外厂商加工、装配成品和为制造外销产品而进口的原材料、辅料、零件、部件、配套件和包装物料，海关按照实际加工出口的成品数量免征进口关税，或者对进口料、件先征进口关税，再按照实际加工出口的成品数量予以退税。

（7）因故退还的中国出口货物，经海关审查属实，可予免征进口关税，但已征收的出口关税不予退还。

（8）因故退还的境外进口货物，经海关审查属实，可予免征出口关税，但已征收的进口关税不予退还。

（9）进口货物如有以下情形，经海关查明属实，可酌情减免进口关税：

❶在境外运输途中或者在起卸时，遭受损坏或者损失的；

❷起卸后海关放行前，因不可抗力遭受损坏或者损失的；

❸海关查验时已经破漏、损坏或者腐烂，经证明不是保管不慎造成的。

（10）我国缔结或者参加的国际条约规定减征、免征关税的货物、物品，按照规定予以减免关税。

2.特定减免税

特定减免税也称政策性减免，是在法定减免税之外，国家按照国际通行规则和我国实际情况制定发布的。特定减免税货物一般有地区、企业和用途的限制，海关需要进行后续管理，也需要进行减免税统计，主要包括科教用品、残疾人专用品、扶贫慈善性捐赠物资、加工贸易产品、边境贸易加工物资、保税区进出口货物、出口加工区进出口货物、进口设备、特定行业或用途的减免税政策。

3.临时减免税

临时减免税是指法定减免和特定减免范围以外的，由国务院运用一案一批的原则，针对某个纳税人、某类商品、某个项目或某批货物的特殊情况，特别照顾，临时给予的减免。

任务二　　　　　计算关税

一、关税完税价格

《海关法》规定，进出口货物的完税价，由海关以该货物的成交价格为基础审查确定。成交价格不能确定时，完税价格由海关依法估定。

（一）一般进口货物的完税价格

1.以成交价格为基础的完税价格

根据《海关法》的规定，进口货物的完税价格包括货物的货价、货物运抵我国境内输入地点起卸前的运输及其相关费用、保险费。

2.对实付或应付价格进行调整的有关规定

"实付或应付价格"是指买方为购买进口货物直接或间接支付的总额，即作为卖方销售进口货物的条件，由买方向卖方或为履行卖方义务向第三方已经支付或将要支付的全部款项。

（1）如下列费用或者价值未包括在进口货物的实付或者应付价格中，应当计入完税价格：

❶由买方负担的除购货佣金以外的佣金和经纪费。"购货佣金"指买方为购买进口货物向自己的采购代理人支付的劳务费用。"经纪费"指买方为购买进口货物向代表买卖双方利益的经纪人支付的劳务费用。

❷由买方负担的与该货物视为一体的容器费用。

❸由买方负担的包装材料和包装劳务费用。

❹与该货物的生产和向中华人民共和国境内销售有关的，由买方以免费或者以低于成本的方式提供并可以按适当比例分摊的料件、工具、模具、消耗材料及类似货物的价款，以及在境外开发、设计等相关服务的费用。

❺与该货物有关并作为卖方向我国销售该货物的一项条件，应当由买方直接或间接支付的特许权使用费。"特许权使用费"指买方为获得与进口货物相关的、受著作权保护的作品、专利、商标、专有技术和其他权利的使用许可而支付的费用。但是在估定完税价格时，进口货物在境内的复制权费不得计入该货物的实付或应付价格之中。

❻卖方直接或间接从买方对该货物进口后转售、处置或使用所得中获得的收益。

上列所述的费用或价值，应当由进口货物的收货人向海关提供客观量化的数据资料。如果没有客观量化的数据资料，完税价格由海关按《中华人民共和国海关审定进出口货物完税价格办法》规定的方法进行估定。

（2）下列费用，如能与该货物实付或者应付价格区分，不得计入完税价格：

❶厂房、机械、设备等货物进口后的基建、安装、装配、维修和技术服务的费用；

❷货物运抵境内输入地点之后的运输费用、保险费和其他相关费用；

❸进口关税及其他国内税收；

❹为在境内复制进口货物而支付的费用；

❺境内外技术培训及境外考察费用。

3.进口货物海关估价方法

进口货物的价格不符合成交价格条件或者成交价格不能确定的，海关应当依次以相同货物成交价格方法、类似货物成交价格方法、倒扣价格方法、计算价格方法及其他合理方法确定的价格为基础，估定完税价格。如果进口货物的收货人提出要求，并提供相关资料，经海关同意，可以选择倒扣价格方法和计算价格方法的适用次序。

（1）相同或类似货物成交价格。

相同或类似货物成交价格方法，即以与被估的进口货物同时或大约同时（在海关接受申报进口之日的前后各45日以内）进口的相同或类似货物的成交价格为基础，估定完税价格。

（2）倒扣价格方法。

倒扣价格方法即以被估的进口货物、相同或类似进口货物在境内销售的价格为基础，扣除境内发生的关税和进口环节海关代征税及其他国内税、运费、保险费、利润等相关规定费用后，审查确定进口货物完税价格的估价方法。

（3）计算价格方法。

计算价格方法即按下列各项的总和计算出的价格估定完税价格：

❶生产该货物所使用的原材料价值和进行装配或其他加工的费用；

❷与向境内出口销售同等级或同种类货物的利润、一般费用相符的利润和一般费用；

❸货物运抵境内输入地点起卸前的运输及相关费用、保险费。

（4）其他合理方法。

其他合理方法，是指海关以客观量化的数据资料为基础审查货物完税价格的估价方法。

（二）出口货物的完税价格

1.以成交价格为基础的完税价格

出口货物的完税价格，由海关以该货物向境外销售的成交价格为基础审查确定，并应包括货物运至我国境内输出地点装载前的运输及相关费用、保险费，但其中包含的出口关税税额，应当扣除。

出口货物的成交价格，是指该货物出口销售到我国境外时买方向卖方实付或应付的价格。出口货物的成交价格中含有支付给境外的佣金的，如果单独列明，应当扣除。

2.出口货物海关估价方法

出口货物的成交价格不能确定时，完税价格由海关依次使用下列方法估定：

（1）同时或大约同时向同一国家或地区出口的相同货物的成交价格；

（2）同时或大约同时向同一国家或地区出口的类似货物的成交价格；

（3）根据境内生产相同或类似货物的成本、利润和一般费用、境内发生的运输及其相关费用、保险费计算所得的价格；

（4）按照合理方法估定的价格。

二、应纳税额的计算

（一）从价税应纳税额的计算

关税税额=应税进（出）口货物数量×单位完税价格×税率

（二）从量税应纳税额的计算

关税税额=应税进（出）口货物数量×单位货物税额

（三）复合税应纳税额的计算

我国目前实行的复合税都是先计征从量税，再计征从价税。

关税税额=应税进（出）口货物数量×单位货物税额+应税进（出）口货物数量×单位完税价格×税率

（四）滑准税应纳税额的计算

关税税额=应税进（出）口货物数量×单位完税价格×滑准税税率

【例4-1】某商场于2017年7月份进口一批高档化妆品。该批货物在国外的买价为152万元，货物运抵我国入关前发生的运输费、保险费和其他费用分别为20万元、8万元、2万元。货物报关后，该商场按规定缴纳了进口环节的增值税和消费税并取得了海关开具的缴款书（假定高档化妆品的进口关税税率20%、增值税税率17%、消费税税率15%）。

要求：计算该批高档化妆品进口环节应缴纳的关税、增值税、消费税。

具体计算如下：

（1）关税的组成计税价格=152+20+8+2=182（万元）

（2）应缴纳进口关税=182×20%=36.4（万元）

（3）进口环节应纳增值税的组成计税价格=（182+36.4）÷（1-15%）=256.94（万元）

（4）进口环节应缴纳的增值税=256.94×17%=43.68（万元）

（5）进口环节应缴纳的消费税=256.94×15%=38.54（万元）

任务三　　　　关税的核算

一、账户设置

为了全面反映企业关税的缴纳、结余情况及核算进出口关税，应在"应交税费"科目下设置"应交关税"明细科目。

二、会计核算

1.自营进口业务关税的会计处理

进口货物缴纳的关税应计入进口货物的采购成本。报关进口时，根据应缴纳的进口关税，借记"在途物资"科目，贷记"应交税费——应交关税"科目；实际缴纳时，借记"应交税费——应交关税"科目，贷记"银行存款"科目。

【例4-2】某外贸公司从国外自营进口商品40台，以境外口岸FOB价格成交，单价折合人民币20 000元。已知该货物运抵中国关境内输入地点起卸前的包装费、运费、保险费和其他劳务费用为每台2 000元人民币。该商品的进口关税税率为20%，增值税税率为17%，有关计算及会计处理如下：

关税完税价格=40×（20 000+2 000）=880 000（元）

应纳进口关税=880 000×20%=176 000（元）

应纳增值税=（880 000+176 000）×17%=179 520（元）

商品采购成本=880 000+176 000=1 056 000（元）

（1）报关进口时：

借：在途物资	1 056 000
贷：银行存款（或应付账款）	880 000
应交税费——应交关税	176 000

（2）缴纳增值税、关税时：

借：应交税费——应交增值税（进项税额）	179 520
——应交关税	176 000
贷：银行存款	355 520

（3）验收入库时：

借：库存商品　　　　　　　　　　　　　　　　　　　　　　1 056 000

　　贷：在途物资　　　　　　　　　　　　　　　　　　　　　　1 056 000

2.自营出口业务关税的会计处理

自营出口时，根据应缴纳的出口关税，借记"税金及附加"科目，贷记"应交税费——应交关税"科目。实际缴纳时，借记"应交税费——应交关税"科目，贷记"银行存款"科目。

【例 4-3】某外贸进出口公司为增值税一般纳税人，自营出口商品一批，该商品离岸（FOB）价为 864 000 元，出口关税税率为 20%。

关税完税价格=FOB价÷（1+出口关税税率）=864 000÷（1+20%）=720 000（元）

应纳出口关税税额=720 000×20%=144 000（元）

编制的会计分录如下：

借：税金及附加　　　　　　　　　　　　　　　　　　　　　144 000

　　贷：应交税费——应交关税　　　　　　　　　　　　　　　　144 000

实际上缴关税时：

借：应交税费——应交关税　　　　　　　　　　　　　　　　　144 000

　　贷：银行存款　　　　　　　　　　　　　　　　　　　　　　144 000

3.代理进出口业务关税的会计处理

由于代理进出口业务的关税由委托方负担，外贸企业代理缴纳的关税属代垫款项，因此，代理企业计算申报关税时，借记"应收账款"等科目，贷记"应交税费——应交关税"科目；缴纳关税时，借记"应交税费——应交关税"科目，贷记"银行存款"科目；收到委托方交付的税款时，借记"银行存款"科目，贷记"应收账款"科目。

任务四　　　　　　　　　　　　关税的申报

一、关税纳税期限

进口货物自运输工具申报进境之日起 14 日内，出口货物在货物运抵海关监管区后装货的 24 小时以前，应由进出口货物的纳税义务人向货物进（出）境地海关申报，海关根据税则归类和完税价格计算应缴纳的关税和进口环节代征税，并填发税款缴款书。

纳税义务人应当自海关填发税款缴款书之日起 15 日内，向指定银行缴纳税款。关税纳税义务人因不可抗力或者在国家税收政策调整的情形下，不能按期缴纳税款的，经海关批准，可以延期缴纳税款，但最长不得超过 6 个月。

二、减税退还

关税退还是纳税人按海关核定的税额缴纳关税后，因某种原因的出现，海关将多征的税款退还给原纳税人的一种行为。

根据《进出口关税条例》的规定，有下列情形之一的，纳税人自缴纳税款之日起 1 年内，向海关申请退税的，海关应予以退税并加计银行同期存款利息：❶因海关误征多纳税款的；❷海关核准免验进口的货物，在完税后发现有短卸情形，经海关审查认可的；❸已征出口关税的货物，因故未将其出口，申报退关，经海关查验属实的。

对已征进出口关税的货物，因货物品种或规格原因（非其他原因）原状复运进境或出境，经海关查验属实的，应退还已征的关税。海关应自受理退税申请之日起30日内，作出书面答复并通知退税申请人。

三、关税补征和追征

关税补征和追征是海关在关税纳税人按海关核定的税额缴纳关税后，发现实际征收的税额少于应当征收的税额（称短征关税）时，责令纳税人补缴所差税款的一种行政行为。因纳税人违反海关规定造成短征关税的称为追征；非因纳税人违反海关规定造成短征关税的称为补征。

进出口货物放行后，海关发现少征或漏征税款的，应当自缴纳税款或货物放行之日起1年内，向纳税人补征税款。但因纳税人违反规定造成少征或漏征税款的，海关可以自缴纳税款或货物放行之日起3年内追征税款，并从缴纳税款或货物放行之日起按日加收少征或漏征税款0.5‰的滞纳金。

任务实施

1.计算应缴纳的进口关税、消费税、增值税

❶高档化妆品的关税完税价格=120+10+2+18=150（万元）

❷高档化妆品应缴纳的进口关税=（120+10+2+18）×40%=60（万元）

❸高档化妆品应缴纳的消费税=（150+60）÷（1-15%）×15%=37.06（万元）

❹高档化妆品应缴纳的增值税=（150+60）÷（1-30%）×17%=42（万元）

2.会计处理

（1）报关进口时：

```
借：在途物资                          2 470 600
    贷：银行存款                              1 500 000
        应交税费——应交关税                     600 000
               ——应交消费税                   370 600
```

（2）缴纳增值税、关税时：

```
借：应交税费——应交增值税（进项税额）   420 000
           ——应交关税              600 000
           ——应交消费税            370 600
    贷：银行存款                          1 390 600
```

（3）验收入库时：

```
借：库存商品                          2 470 600
    贷：在途物资                              2 470 600
```

◆同步训练◆

一、单项选择题

1.下列各项中符合关税有关规定的是（　　）。

A.进口货物由于完税价格审定需要补税的，按照原进口之日的税率计税

B.溢卸进口货物事后确定需要补税的，按照确定补税当天实施的税率计税

C.暂时进口货物转为正式进口需要补税的，按照原报关进口之日的税率计税

D.进口货物由于税则归类改变需要补税的，按照原征税日期实施的税率计税

2.某企业海运进口一批货物，海关审定货价折合人民币5 000万元，运费折合人民币20万元，保险费折合人民币15万元，该批货物进口关税税率为5%，则应纳关税（　　　）万元。

A.250　　　　　　　B.251　　　　　　　C.251.75　　　　　　D.260

3.某进出口公司（一般纳税人）2017年7月份从国外进口机器设备共20台，每台货价12万元人民币，包括运抵我国大连港起卸前的包装、运输、保险和其他劳务费用共计5万元；另外，销售商单独向该进出口公司收取境内安装费用5万元、技术支持费用7万元、设备包装材料费8万元。假设该类设备进口关税税率为50%，境内运费已经取得合法的增值税专用发票。该公司应交纳的关税是（　　　）万元。

A.254　　　　　　　B.232　　　　　　　C.185　　　　　　　D.124

4.下列项目中，属于进口关税完税价格组成部分的有（　　　）。

A.进口人向自己的境外采购代理人支付的购货佣金

B.进口人向中介机构支付的经纪费

C.进口设备报关后的安装调试费用

D.货物运抵境内输入地点起卸之后的运输费用

5.下列关于完税价格的说法，正确的是（　　　）。

A.进口货物应当以成交价格为完税价格

B.完税价格不包括进口货物缴纳的各项税金

C.如果买卖双方有特殊关系，只能以成交价格确定完税价格

D.完税价格包括进口货物在境内运输途中发生的运费和保险费

6.当一个国家存在自由港、自由区时，该国国境（　　　）关境。

A.大于　　　　　　B.等于　　　　　　　C.小于　　　　　　D.无法比较

7.下列各项中，符合关税法定免税规定的是（　　　）。

A.保税区进出口的基建物资和生产用车辆

B.边境贸易进出口的基建物资和生产用车辆

C.关税税额在人民币100元以下的一票货物

D.经海关核准进口的无商业价值的广告品和货样

8.关税纳税义务人因不可抗力或者在国家税收政策调整的情形下，不能按期缴纳税款的，经海关总署批准，可以延期缴纳税款，但最多不得超过（　　　）。

A.3个月　　　　　　B.6个月　　　　　　C.9个月　　　　　　D.12个月

9.以下进口的货物，海关可以酌情减免关税的是（　　　）。

A.进口1年内在境内使用的货样　　　　B.为制造外销产品而进口的原材料

C.在境外运输途中遭受损坏的物品　　　D.外国政府赠送的物资

10.任何国家或者地区对其进口的原产于我国的货物征收歧视性关税或者给予其他歧视性待遇的，我国对原产于该国家或者地区的进口货物征收（　　　）。

A.保障性关税　　　B.报复性关税　　　　C.反倾销税　　　　D.反补贴税

11.海关对逾期未缴的关税，按日加收（　　　）的滞纳金。

A.0.2%　　　　　　B.0.05%　　　　　　C.2%　　　　　　D.0.1%

12.在进口货物正常成交价格中若含（　　　），可以从中扣除。

A.包装费　　　　　　B.运输费　　　　　C.卖方付的回扣　　D.保险费

13.进出口货物的纳税人或代理人，应当于海关填发税款缴款书之日起（　　　）内缴纳税款。

A.5日　　　　　　　B.10日　　　　　　C.15日　　　　　　D.30日

14.差别关税包括报复性关税、反倾销税与反补贴税、保障性关税。征收差别关税由（　　　）决定。

A.海关总署　　　　　　　　　　　B.国家税务总局

C.财政部　　　　　　　　　　　　D.国务院关税税则委员会

15.《进出口关税条例》规定，关税税额在人民币（　　　）以下的一票货物，可以免税。

A.5元　　　　　　　B.10元　　　　　　C.50元　　　　　　D.100元

二、多项选择题

1.下列货物、物品进境时属于关税纳税对象的有（　　　）。

A.个人邮递物品　　B.馈赠物品　　　C.贸易性商品　　　D.海员自用物品

2.关税按征税性质，可以分为（　　　）。

A.普通关税　　　　B.协定关税　　　C.优惠关税　　　　D.差别关税

3.以下属于关税的减免项目的有（　　　）。

A.关税税额在人民币500元以下的一票货物

B.无商业价值的广告品和货样

C.外国政府、国际组织无偿赠送的物资

D.在海关放行前损失的货物

4.进口货物的完税价格还包括（　　　）。

A.由买方负担的购货佣金以外的佣金和经纪费

B.由买方负担的在审查确定完税价格时与该货物视为一体的容器的费用

C.由买方负担的包装材料费用和包装劳务费用

D.进口货物运抵境内输入地点起卸后的运输及其相关费用、保险费

5.出口货物离岸价格可扣除（　　　）。

A.出口关税

B.出口货物国内段运输、装卸等费用

C.售价中包含的离境口岸至境外口岸之间的运输费用

D.包含在成交价格中的支付给境外的佣金

6.关税征收管理规定中，关于补征和追征的期限为（　　　）。

A.补征期1年内　　B.追征期1年内　　C.补征期3年内　　D.追征期3年内

7.征收关税是海关的重要职责。除此之外，我国海关还负责征收（　　　）。

A.进口货物应缴纳的印花税　　　　　B.进口货物应缴纳的增值税

C.进口货物应缴纳的消费税　　　　　D.进口货物应缴纳的车船购置税

8.关税的纳税人包括（　　　）。

A.进口货物的收货人   B.进口个人邮件的收件人

C.进口货物的发货人   D.携带进境物品的携带人

9.《中华人民共和国海关法》规定，减免进出口关税的权限属于中央政府，关税的减免形式有（   ）。

A.法定减免   B.特定减免   C.困难减免   D.临时减免

10.下列进口货物，海关可以酌情减免关税的有（   ）。

A.在境外运输途中或者起卸时，遭受损坏或者损失的货物

B.起卸后海关放行前，因不可抗力遭受损坏或者损失的货物

C.海关查验时已经破漏、损坏或者腐烂，经查为保管不慎的货物

D.因不可抗力，缴税确有困难的纳税人进口的货物

三、判断题

1.关税的征税对象是贸易性商品，不包括入境旅客携带的个人行李和物品。（   ）

2.关税完税价格是纳税人向海关申报的价格，即货物实际成交价格。（   ）

3.出口货物的完税价格，是由海关以该货物向境外销售的成交价格为基础审查确定，包括货物运至我国境内输出地点装卸前的运输费、保险费，但不包括出口关税。（   ）

4.远洋客轮上的船员携带进口的自用物品，不属于关税征税对象。（   ）

5.进口人向境外卖方支付的佣金，构成关税完税价格；而进口人向境外采购代理人支付的买方佣金，不构成关税完税价格。（   ）

6.如一国境内设有自由贸易港时，关境大于国境。（   ）

7.实际成交价格是一般贸易项下进出口货物的买方为购买该货物向卖方实际支付或应当支付的价格。（   ）

8.外国政府、国际组织、国际友人和港、澳、台同胞无偿赠送的物资，经海关审查无误，可以免税。（   ）

9.关税的补征是因纳税人违反海关规定造成少征关税。（   ）

10.对已征出口关税的出口货物和已征进口关税的进口货物，因某种原因复运进境或出境的，经海关查验属实的，应退还已征的关税。（   ）

四、计算题

1.某公司从日本进口500吨化肥，货物以境外口岸离岸价格成交，每吨2 000美元，外汇牌价为1美元=6.15元人民币，货物运达我国境内输入地点起卸前的运输费、保险费和其他劳务费用为每吨1 000元人民币，关税税率为10%。

要求：计算应缴纳的关税税率。

2.信光公司从德国进口商品一批，货价420万元，运费80万元，保险费按货价加运费的0.3%确定，其他杂费10万元，关税税率为20%，增值税税率为17%。

要求：计算应纳关税税额、海关代征的增值税税额。

3.某公司出口生丝一批，离岸价格为450万元人民币，关税税率为50%。

要求：计算应纳出口关税并进行会计处理。

企业所得税

知识目标

1.熟悉企业所得税的征税范围、纳税人、税率以及税收优惠政策；

2.掌握企业所得税的计算；

3.熟悉企业所得税相关业务的会计处理；

4.掌握企业所得税纳税申报表及相关报表的填制方法。

技能目标

1.判断企业所得税纳税人的种类和适用税率；

2.根据业务资料计算应纳企业所得税税额；

3.根据业务资料填制企业所得税年度纳税申报表及相关附表；

4.办理年终企业所得税的汇算清缴；

5.根据涉税业务进行企业所得税的账务处理。

案例导入

位于同一城市的兴华科技有限公司和宏泰科技合伙公司同为经营电脑及其相关配件销售的企业，两公司经营规模大体相当，经营业绩也不相上下，2016年度的税前会计利润相等，但兴华公司给股东的年终分红比宏泰公司少了几万元。

请思考：兴华公司的股东为什么比宏泰公司的股东少分得股利？什么是企业所得税？哪些人要缴纳企业所得税？企业所得税应如何计算和纳税申报？

任务描述

利民公司为某市一家国家重点扶持的高新技术企业（大型企业），2016年境内经营业务资料如下：

（1）销售货物收入2 000万元。

（2）销售货物成本1 100万元。

（3）销售费用330万元（其中，广告费308万元，因售后服务确认的预计负债10万元）。

（4）管理费用380万元（其中，业务招待费20万元、新技术研究开发费100万元）。

（5）财务费用50万元。

（6）税金及附加50万元。

（7）国库券利息收入60万元。

（8）营业外收入50万元（其中，出售无形资产净收益40万元，处置固定资产净收益10万元）。

（9）营业外支出70万元（其中，公益性捐赠40万元，支付税收罚款5万元，其余为处置固定资产净损失）。

（10）列入成本费用的实发工资总额180万元，支付职工福利费24万元、职工教育经费8万元，拨缴职工工会经费4万元。

（11）税前未弥补亏损10万元（2015年度）。

（12）公司当年已预缴企业所得税2万元。

另外，利民公司在A、B两国设有分支机构，A国分支机构当年税后所得额为56万元，适用税率为30%；B国分支机构当年税后所得额为48万元，适用税率为20%。在A、B两国已分别缴纳所得税24万元、12万元。假设在A、B两国应税所得额的计算与我国税法规定相同。企业年初递延所得税资产借方余额为3.5万元。

要求：

1. 计算利民公司2016年应纳所得税额、全年应补缴企业所得税额。

2. 根据涉税业务进行企业所得税的账务处理。

3. 填写2016年度企业所得税年度纳税申报表及相关附表（填表时间为2017年3月5日）。

任务一　　认识企业所得税

一、企业所得税的概念和特点

企业所得税是以在中国境内的企业和其他取得收入的组织取得的生产经营所得和其他所得为征税对象所征收的一种税。企业所得税具有以下特点：

（一）征收广泛

在中国境内的企业和其他取得收入的组织都是企业所得税的纳税人，其征税对象为取得的生产经营所得和其他所得。因此，企业所得税具有征收上的广泛性。

（二）税负公平

企业所得税对企业和其他组织不分所有制、地区、行业和层次，实行统一的比例税率，且所得多的多征，所得少的少征，无所得的不征。因此，企业所得税是能较好体现公平税负和税收中性的一个良性税种。

（三）税基约束力强

企业所得税的税基是应纳税所得额，即纳税人每个纳税年度的收入总额减去准予扣除项目金额之后的差额。其计算时涉及纳税人财务会计核算的各个方面，与企业会计处理密切相关。为保护税基，国家明确了收入总额、扣除项目金额的具体内容以及资产的具体税务处理办法，使得应纳税所得额的计算相对独立于企业的会计核算，体现了税法的强制性与统一性。

（四）税收不转嫁

企业所得税属于企业的终端税种，纳税人缴纳的所得税一般不易转嫁，而由纳税人自己负担。在会计利润总额的基础上，扣除企业所得税后的差额即为企业生产经营的净利润。

二、企业所得税的纳税人

在中华人民共和国境内，企业和其他取得收入的组织（以下统称企业），为企业所得税的纳税人。个人独资企业适用《个人所得税法》，不适用《企业所得税法》。合伙企业的合伙人是自然人的，缴纳个人所得税；合伙人是法人和其他组织的，缴纳企业所得税。

我国税法以企业的注册地和实际管理机构为标准，把企业划分为居民企业和非居民企业。

（一）居民企业

居民企业是指依法在中国境内成立，或者依照外国（地区）法律成立但实际管理机构在中国境内的企业。

在中国境内成立的企业，包括依照中国法律、行政法规在中国境内成立的企业、事业单位、社会团体以及其他取得收入的组织。

依照外国（地区）法律成立的企业，包括依照外国（地区）法律成立的企业和其他取得收入的组织。

实际管理机构是指对企业的生产经营、人员、账务、财产等实施实质性全面管理和控制的机构。例如，在我国注册成立的麦当劳（中国）公司，就是我国的居民企业；又如，在法国、所罗门群岛等国家和地区注册的公司，但其实际管理机构在我国境内，也是我国的居民企业。

居民企业负无限纳税义务，应就其来源于中国境内、境外的所得缴纳企业所得税。

（二）非居民企业

非居民企业是指按照中国税法规定不符合居民企业标准的企业，即依照外国（地区）法律、法规成立且实际管理机构不在中国境内，但在中国境内设立机构、场所的，或者在中国境内未设立机构、场所，但有来源于中国境内所得的企业。例如，在我国设立的分支机构、分公司等外国企业。

这里的机构、场所是指在中国境内从事生产经营活动的机构、场所，包括：管理机构、营业机构、办事机构；工厂、农场、开采自然资源的场所；提供劳务的场所；从事建筑、安装、装配、修理、勘探等工程作业的场所等。另外，非居民企业委托营业代理人在中国境内从事生产经营活动的，包括委托单位或个人经常代其签订合同，或者储存、交付货物等，该代理人视为非居民企业在中国境内设立的机构、场所。非居民企业应就其所设立的机构、场所取得的来源于中国境内的所得，以及发生在中国境外但与其机构、场所有实际联系的所得缴纳企业所得税。

对在中国境内未设立机构、场所的非居民企业或者虽设立机构、场所但取得的所得与其所设立机构、场所没有实际联系的，应就其来源于中国境内的所得，缴纳企业所得税，并实行源泉扣缴，以支付人为扣缴义务人，税款由扣缴义务人在每次支付或者到期应支付时，从支付或者到期应支付的款项中扣缴。

对非居民企业在中国境内取得工程作业和劳务所得应缴纳的所得税，税务机关可以指定工程价款或者劳务费的支付人为扣缴义务人；扣缴义务人未依法扣缴或者无法履行扣缴义务的，由纳税人在所得发生地缴纳。纳税人未依法缴纳的，税务机关可以从该纳税人在中国境内其他收入项目的支付人应付的款项中，追缴该纳税人的应纳税款。

非居民企业负有限纳税义务，主要就其来源于中国境内的所得缴纳企业所得税。

三、企业所得税的征税对象

企业所得税的征税对象为企业在中国境内的生产经营所得和其他所得。其中：生产经营所得是指企业从事物质生产、商品流通、交通运输、劳动服务以及其他营利事业取得的境内外所得。其他所得包括企业有偿转让各类财产取得的财产转让所得，纳税人购买各种有价证券取得的利息及因外单位欠款取得的利息所得，纳税人因出租固定资产、包装物等取得的租赁所得，纳税人因提供转让有关无形资产使用费所得，纳税人对外投资取得的股息、红利所得，固定资产盘盈所得，因债权人原因确实无法支付的应付款项、物资及现金溢余等取得的其他所得。

纳税对象的具体化即为应纳税所得额。

四、应税所得额和应纳所得税额

（一）应税所得额

应税所得额也称为应纳税所得额，是指纳税人每一纳税年度的收入总额减去不征税收入、免税收入、各项扣除以及允许弥补的以前年度亏损后的差额，是计算应纳所得税额的依据。应税所得额的计算以权责发生制为原则，属于当期的收入和费用，无论款项是否收付，均作为当期的收入和费用；不属于当期的收入和费用，即使款项已经在当期收付，均不作为当期的收入和费用。

（二）应纳所得税额

应纳所得税额是企业的应纳税所得额乘以适用税率减去税收优惠规定的减免和抵免税额后的差额。应纳所得税额的多少，关键取决于应纳税所得额和适用税率两个因素。

五、企业所得税的税率

企业所得税实行比例税率，具体有以下四种情况：

❶居民企业和在中国境内设立机构、场所且其所得与机构、场所有关联的非居民企业，适用税率为25%。

❷在中国境内未设立机构、场所，或虽设立机构、场所但其所得与其所设机构、场所没有实际联系的非居民企业，适用税率为20%（因可享受减半征收的优惠，实际税率为10%）。

❸符合条件的小型微利企业，适用税率为20%。

小型微利企业是指从事国家非限制和禁止行业，并符合下列条件的企业：工业企业，年度应纳税所得额不超过30万元，从业人数不超过100人，资产总额不超过3 000万元；

其他企业，年度应纳税所得额不超过 30 万元，从业人数不超过 80 人，资产总额不超过 1 000 万元。为加大减税力度，自 2017 年 1 月 1 日至 2019 年 12 月 31 日，将小型微利企业年应纳税所得额上限由 30 万元提高到 50 万元。其中：

企业全年平均从业人数=∑各月从业人员平均数÷12

资产总额=（年初资产总额+年末资产总额）÷2

❹国家需要重点扶持的高新技术企业，适用税率为15%。

六、企业所得税的优惠政策

我国现行企业所得税法遵循"产业优惠为主，区域优惠为辅"的原则制定相关的优惠政策。企业所得税的税收优惠政策包括免税收入、减计收入、加计扣除、加速折旧优惠、减免所得额、减免税、创业投资企业抵扣的应纳税所得额和抵免所得税额等。

（一）免税收入

❶国债利息收入。

❷符合条件的居民企业之间的股息、红利等权益性投资收益，即指居民企业直接投资于其他居民企业所取得的投资收益，但不包括连续持有居民企业公开发行并上市流通的股票不足 12 个月取得的投资收益。

❸在中国境内设立机构、场所的非居民企业从居民企业取得的与该机构、场所有实际联系的股息、红利等权益性投资收益。

❹符合条件的非营利组织的收入。其不包括非营利组织从事营利性活动取得的收入，但国务院、税务主管部门另有规定的除外。

❺其他免税收入，即指纳税人除上述规定的免税收入以外，由国务院授权规定的免税收入。如软件生产企业实行增值税即征即退政策退还的税款，由企业用于研究开发软件产品和扩大再生产，不作为企业所得税应税收入，不予征收企业所得税。

（二）减计收入

企业以《资源综合利用企业所得税优惠目录》规定的资源为主要原材料，生产国家非限制和禁止并符合国家和行业相关标准的产品取得的收入，减按90%计入收入总额。

（三）加计扣除

加计扣除是指计算应纳税所得额时，在据实扣除的基础上，还可以加扣一定比例的税收优惠。加计扣除项目具体包括：

1."三新"研究开发费用

企业为开发新技术、新产品、新工艺（简称"三新"）发生的研究开发费用，未形成无形资产计入当期损益的，在按规定据实扣除的基础上，再按研究开发费用的50%加计扣除；形成无形资产的，按无形资产成本的150%摊销。为进一步激励中小企业加大研发投入，支持科技创新，自 2017 年 1 月 1 日至 2019 年 12 月 31 日期间，科技型中小企业开展研发活动中实际发生的研发费用，未形成无形资产计入当期损益的，在按规定据实扣除的基础上，再按照实际发生额的75%在税前加计扣除；形成无形资产的，在上述期间按照无形资产成本的175%在税前摊销。

2.工资支出

企业安置残疾人员就业的，在支付给残疾职工工资据实扣除的基础上，按支付给残疾职工工资的100%加计扣除。企业安置国家鼓励安置的其他就业人员（如下岗失业人员、军队转业干部、城镇退役士兵、随军家属等）所支付的工资的加计扣除办法，由国务院另行规定。

（四）加速折旧优惠

企业的固定资产由于技术进步等原因，确需加速折旧的，可以缩短折旧年限或者采取加速折旧的方法。

可以采取缩短折旧年限或者采取加速折旧方法的固定资产包括：

（1）由于技术进步、产品更新换代较快的固定资产。

（2）常年处于强震动、高腐蚀状态的固定资产。

采取缩短折旧年限方法的，最低折旧年限不得低于规定折旧年限的60%；采取加速折旧方法的，可以采取双倍余额递减法或者年数总和法。

（五）减免所得额

1.免税所得

企业从事下列项目的所得，免征企业所得税：

（1）蔬菜、谷物、薯类、油料、豆类、棉花、麻类、糖料、水果、坚果的种植。

（2）农作物新品种的选育。

（3）中药材的种植。

（4）林木的培育和种植。

（5）牲畜、家禽的饲养。

（6）林产品的采集。

（7）灌溉、农产品初级加工、兽医、农技推广、农机作业和维修等农、林、牧、渔服务业项目。

（8）远洋捕捞。

2.减税所得

企业从事下列项目的所得，减半征收企业所得税：

（1）花卉、茶以及其他饮料作物和香料作物的种植。

（2）海水养殖、内陆养殖。

3.从事国家重点扶持的公共基础设施项目投资经营的所得

国家重点扶持的公共基础设施项目是指《公共基础设施项目企业所得税优惠目录》规定的港口码头、机场、铁路、公路、城市公共交通、电力和水利等项目。

企业从事国家重点扶持的公共基础设施项目的投资经营所得，自项目取得第1笔生产经营收入所属纳税年度起，第1年至第3年免征企业所得税，第4年至第6年减半征收企业所得税。

上述享受减免税优惠的项目，在减免税期间内转让的，受让方自受让之日起，可以在剩余期限内享受规定的减免税优惠；减免期限届满后转让的，受让方不得就该项目重复享受减免税优惠。

企业承包经营、承包建设和内部自建自用公共基础设施项目，不得享受本税收优惠。

4.从事符合条件的环境保护、节能节水项目的所得

符合条件的环境保护、节能节水项目，包括公共污水处理、公共垃圾处理、沼气综合开发利用、节能减排技术改造和海水淡化等。

企业从事符合条件的环境保护、节能节水项目的所得，自项目取得第1笔生产经营收入所属纳税年度起，第1年至第3年免征企业所得税，第4年至第6年减半征收企业所得税。

上述享受减免税优惠的项目，在减免税期间内转让的，受让方自受让之日起，可以在剩余期限内享受规定的减免税优惠；减免期限届满后转让的，受让方不得就该项目重复享受减免税优惠。

5.符合条件的技术转让所得

在一个纳税年度内，居民企业技术转让所得不超过500万元的部分，免征企业所得税；超过500万元的部分，减半征收企业所得税。

（六）减免税

1.符合条件的小型微利企业

符合条件的小型微利企业减按20%的税率征收企业所得税。

自2017年1月1日至2019年12月31日，将小型微利企业年应纳税所得额上限由30万元提高到50万元，符合这一条件的小型微利企业所得减半计算应纳税所得额并按20%优惠税率缴纳企业所得税。

2.国家需要重点扶持的高新技术企业

国家需要重点扶持的高新技术企业减按15%的税率征收企业所得税。国家需要重点扶持的高新技术企业应符合科技部、财政部和国家税务总局联合颁布的《高新技术企业认定管理办法》《高新技术企业认定管理工作指引》规定的认定条件和认定程序，并在高新技术企业资格证颁发的3年内有效。

3.民族自治地方的企业税收优惠

《企业所得税法》规定，民族自治地方的自治机关对本民族自治地方的企业应缴纳的企业所得税中属于地方分享的部分，可以减征或免征。

（七）创业投资企业抵扣的应纳税所得额

创业投资企业采取股权投资方式投资于未上市的中小高新技术企业2年以上的，可以按其投资额的70%在股权持有期满2年的当年抵扣该创业投资企业的应纳税所得额；当年不足抵扣的，可以在以后纳税年度结转抵扣。

（八）抵免所得税额

企业购置用于环境保护、节能节水、安全生产专用设备投资额的10%可以从企业当年的应纳税额中抵免；当年不足抵免的，可以在以后5个纳税年度内结转抵免。

购置环境保护、节能节水、安全生产设备是指企业购置并实际使用《环境保护专用设备企业所得税优惠目录》《节能节水用设备企业所得税优惠目录》《安全生产用设备企业所得税优惠目录》规定的专用设备。企业购置的专用设备5年内转让、出租的，应当停止享受企业所得税优惠，并补缴已经抵免的企业所得税税额。

任务二　　计算企业所得税

按照企业所得税年度纳税申报表的计算方法，先计算企业每一纳税年度的利润总额，再计算应纳税所得额，然后计算应纳税额，最后再考虑以前年度多缴或应缴未缴的所得税税额。有关计算公式为：

$$利润总额=营业利润（营业收入-营业成本-税金及附加-销售费用-管理费用-财务费用-资产减值损失+公允价值变动收益+投资收益）+营业外收入-营业外支出$$

$$应纳税所得额=利润总额+纳税调整增加额-纳税调整减少额+境外应税所得弥补境内亏损-弥补以前年度亏损$$

应纳所得税额=应纳税所得额×税率

$$实际应纳所得税额=应纳所得税额-减免所得税额-抵免所得税额+境外所得应纳所得税额-境外所得抵免所得税额$$

本年应补（退）的所得税额=实际应纳所得税额-本年累计实际已预缴的所得税额

具体介绍如下：

一、计算利润总额

（一）计算营业收入

营业收入是指纳税人当期发生的，以货币形式和非货币形式从各种来源取得的收入，包括会计核算中的主营业务收入和其他业务收入。

（二）计算营业成本

营业成本是指纳税人经营主要业务和其他业务发生的实际成本总额，包括会计核算中的主营业务成本和其他业务成本。

（三）计算税金及附加

税金及附加是指纳税人发生的除企业所得税和允许抵扣的增值税以外的各项税金及附加，包括消费税、资源税、土地增值税、城市维护建设税和教育费附加、房产税、车船税、城镇土地使用税、印花税等。纳税人缴纳的增值税因属于价外税，不属于本项目。

（四）计算期间费用

期间费用是指纳税人在生产经营活动中发生的销售费用、管理费用和财务费用，已经计入成本的有关费用除外。

（五）计算资产减值损失

资产减值损失是指纳税人计提的各种资产减值准备所形成的损失。

（六）计算公允价值变动损益

公允价值变动损益是指纳税人交易性金融资产、交易性金融负债以及采用公允价值模式计量的投资性房地产、衍生工具、套期保值业务等公允价值变动形成的应计入当期损益的利得或损失。

（七）计算投资损益

投资损益是指纳税人以各种方式对外投资（包括境外投资）所取得的投资收益或损失。

（八）计算营业外收入

营业外收入是指纳税人发生的与其经营活动无直接关系的各项利得，包括非流动资产处置利得、非货币性资产交换利得、罚没利得、债务重组利得、政府补助利得、捐赠利得和其他与经营活动无直接关系的利得。

（九）计算营业外支出

营业外支出是指纳税人发生的与其经营活动无直接关系的各项损失，包括非流动资产处置损失、债务重组损失、罚款支出、非常损失、捐赠支出和其他与经营活动无直接关系的支出。

【例5-1】2017年3月，会计专业应届毕业生王丽到华美有限责任公司（大型企业）报税岗位进行顶岗实习，正值该公司进行2016年度企业所得税年度汇算清缴工作。该公司为居民企业，2016年经营业务情况如下：

❶营业收入2 500万元，营业成本1 100万元，税金及附加40万元。

❷销售费用670万元，管理费用480万元，财务费用60万元。

❸权益性投资收益34万元。

❹营业外收入70万元，营业外支出50万元。

❺该公司在甲、乙两国设有分支机构，在甲国机构的税后所得为28万元（该国所得税税率为30%），在乙国机构的税后所得为24万元（该国所得税税率为20%）。在甲、乙两国分别缴纳所得税12万元、6万元。（假设两国应税所得额的计算与我国税法规定相同）

❻该公司2016年已预缴企业所得税55万元。

要求：请帮助王丽计算该公司的会计利润总额。

具体计算如下：

会计利润总额=2 500-1 100-40-670-480-60＋34＋70-50＋28＋24=256（万元）

二、计算应纳税所得额

应纳税所得额是在会计利润总额的基础上，加减纳税调整额后计算得到的。

（一）计算纳税调整额

《企业所得税法》第二十一条规定："在计算应纳税所得额时，企业财务、会计处理办法与税收法律、行政法规的规定不一致的，应当依照税收法律、行政法规的规定计算。"纳税人按照会计准则、会计制度核算与税法规定不一致的项目，应当进行纳税调整。

纳税调整项目分为收入类、扣除类、资产类、准备金类、房地产企业预售业务类和特别类，每个项目又分别涉及纳税调整增加额和纳税调整减少额的内容。

1.确定收入类调整项目

（1）收入类纳税调整增加的项目。

❶视同销售收入。

视同销售收入是指会计上不作为销售核算，而在税收上应作为应税收入缴纳企业所得税的收入。如企业发生非货币性资产交换，以及将货物、财产、劳务用于捐赠、偿债、赞助、集资、广告、样品、职工福利或者利润分配等用途的，应当视同销售货物、转让财产或者提供劳务。根据国税函〔2008〕828号：

第一，企业发生下列情形的处置资产，除将资产转移至境外以外，由于资产所有权属在形式和实质上均不发生改变，可作为内部处置资产，不视同销售确认收入，相关资产的计税基础延续计算。这些情形是：将资产用于生产、制造、加工另一产品；改变资产形状、结构或性能；改变资产用途（如自建商品房转为自用或经营）；将资产在总机构及其分支机构之间转移；上述两种或两种以上情形的混合；其他不改变资产所有权属的用途。

第二，企业将资产移送他人的下列情形，因资产所有权属已发生改变而不属于内部处置资产，应按规定视同销售确定收入。这些情形是：用于市场推广或销售；用于交际应酬；用于职工奖励或福利；用于股息分配；用于对外捐赠；其他改变资产所有权属的用途。

第三，企业发生本通知第二条规定情形时，属于企业自制的资产，应按企业同类资产同期对外销售价格确定销售收入；属于外购的资产，可按购入时的价格确定销售收入。

❷不符合税法规定的销售折扣和折让。

税法规定对折扣销售必须将货物的销售额与折扣额在同一张发票上开具，否则计税时相关的销售折扣不得扣除。因此，由于不能开具合规的票据而导致税法与会计确认收入的差异，应调增应纳税所得额。

（2）收入类纳税调整减少的项目。

❶权益法核算对初始投资成本调整产生的收益。

权益法核算对初始投资成本调整产生的收益是指纳税人在权益法下，初始投资成本小于取得投资时应享有的被投资单位可辨认净资产公允价值份额的，两者之间的差额在会计核算中计入取得投资当期的营业外收入的金额。税法规定，对这部分收入不征税，调减应纳税所得额。

❷境外应税所得。

境外应税所得是指纳税人来自境外的收入总额（包括生产经营所得和其他所得），扣除按税法规定允许扣除的境外发生的成本费用后的金额。在我国企业所得税纳税申报表填制中，对境外所得补税的具体计算方法设计上，是在应纳税额计算中单独计算的，因此本项目应调减应纳税所得额。

【例5-2】承【例5-1】，因该公司在甲、乙两国的税后所得分别为28万元和24万元，则境外税后所得在计算境内所得应纳税额时，予以调减的应纳税所得额=28＋24=52（万元）。

❸不征税收入。

不征税收入包括财政拨款、行政事业性收费、政府性基金及其他。

财政拨款，是指各级人民政府对纳入预算管理的事业单位、社会团体等组织拨付的财政资金，但国务院和国务院财政、税务主管部门另有规定的除外。

行政事业性收费，是指依照法律、行政法规等有关规定，按照国务院规定程序批准，在实施社会公共管理，以及向公民、法人或者其他组织提供特定公共服务过程中，向特定对象收取并纳入财政管理的费用。

政府性基金，是指企业依照法律、行政法规等有关规定，代政府收取的具有专项用途的财政资金。

其他不征税收入是指纳税人取得的，由国务院财政、税务主管部门规定专项用途并经国务院批准的财政性资金。

❹免税收入。

免税收入是指纳税人本年度发生的根据税法规定免征企业所得税的收入和所得，具体包括国债利息收入，居民企业之间的股息、红利等权益性投资收益，符合条件的非营利组织收入和其他免税收入。

国债利息收入是指企业持有国务院财政部门发行的国债取得的利息收入。

居民企业之间的股息、红利等权益性投资收益是指一个居民企业直接投资于另一个居民企业所取得的投资收益，不包括连续持有居民企业公开发行并上市流通的股票不足12

个月取得的投资收益。税收政策规定，对来自于所有非上市企业，以及连续持有上市公司股票12个月以上取得的股息、红利等投资收益，给予免税，不再补税率差。

【例5-3】承【例5-1】，假设权益性投资收益为连续12月以上的投资收益，且已在投资方所在地按15%的税率缴纳了所得税。则：

权益性投资收益调减应纳税所得额=34万元

❺减计收入。

减计收入是指纳税人以《资源综合利用企业所得税优惠目录》内的资源作为主要原材料，生产非国家限定并符合国家和行业相关标准的产品所取得的收入，减按90%计入收入总额。因此，调减的应纳税所得额为收入总额的10%。

❻减、免税项目所得。

减、免税项目所得是指按照税法规定减征、免征企业所得税项目的所得。其主要包括农林类免税、减税所得，公共基础设施项目投资所得，环保节能节水项目所得，技术转让所得和其他免税项目所得。

❼抵扣应纳税所得额。

抵扣应纳税所得额是指创业投资企业采取投资方式投资于未上市的中小高新技术企业2年以上的，可以按照其投资额的70%在股权持有满2年的当年抵扣该创业投资企业的应纳税所得额；当年不足抵扣的，可以在以后纳税年度结转抵扣。

（3）纳税调整视情况增减的项目。

❶未按权责发生制原则确认的收入。

未按权责发生制原则确认的收入是指会计上按照权责发生制原则确认收入，计税时按照收付实现制确认的收入。

如分期收款销售商品销售收入的确认，税法规定按收付实现制确认的收入、持续时间超过12个月的收入的确认、利息收入的确认、租金收入的确认等企业会计处理办法与税法规定不一致，应对产生的暂时性差异进行纳税调整。会计核算确认的收入大于税法规定的收入，其差额应调减应纳税所得额；反之，则应调增应纳税所得额。

❷按权益法核算的长期股权投资持有期间的投资损益。

按权益法核算的长期股权投资持有期间的投资损益是指企业根据《企业所得税法》及其实施条例以及《企业会计准则》核算的长期股权投资持有收益、处置收益中，会计核算与税收的差异金额。会计核算确认的投资收益大于税法规定的收入，其差额应调减应纳税所得额；反之，则应调增应纳税所得额。

《企业所得税法实施条例》规定，对来自于所有非上市企业，以及连续持有上市公司股票12个月以上取得的股息、红利收入，给予免税，不再实行补税率差的做法；纳税人因收回、转让或清算处置股权投资发生的股权投资损失，可以在税前扣除，但在每一纳税年度扣除的股权投资损失，不得超过当年实现的股权投资收益和投资转让所得，超过部分可按规定向以后年度结转扣除。

❸特殊重组和一般重组。

特殊重组是指非同一控制下的企业合并、免税改组产生的企业会计处理办法与税法规定不一致应进行纳税调整的金额。一般重组是指同一控制下的企业合并产生的企业会计处理办法与税法规定不一致应进行纳税调整的金额。

重组过程中，会计处理确认的收入大于税法规定的收入，其差额应调减应纳税所得额；反之，则应调增应纳税所得额。

❹公允价值变动净收益。

公允价值变动净收益是指企业以公允价值计量且其变动计入当期损益的金融资产、金融负债以及投资性房地产的公允价值变动所产生的收益，其税法规定的计税基础与会计处理不一致应进行纳税调整的金额。

当纳税人所有的按照公允价值计量且其变动计入当期损益的金融资产、金融负债以及投资性房地产按照税法规定确认的期末与期初的差额大于根据会计核算的期末与期初的差额时，其差额应调增应纳税所得额；反之，则应调减应纳税所得额。

❺确认为递延收益的政府补助。

确认为递延收益的政府补助是指纳税人收到不属于税法规定的不征税收入、免税收入以外的其他政府补助，会计处理上计入递延收益，税法规定应计入应纳税所得额征收企业所得税而产生的差异应进行纳税调整的金额。

会计处理确认的政府补助收入大于税法规定的收入，其差额应调减应纳税所得额；反之，则应调增应纳税所得额。

2.确定扣除类调整项目

（1）扣除类纳税调整增加的项目。

❶工资、薪金支出。

工资、薪金是指企业每一纳税年度支付给本企业任职或者受雇的员工的所有现金形式或者非现金形式的劳动报酬，包括基本工资、奖金、津贴、补贴、年终加薪、加班工资，以及与员工任职或者受雇有关的其他支出。

企业发生的合理的工资、薪金支出，准予扣除；对明显不合理的工资、薪金支出，则不予扣除。对一般雇员而言，企业按市场原则所支付的报酬应该认为是合理的，但也可能出现一些特殊情况，如对在企业内任职的股东及与其有密切关系的亲属通过多发工资变相分配股利的，或者国有及国有控股企业管理层的工资违反国有资产管理部门的规定变相提高的，不得在税前扣除，应调增应纳税所得额。

❷工会经费、职工福利费、职工教育经费。

纳税人的工会经费、职工福利费，分别对不超过工资薪金总额2%、14%的部分，准予据实扣除，超过部分应调增应纳税所得额。纳税人的职工教育经费对不超过工资、薪金总额2.5%的部分，准予据实扣除；超过部分，准予在以后纳税年度结转扣除，本年度应调增应纳税所得额。

【例5-4】承【例5-1】，假设计入成本、费用中的实发工资总额为150万元，拨缴工会经费3万元，支出职工福利费23万元、职工教育经费6万元。则：

职工福利费调增应纳税所得额=23-150×14%=23-21=2（万元）

职工教育经费调增应纳税所得额=6-150×2.5%=6-3.75=2.25（万元）

工会经费=150×2%=3（万元），没有超过限额，不需调增。

❸业务招待费。

业务招待费是指企业发生的与生产经营活动有关的业务招待费支出，按照发生额的60%扣除，但最高不得超过当年销售（营业）收入的5‰，超过部分应调增应纳税所得额。其中，**销售（营业）收入是会计核算中所涉及的主营业务收入、其他业务收入和视同销售收入，不包括营业外收入和投资收益。**

【例5-5】承【例5-1】，发生的管理费用中有业务招待费15万元。则：

业务招待费调增应纳税所得额＝15－15×60%＝15－9＝6（万元）

2 500×5‰＝12.5（万元）＞15×60%＝9（万元），扣除金额没有超过最高扣除限额。

❹广告费和业务宣传费。

企业发生的符合条件的广告费和业务宣传费支出，除国务院财政、税务主管部门另有规定外，**不超过当年销售（营业）收入15%的部分，准予扣除；超过部分，准予在以后纳税年度结转扣除。**其中销售（营业）收入的规定同上。

【例5-6】承【例5-1】，发生的销售费用中有广告费450万元，则：

广告费调增应纳税所得额＝450－2 500×15%＝450－375＝75（万元）

❺捐赠支出。

捐赠支出分为公益性捐赠支出和非公益性捐赠支出。公益性捐赠是指通过公益性社会团体或者县级以上人民政府及其部门，用于《中华人民共和国公益事业捐赠法》规定的公益事业的捐赠。

企业发生的公益性捐赠支出，**不超过年度会计利润总额12%的部分，准予据实扣除；超过部分，准予结转，在以后三年内计算应纳税所得额时扣除。**当年超过部分和非公益性捐赠支出不允许税前扣除，应调增应纳税所得额。

【例5-7】承【例5-1】，营业外支出中含通过公益性社会团体向贫困山区的捐款36.24万元。则：

捐赠支出调增应纳税所得额＝36.24－256×12%＝36.24－30.72＝5.52（万元）

❻利息支出。

在生产、经营期间，非金融企业向金融企业借款的利息支出、金融企业的各项存款利息支出和同业拆借利息支出、企业经批准发行债券的利息支出，按实际发生数扣除；非金融企业向非金融企业借款的利息支出，不超过按照金融企业同期贷款利率计算的数额部分，准予扣除。

企业为购置、建造固定资产、无形资产和经过12个月以上的建造才能达到预定可销售状态的存货发生借款的，在有关资产购置、建造期间发生的合理的借款费用，应当作为资本性支出，计入有关资产的成本。

纳税人从关联方取得的借款金额超过其注册资本50%的，超过部分利息支出，不论利率高低，全额不得在税前扣除；未超过部分，只能按金融机构同期利率计算扣除。

❼住房公积金。

纳税人在国家规定范围内缴纳的住房公积金允许在税前扣除，实际发生的住房公积金超过规定部分，应调增应纳税所得额。

❽罚金、罚款和被没收财物的损失。

纳税人的生产、经营因违反国家法律、法规和规章，被有关部门处以的罚款、被没收财物的损失，以及因违反税法规定被处以的滞纳金、罚金，不得扣除，应调增应纳税所得额。

纳税人按经济合同的规定支付的违约金、罚金和诉讼费，不属于行政性罚款，允许税前扣除，如银行借款罚息支出。

【例5-8】承【例5-1】，营业外支出中含支付的税收滞纳金6万元。则：

支付的税收滞纳金调增应纳税所得额=6万元

❾各类社保基金、统筹基金和经济补偿。

企业依照国务院有关主管部门或者省级人民政府规定的范围和标准为职工缴纳的基本养老保险费、基本医疗保险费、失业保险费、工伤保险费、生育保险费等基本社会保险费和住房公积金，准予扣除。

企业为投资者或职工支付的补充养老保险费、补充医疗保险费，在国务院财政、税务主管部门规定的范围和标准内，准予扣除。

除企业依照国家有关规定为特殊工种职工支付的人身安全保险费和国务院财政、税务主管部门规定可以扣除的其他商业保险费外，企业为投资者或者职工支付的商业保险费，不得扣除，应调增应纳税所得额。

企业职工因公出差乘坐交通工具发生的人身意外保险费支出，准予企业在计算应纳税所得额时扣除。

❿与未实现融资收益相关在当期确认的财务费用。

税法规定具有融资性质的分期收款销售商品，按合同或协议确定的时间确认收入，不存在未实现融资收益抵减当期财务费用的问题，企业发生与未实现融资收益相关在当期确认的财务费用应调增应纳税所得额。

⓫与收入无关的支出。

与收入无关的支出是指纳税人实际发生与取得收入无关的支出，如各种非广告性质的赞助支出，企业已出售给职工个人住房的维修管理费等。

⓬不征税收入用于支出所形成的费用。

不征税收入用于支出所形成的费用是指纳税人本年度实际发生的与不征税收入相关的支出。

⓭其他调增项目。

其他调增项目是指纳税人会计与税收有差异、需要纳税调整增加的其他扣除类项目，如分期收款销售方式下应结转的存货成本、一般重组和特殊重组的相关扣除项目调整等。

（2）扣除类纳税调整减少的项目。

❶视同销售成本。

视同销售成本是指纳税人按税法规定计算的与视同销售收入对应的成本，每一笔被确认为视同销售的经济事项，在确认应税收入的同时，均有与此收入相配比的应税成本，主要包括非货币性交易视同销售成本，货物、财产、劳务视同销售成本和其他视同销售成本。

❷本年扣除的以前年度结转额。

当本年度允许扣除的广告宣传费或职工教育经费的实际发生额小于本年扣除限额时，可将以前年度发生还未结转的广告宣传费或职工教育经费、公益性捐赠支出在本年度结转，但结转后不得超过本年度扣除限额。

❸未列入当期费用的各类保险基金、统筹基金。

本纳税年度实际发生的各类基本社会保障性缴款，包括基本养老保险费、基本医疗保险费、失业保险费、工伤保险费、生育保险费、补充养老保险费、补充医疗保险费，会计核算中未列入当期费用，按税法规定允许当期扣除的金额，应调减应纳税所得额。

❹加计扣除。

加计扣除主要包括对开发新技术、新产品、新工艺发生的研究开发费用，按照残疾人员所支付的工资和国家鼓励安置的其他就业人员支付的工资等可以加计扣除的税收优惠。其具体内容在任务一的"企业所得税的优惠政策"中已经提及，此处不再赘述。

【例5-9】承【例5-1】，假设管理费用中含新技术的研究开发费用40万元。则：

新技术研究开发费用调减应纳税所得额=40×50%=20（万元）

❺其他调减项目。

其他调减项目是指纳税人会计与税收有差异、需要纳税调整减少的其他扣除类项目金额，如分期收款销售方式下会计核算一次性结转成本时，税收应冲减的存货成本。

3.确定资产类调整项目

（1）财产损失。

企业资产发生永久或实质性损害，符合规定的，允许在税前扣除；超过税务机关审批的财产损失金额不得扣除，应调增应纳税所得额。

企业在生产经营活动中发生的固定资产和存货的盘亏、毁损、报废损失，转让财产损失，呆账损失，坏账损失，自然灾害等不可抗力因素造成的损失以及其他损失，减除责任人赔偿和保险赔偿后的余额，依照税务主管部门的规定扣除。企业已经作为损失处理的资产，在以后纳税年度又全部或部分收回时，应当计入当期收入。企业发生的各类财产损失的扣除额按以下原则确定：

❶现金损失。

企业清查出的现金短缺减除责任人赔偿后的金额，作为现金损失在计算应纳税所得额时扣除。

❷银行存款损失。

企业将货币性资金存入法定具有吸收存款职能的机构，因该机构依法破产、清算或者政府责令停业、关闭等原因，确实不能收回的部分，该存款损失在计算应纳税所得额时扣除。

❸债权损失。

企业除贷款类债权外的应收、预付账款符合下列条件之一的，减除可收回金额后确认的无法收回的应收、预付款项，可以作为坏账损失在计算应纳税所得额时扣除：

债务人依法宣告破产、关闭、解散、被撤销或被依法注销、吊销营业执照，其清算财产不足清偿的；债务人死亡，或依法被宣告失踪、死亡，其财产或遗产不足清偿的；债务人逾期3年以上未清偿，且有确凿证据证明已无力清偿债务的；与债务人达成债务重组协议或法院批准破产重整计划后，无法追偿的；因自然灾害、战争等不可抗力导致无法收回的；国务院财政、税务主管部门规定的其他条件。

❹投资损失。

企业的股权投资符合下列条件之一的，减除可收回金额后确认的无法收回的股权投资，可以作为股权投资损失在计算应纳税所得额时扣除：

被投资方依法宣告破产、关闭、解散、被撤销或被依法注销、吊销营业执照的；被投资方财务状况恶化,累计发生巨大亏损,已连续停止经营3年以上,且无重新恢复经营改组计划的;对被投资方不具有控制权,投资期限届满或投资期限已超过10年,且被投资单位因连续3年经营亏损导致资不抵债的;被投资方财务状况严重恶化,累计发生巨额亏损,已完成清算或清算期超过3年以上的;国务院财政、税务主管部门规定的其他条件。

❺其他损失。

对企业盘亏固定资产或存货,以该固定资产的账面净值或存货的成本减除责任人赔偿后的余额,作为固定资产或存货盘亏损失在计算应纳税所得额时扣除;对企业毁损、报废的固定资产或存货,以该固定资产的账面净值或存货的成本减除残值、保险赔款和责任人赔偿后的余额,作为固定资产或存货毁损、报废损失在计算应纳税所得额时扣除;对企业被盗的固定资产或存货,以该固定资产的账面净值或存货的成本减除保险赔款和责任人赔偿后的余额,作为固定资产或存货被盗损失在计算应纳税所得额时扣除。企业因存货盘亏、毁损、报废、被盗等原因不得从增值税销项税额中抵扣的进项税额,可以与存货损失一起在计算应纳税所得额时扣除。

企业的各项财产损失,应在损失发生当年申报扣除,不得提前或延后。非因计算错误或其他客观原因,企业未及时申报的财产损失,逾期不得扣除。确因税务机关原因未能按期扣除的,经税务机关批准后,应调整该财产损失发生年度的纳税申报表,并相应抵退税款,不得改变财产损失所属纳税年度。

(2)固定资产折旧。

下列差异将可能导致固定资产税法折旧额与会计折旧额不一致,在计算企业所得税应纳税所得额时,应作纳税调整:

❶固定资产初始成本与计税基础的差异。

税法规定,固定资产以历史成本为计税基础,企业会计准则规定固定资产一般应以历史成本为计量基础,因此,两者一般不存在差异。但下列情况可能导致固定资产初始成本与计税基础产生差异:

一是超过正常信用条件购入固定资产。税法规定,外购固定资产以购买价款和支付的相关税费以及直接归属于使该资产达到预定用途发生的其他支出为计税基础。企业会计准则规定,超过正常信用条件购入固定资产,按应付购买价款的现值为固定资产的入账价值,应付购买价款与其现值之间的差额作为未确认融资费用。由此将造成固定资产的初始成本与计税基础之间的差异。

二是融资租入固定资产。税法规定,融资租入的固定资产,以租赁合同约定的付款总额和承租人在签订租赁合同过程中发生的相关费用为计税基础,租赁合同未约定付款总额的,以该资产的公允价值和承租人在签订租赁合同过程中发生的相关费用为计税基础。企业会计准则规定,融资租入的固定资产,以租赁开始日租赁资产的公允价值与最低租赁付款额的现值两者中的较低者为基础确定租入固定资产的入账价值,以最低租赁付款额为长期应付款,其差额作为未确认融资费用。由此将造成固定资产的初始成本与计税基础之间的差异。

根据税法规定,准予税前扣除的固定资产折旧,是以按税法确定的固定资产计税基础为基数计算的计税折旧额,固定资产初始成本与计税基础的不同将导致会计折旧与计税折旧之间的差异，从而导致应纳税所得额与会计利润的不同，必须进行调整。

另外，企业固定资产投入使用后，由于工程款项尚未结清而未取得全额发票的，可暂按合同规定的金额计入固定资产计税基础计提折旧，待发票取得后进行调整，但该项调整应在固定资产投入使用后12个月内进行。

❷固定资产折旧范围的差异。

税法规定，除房屋建筑物以外未投入使用的固定资产、已足额提取折旧但仍继续使用的固定资产、与经营活动无关的固定资产和单独估价作为固定资产入账的土地不得计提折旧。企业会计准则规定，除已提足折旧继续使用的固定资产和单独估价作为固定资产入账的土地外，所有的固定资产均应计提折旧。

当税法规定的折旧范围与会计确定的折旧范围不一致时，必将造成计税折旧与会计折旧之间的差异，进而必须进行纳税调整。

❸固定资产折旧方法的差异。

税法规定，固定资产应采用直线法计提折旧，但特殊原因确需加速折旧的，可缩短折旧年限或采取加速折旧的方法（任务一"企业所得税的政策优惠"中已经介绍）。企业会计准则规定，企业应根据固定资产所包含的经济利益预期实现方式，合理选择固定资产折旧方法，如平均年限法、工作量法、双倍余额递减法和年数总和法等。

当企业采用的折旧方法不符合税法规定时，必将造成计税折旧与会计折旧之间的差异，进而必须进行纳税调整。

❹固定资产折旧年限的差异。

企业所得税法按不同种类固定资产分别规定了计算折旧的最低年限：房屋建筑物为20年；飞机、火车、轮船、机器、机械和其他生产设备为10年；与生产经营活动有关的器具、工具、家具等为5年；飞机、火车、轮船以外的运输工具为4年；电子设备为3年。企业会计准则要求企业根据固定资产的性质和使用情况，合理确定固定资产的使用寿命，并按使用寿命分期计提折旧。

当税法规定的折旧年限与会计确定的折旧年限不一致时，必将造成计税折旧与会计折旧之间的差异，进而必须进行纳税调整。

❺固定资产减值的差异。

税法规定，不符合国务院财政、税务主管部门规定的各项资产减值准备、风险准备等准备金支出，不得在计算应纳税所得额时扣除；企业持有各项资产期间的资产增值或减值，除国务院财政、税务主管部门规定可以确认损益外，不得调整该项资产的计税基础。企业会计准则规定，在会计期末，当固定资产存在减值迹象，经测试可收回金额低于其账面价值的，应确认资产的减值损失，同时计提固定资产减值准备；计提减值准备的固定资产，应当按照计提减值准备后的账面价值及尚可使用年限重新计算确定折旧率、折旧额。由此将造成计税折旧与会计折旧之间的差异，进而必须进行纳税调整。

例如，西南公司持有一项2011年12月购入的设备，原值为120万元，会计确定的使用年限为5年，预计净残值率为4%，采用双倍余额递减法计提折旧。按税法规定，该项固定资产不符合加速折旧优惠条款，税法规定的最低折旧年限为5年。根据以上资料编制会计折旧与税法折旧比较表（见表5-1）。

表5-1　　　　　　　　　　**会计折旧与税法折旧比较表**　　　　　　　单位：万元

年度	2012	2013	2014	2015	2016	合计
会计折旧	48	28.8	17.28	10.56	10.56	115.2
税法折旧	23.04	23.04	23.04	23.04	23.04	115.2
差额	24.96	5.76	−5.76	−12.48	−12.48	0

在计算各年应纳税所得额时，2012年和2013年，应分别调增应纳税所得额24.96万元和5.76万元；2014年、2015年和2016年，应分别调减应纳税所得额5.76万元、12.48万元和12.48万元。

（3）生产性生物资产折旧。

生产性生物资产是指企业为生产农产品、提供劳务或者出租等而持有的生物资产，包括经济林、薪炭林、产畜和役畜等。

生产性生物资产按照以下方法确定计税基础：外购的生产性生物资产，以购买价款和支付的相关税费为计税基础；通过捐赠、投资、非货币性资产交换、债务重组等方式取得的生产性生物资产，以该资产的公允价值和支付的相关税费为计税基础。

生产性生物资产应当按照直线法计算折旧，企业应当自生产性生物资产投入使用月份的次月起计算折旧；停止使用的生产性生物资产，应当自生产性生物资产停止使用月份的次月起停止计算折旧。企业应当根据生产性生物资产的性质和使用情况，合理确定生产性生物资产的预计净残值，预计净残值一经确定，不得变更。生产性生物资产计算折旧的最低年度如下：林木类生产性生物资产为10年；畜类生产性生物资产为3年。

生产性生物资产折旧在会计核算与税法规定不一致时，需要按税法规定进行纳税调整。

（4）长期待摊费用摊销。

长期待摊费用是指不能全部计入当年损益，应当在以后年度内分期摊销的各项费用，包括固定资产的改建支出（含已足额提取折旧的固定资产的改建支出和租入固定资产的改建支出）、固定资产的大修理支出和其他应当作为长期待摊费用的支出等。

已足额提取折旧的固定资产的改建支出按照固定资产预计尚可使用年限分期摊销；租入固定资产的改建支出按照合同约定的剩余租赁期限分期摊销。固定资产的大修理支出按照固定资产预计尚可使用年限分期摊销；其他应当作为长期待摊费用的支出自支出发生月份的次月起，分期摊销，摊销年度不得低于3年。

长期待摊费用的摊销当会计核算与税法规定不一致时，需要按税法规定进行纳税调整。

（5）无形资产摊销。

下列差异将可能导致无形资产税法摊销额与会计摊销额不一致，在计算企业所得税应纳税所得额时，应作纳税调整：

❶无形资产摊销范围的差异。

企业会计准则规定，对使用寿命确定的无形资产，其价值应在有效期内逐渐摊销，计入当期损益；对使用寿命不确定的无形资产不进行摊销。税法只规定自创商誉和与经营活动无关的无形资产不得摊销。

❷无形资产摊销期限、摊销方法的差异。

企业会计准则规定，企业可以根据无形资产的法定寿命和经济使用寿命合理确定摊销年限，且企业可以根据无形资产的消耗方式确定摊销方法，无法可靠确定的，采用直线法摊销。税法规定，无形资产摊销年限不得低于10年，采用直线法摊销。

❸无形资产减值的差异。

企业会计准则规定，对使用寿命确定或不确定的无形资产，都应于每一会计期末进行减值测试，确认减值损失。对于计提减值后的无形资产，在未来期间的摊销费用应作相应调整。税法规定，不符合国务院财政、税务主管部门规定的各项资产减值准备、风险准备等准备金支出，不得在计算应纳税所得额时扣除。

（6）以前年度结转的投资转让、处置所得。

当本年度实际发生的股权投资损失金额小于本年度实现的股权投资收益、投资转让所得额时，可将以前年度发生还没有结转的股权投资转让（处置）损失额在本年度结转，但结转后不得超过本年度扣除限额。

（7）其他调整项目。

其他调整项目是指纳税人会计核算与税法规定有差异需要纳税调整的其他资产类项目。

4.确定准备金类调整项目

纳税人在国务院财政、税务主管部门的规定条件和标准范围内提取的减值准备金和风险准备金，准予在计算应纳税所得额时扣除。未经国务院财政、税务主管部门核实的准备金，如存货跌价准备金、固定资产减值准备金、长期股权投资减值准备金、无形资产减值准备金以及国家税收法规规定可提取的准备金之外的任何形式的准备金，不得扣除，应调增应纳税所得额。企业按会计准则因价值恢复、资产转让等原因转回准备金时，应调减应纳税所得额。企业资产损失实际发生时，报经主管税务机关核定后，在实际发生年度按其发生额扣除。

5.确定房地产企业预售收入计算的预计利润

预售收入的预计利润是指从事房地产业务的纳税人按照本期取得的预售收入和税法规定的预售收入利润率计算的预计利润。

各种经济性质的内资房地产开发企业，以及从事房地产开发业务的其他内资企业，开发、建造的以后用于出售的住宅、商业用房以及其他建筑物、附着物、配套设施等应根据收入来源的性质和销售方式，按下列原则分别确认收入的实现：

（1）开发产品销售收入的确认。

采取一次性全额收款方式销售的，应于实际收讫价款或取得索取价款凭据时，确认收入的实现；采取分期付款方式销售的，应按销售合同或协议约定的付款日期确认收入的实现，付款方提前付款的，在实际付款日确认收入的实现；采取银行按揭方式销售的，其首付款应于实际收到日确认收入实现，余款在银行按揭贷款办理转账之日确认收入的实现。

（2）开发产品预售收入的确认。

房地产开发企业采取预售方式销售开发产品的，其当期取得的预售收入先按规定的利润率计算出预计营业利润额，调增当期应纳税所得额，统一缴纳企业所得税。待开发产品完工，将预售收入转为销售收入时，将其结转的预售收入已按税法规定的预计利润率计算的预计利润数转回，调减应纳税所得额。

预计营业利润额＝预售开发产品收入×利润率

预计利润率从2008年1月1日起按以下规定执行：

❶非经济适用住房开发项目。

位于省、自治区、直辖市和计划单列市人民政府所在地城区和郊区的，不得低于20%；位于地级市、地区、盟、州城区及郊区的，不得低于15%；位于其他地区的，不得低于10%。

❷经济适用住房开发项目。

经济适用住房开发项目符合住房和城乡建设部、国家发展和改革委员会、监察部、财政部、国土资源部、中国人民银行、国家税务总局《关于印发〈经济适用住房管理办法〉的通知》（建住房〔2007〕258号）等有关规定的，不得低于3%。

6.确定特别纳税调整项目

企业所得税法规定，企业与其关联方之间的业务往来，不符合独立交易原则而减少企业或关联方应纳税收入或所得额的，税务机关有权按照合理方法调整。企业可能发生的特别纳税调整事项主要有以下几种：

（1）税务机关对不公允的关联交易价格进行的特别纳税调整。

如果企业与其关联方之间的商品购销、劳务接受与提供、资金融通、让渡资产使用权等方面的交易价格不符合独立交易原则，没有以标的物的公允价值为基础，则税务机关可按合理的方法对其会计收入、成本费用进行特别纳税调整。所谓的合理的方法，包括可比非受控价格法、再销售价格法、成本加成法、交易净利润法、利润分割法及其他符合独立交易原则的方法。

（2）不符合独立交易原则的费用分摊协议。

企业所得税法规定，企业与其关联方共同开发、受让无形资产或共同提供、接受劳务发生的成本，在计算应纳税所得额时应当按照独立交易原则进行分摊。企业与其关联方分摊成本时，应当按照成本与预期收益相配比的原则进行分摊，并在税务机关规定的期限内，按税务机关的要求报送有关资料。因此，企业实际列支的费用分摊额与税务机关核准扣除额之间的差额，构成特别纳税调整。

（3）税务机关依法核定调整的应纳税所得额。

企业所得税法规定，企业向税务机关报送年度企业所得税纳税申报表时，应当就其与关联方之间的业务往来，附送年度关联业务往来报告表。税务机关在进行关联业务调查时，企业及其关联方以及与关联业务调查有关的其他企业，应当按照规定提供相关资料。企业不提供与其关联方之间的业务往来资料，或提供虚假、不完整资料，未能真实反映其关联业务往来情况的，税务机关有权依法核定其应纳税所得额。因此，税务机关依法核定的应纳税所得额与纳税人自行申报的应纳税所得额不符的部分，构成特别纳税调整。

（4）对境外受控公司未分配利润的特别纳税调整。

企业所得税法规定，由居民企业，或由居民企业和中国居民控制的设立在实际税负明显低于25%税率水平的国家（地区）的企业，即低于我国法定税率的50%，并非由于合理的经营需要而对利润不作分配或减少分配的，上述利润中应归属于该居民企业的部分，应当计入该居民企业的当期收入。因此，税务机关要求居民企业受控境外公司未分配利润中应属于该居民企业的部分，应当计入该居民企业当期收入的，构成特别纳税调整。

（5）关联企业间债权性投资超过权益性投资规定比例的部分。

企业所得税法规定，企业从其关联方接受的债权性投资与权益性投资的比例超过规定标准而发生的利息支出，不得在计算应纳税所得额时扣除。前述债权性投资与权益性投资的规定比例为：金融企业5∶1，其他企业2∶1。

（二）计算弥补企业亏损金额

1.计算境外应税所得弥补境内亏损金额

境外应税所得弥补境内亏损是指纳税人在计算缴纳企业所得税时，其境外营业机构的盈利可以弥补境内营业机构的亏损。即当"利润总额"加"纳税调整增加额"减"纳税调整减少额"的余额：

（1）若为负数时，境外应税所得可以用于弥补境内亏损，最大不得超过企业当年的全部境外应税所得。

（2）若为正数时，如以前年度无亏损额，则不需要补亏；如以前年度有亏损额，则可以弥补以前年度亏损额，最大不得超过企业当年的全部境外应税所得。

2.计算弥补以前年度亏损金额

弥补以前年度亏损是指纳税人按税法规定可以在税前弥补的以前年度亏损额。税法中的亏损称为应税亏损，是指对会计亏损按税法调整后的应纳税所得额为负数的金额（若为正数，则称为应税盈利，简称盈利）。企业某一年度发生的亏损可以用下一年度的所得弥补；下一年度的所得不足以弥补的，可以逐年延续弥补，但最长不得超过5年。亏损弥补应注意以下问题：

（1）亏损弥补期是自亏损年度的下一年度起连续5年不间断地计算，5年内不论是盈利还是亏损，都作为实际弥补期限计算。

（2）连续发生亏损，其亏损弥补期应按每个年度分别计算，按先亏先补的顺序弥补，不能将每个亏损年度的亏损弥补期相加。

（3）企业境外业务之间的盈亏可以互相弥补，但企业境外投资除合并、撤销、依法清算外形成的亏损不得用境内盈利弥补。

例如，东方公司2011—2016年企业所得税"纳税调整后所得额"分别为：−500万元、−100万元、200万元、−100万元、100万元、400万元，则该公司2011年亏损的500万元可在2012—2016年5个年度税前弥补；2012年亏损的100万元，可在2016年全额弥补；2014年亏损的100万元，可在2016年全额弥补。因此，该公司2016年弥补亏损后无余额，无须纳税。

三、计算应纳所得税额

（一）计算平时预缴的所得税额

企业所得税实行按年计征、分月（季）预缴、年终汇算清缴、多退少补的办法，实行查账征收方式申报企业所得税的居民纳税人及在中国境内设立机构的非居民纳税人按月

（季）预缴企业所得税时可采用以下方法计算缴纳：

1.据实预缴

本月（季）应缴所得税额=实际利润累计额×税率-减免所得税额-已累计预缴的所得税额

实际利润累计额是指纳税人按会计制度核算的利润总额，包括从事房地产开发企业按本期取得收入计算出的预计利润等。平时预缴时，先按会计利润计算，暂不作纳税调整，待会计年度终了再进行纳税调整。

税率统一按照《企业所得税法》规定的税率计算应纳所得税额。一般税率为25%。

减免所得税额是指纳税人当期实际享受的减免所得税额，包括享受减免税优惠过渡期的税收优惠、小型微利企业的税率优惠、高新技术企业的税率优惠及经税务机关审批或备案的其他减免税优惠。

2.按照上一纳税年度应纳税所得额的平均额预缴

$$本月（季）应缴所得税额=\frac{上一纳税年度应纳税所得额}{12（或4）}×税率$$

上一纳税年度所得额中不包括纳税人的境外所得；按上一纳税年度应纳税所得额实际数额除以12（或4）得出每月（季）应纳税所得额。税率统一按照25%计算。

除了以上两种方法计算预缴所得税外，还可以采用税务机关确定的其他方法。

（二）汇算清缴年度应纳税所得额

企业所得税纳税人在分月（季）预缴的基础上，实行年终汇算清缴、多退少补的办法。计算公式如下：

$$\begin{matrix}实际应纳\\所得税额\end{matrix}=\begin{matrix}应纳税\\所得额\end{matrix}×税率-\begin{matrix}减免\\所得税额\end{matrix}-\begin{matrix}抵免\\所得税额\end{matrix}+\begin{matrix}境外所得\\应纳所得税额\end{matrix}-\begin{matrix}境外所得\\抵免所得税额\end{matrix}$$

本年应补（退）的所得税额=实际应纳所得税额-本年累计实际已预缴的所得税额

1.计算减免所得税额

减免所得税额主要包括小型微利企业的减征税额、高新技术企业的减征税额和民族自治地方企业的减征税额。其中：

小型微利企业的减征税额=应纳税所得额×（25%-20%）

高新技术企业的减征税额=应纳税所得额×（25%-15%）

2.计算抵免所得税额

抵免所得税额的相关规定参见任务一中"企业所得税的优惠政策"中"抵免所得税额"的有关介绍，此处不再赘述。

3.计算境外所得应补税额

居民纳税人应就其来源于境内、境外的所得纳税，对来源于境外的所得已在境外缴纳的所得税税额，可以从其前期应纳税额中抵免。计算步骤如下：

境外所得应补税额=境外所得应纳所得税额-境外所得抵免所得税额

$$\begin{matrix}境外所得\\应纳所得税额\end{matrix}=（\begin{matrix}境外所得换算成\\含税收入的所得\end{matrix}-\begin{matrix}弥补以前年度\\境外亏损\end{matrix}-\begin{matrix}境外\\免所得\end{matrix}-\begin{matrix}境外所得\\弥补境内亏损\end{matrix}）×税率$$

境外所得抵免所得税额=本年可抵免的境外所得税额+本年可抵免的以前年度所得税额

$$\begin{matrix}境外所得换算成\\含税收入的所得\end{matrix}=\frac{\begin{matrix}适用所在国家（地区）\\所得税税率的境外所得\end{matrix}}{（1-适用所在国家（地区）\\所得税税率）}+\frac{\begin{matrix}适用所在国家（地区）预\\提所得税税率的境外所得\end{matrix}}{（1-适用所在国家（地区）\\预提所得税税率）}$$

境外所得税额的抵免限额为该项所得依照我国税法规定计算的应纳税额，超过抵免限额的部分，可以在以后5个年度内，用每年度抵免限额抵免当年应抵税额后的余额进行抵补。计算公式如下：

$$抵免限额 = 中国境内外所得依照企业所得税法规定计算的应纳税总额 \times \frac{来源于某国家（地区）的应纳税所得额}{中国境内外应纳税所得总额}$$

注意：在上述计算中，适用的我国企业所得税税率必须为法定基本税率25%，不适用其他任何优惠税率。

【例5-10】承【例5-1】至【例5-9】，根据上述计算结果，可得：

应纳税所得额调增总额=2 + 2.25 + 6 + 75 + 5.52 + 6=96.77（万元）

应纳税所得额调减总额=52 + 34 + 20=106（万元）

应纳税所得额=256 + 96.77-106=246.77（万元）

境内应纳税所得税额=246.77×25%=61.6925（万元）

再计算境外所得应补缴的税款。

境外所得换算为含税收入的所得：

甲国：28÷（1-30%）=40（万元）

乙国：24÷（1-20%）=30（万元）

境外所得应纳所得税额=（40 + 30）×25%=17.5（万元）

其中：

甲国的抵扣限额=（246.77 + 40 + 30）×25%×40÷（246.77 + 40 + 30）=10（万元）

乙国的抵扣限额=（246.77 + 40 + 30）×25%×30÷（246.77 + 40 + 30）=7.5（万元）

该公司在甲国实际缴纳所得税12万元，大于抵扣限额10万元，只能抵扣10万元，超过限额的2万元当年不能抵扣，可以在以后5个年度内，用每年度抵免限额抵免当年应抵税额后的余额进行抵补。

该公司在乙国实际缴纳企业所得税6万元，小于抵扣限额7.5万元，可全额抵扣。

所以：

境外所得应补缴的企业所得税额=17.5-10-6=1.5（万元）

该公司2016年应补缴企业所得税额=61.6925 + 1.5-55=8.1925（万元）

四、计算核定征收企业的应纳所得税额

为了加强企业所得税的征收管理，根据《税收征管法》的有关规定，可对部分中小企业采取核定征收的办法计算其应纳税额。

（一）确定所得税核定征收企业的范围

纳税人具有下列情形之一的，应采取核定征收方式征收企业所得税：

❶依照税法规定可以不设账或应设未设账的。

❷只能准确核算收入总额或收入总额能够查实，但其成本费用支出不能准确核算的。

❸只能准确核算成本费用支出或成本费用支出能够查实，但其收入总额不能准确核算的。

❹收入总额、成本费用支出虽能正确核算，但未按规定保存有关凭证、账簿及纳税资料的。

❺虽然能够按规定设置账簿并进行核算，但未按规定保存有关凭证、账簿及纳税资料的。

❻未按规定期限办理纳税申报，经税务机关责令限期申报、逾期仍不申报的。

（二）选择核定征收的办法

1.定额征收

定额征收是税务机关按照一定的标准、程序和方法，直接核定纳税人年度应纳所得税额，由纳税人按规定申报缴纳企业所得税的办法。主管税务机关应对纳税人的有关情况进行调查研究，分类排队，认真测算，按年从高直接核定纳税人的应纳所得税额。

2.核定应税所得率征收

核定应税所得率征收是税务机关按照一定的标准、程序和方法，预先核定纳税人的应税所得率，由纳税人根据纳税年度内的收入总额或成本费用等项目的实际发生额，按预先核定的应税所得率计算缴纳企业所得税的办法。

（三）选择应税所得率

由于不同行业的盈利情况不同，相应的应税所得率也不一样，具体如下：

❶农、林、牧、渔业的应税所得率为3%~10%；

❷制造业的应税所得率为5%~15%；

❸批发和零售贸易业的应税所得率为4%~15%；

❹交通运输业的应税所得率为7%~15%；

❺建筑业的应税所得率为8%~20%；

❻饮食业的应税所得率为8%~25%；

❼娱乐业的应税所得率为15%~30%；

❽其他行业的应税所得率为10%~30%。

企业进行多行业经营时，不论其经营项目是否单独核算，均由主管税务机关根据其主营项目，核定其适用某一行业的应税所得率。

（四）计算应纳所得税额

应纳所得税额的计算公式如下：

应纳税所得额=应税收入额×应税所得率

或　　　　　　$=\dfrac{成本费用支出额}{1-应税所得率}×应税所得率·$

应税收入额=收入总额-不征税收入-免税收入

应纳所得税额=应纳税所得额×适用税率

【例5-11】枫叶面包店2017年向税务机关申报2016年度取得的收入总额为90万元，成本费用为80万元，全年应纳企业所得税2.5万元，税款已经入库。后经税务机关检查，发现其成本、费用无误，但是收入总额不能准确计算。假定应税所得率为20%。则：

按成本推算的应纳税所得额=80÷（1-20%）×20%=20（万元）

应纳所得税额=20×25%=5（万元）

该面包店还应补缴2016年度企业所得税税额=5-2.5=2.5（万元）

任务三　　　　　企业所得税的核算

一、账户设置

（一）应交税费——应交所得税

该账户属于负债类账户，贷方登记企业按规定计算出的本期应缴纳的企业所得税，借方登记实际缴纳的企业所得税，期末贷方余额反映企业应缴未缴的企业所得税，借方余额反映企业多缴的企业所得税。

（二）所得税费用

该账户属于损益类账户，借方登记本期发生的所得税费用，贷方登记本期冲减的所得税费用和期末结转至"本年利润"的所得税费用，期末结转之后无余额。

（三）递延所得税资产

该账户属于资产类账户，借方登记递延所得税资产发生的金额，贷方登记递延所得税资产转回的金额，期末借方余额反映企业尚未转回的递延所得税资产。

（四）递延所得税负债

该账户属于负债类账户，贷方登记递延所得税负债发生的金额，借方登记递延所得税负债转回的金额，期末贷方余额反映企业尚未转回的递延所得税负债。

二、会计核算

根据《企业会计准则第18号——所得税》的规定，上市公司对企业所得税的核算应采用资产负债表债务法，非上市公司在实际业务中通常采用应付税款法。另外，我国《小企业会计准则》规定小企业可采用应付税款法核算企业所得税。

（一）资产负债表债务法

《企业会计准则第18号——所得税》是从资产负债表出发，通过比较资产负债表上列示的资产、负债按照会计准则规定确定的账面价值与按照税法规定确定的计税基础，对于两者之间的差异分别按应纳税暂时性差异和可抵扣暂时性差异，确认相关的递延所得税负债与递延所得税资产，并在此基础上确定每一会计期间利润表中的所得税费用。

1.资产负债表债务法下所得税会计核算程序

采用资产负债表债务法进行所得税会计核算时，企业应于每一资产负债表日按下列程序进行所得税会计核算：

（1）按照会计准则确定资产负债表中除递延所得税资产和递延所得税负债以外的其他资产或负债项目的账面价值。

（2）以税法为依据确定资产负债表中有关资产项目与负债项目的计税基础。

（3）比较资产、负债的账面价值与其计税基础，对两者之间存在的暂时性差异，根据其性质确定应纳税暂时性差异与可抵扣暂时性差异。

（4）以暂时性差异乘以适用所得税税率，确定资产负债表日递延所得税资产与递延所得税负债的应有金额，并与期初递延所得税资产与递延所得税负债的余额对比，确定当期递延所得税资产与递延所得税负债的发生额，作为利润表中所得税费用的一个组成部分，即递延所得税费用。

（5）按税法规定计算确定当期应纳税所得额，用应纳税所得额乘以适用所得税税率计算确定当期应交所得税，作为利润表中所得税费用的另一组成部分，即当期所得税费用。

（6）计算确定利润表中的所得税费用。企业在计算确定了递延所得税费用和当期所得税费用后，两者之和（或之差）即为利润表中的所得税费用。

2.确认计税基础

（1）确认资产计税基础。

资产计税基础是指企业收回资产账面价值过程中，计算应纳税所得额时按税法规定可以从应税经济利益中抵扣的金额。即该资产在未来期间计税时按税法规定可以税前扣除的金额。

资产在初始确认时，计税基础一般为取得成本，其金额通常与账面价值相等。在资产持续持有期间，其计税基础是指资产的取得成本减去以前期间按税法规定已在税前扣除金额后的余额。该余额代表的是按税法规定该资产在未来期间计税时仍可在税前扣除的金额。常见的资产计税基础确认如下：

❶固定资产。

以各种方式取得的固定资产初始计量时，按企业会计准则确定的入账价值，税法基本上也同样认可。因此，固定资产初始确认时的账面价值一般等于其计税基础。

固定资产后续计量时，根据企业会计准则，其账面价值为"固定资产原值-会计累计折旧-固定资产减值准备"；而根据税法规定，其计税基础为"固定资产原值-税法累计折旧"。因此，在折旧和减值准备上有可能导致账面价值和计税基础之间的差异。

【例5-12】西北制药厂于2014年12月10日购入一台高科技生产设备，原值500万元，预计使用年限10年，预计净残值率为0，会计上采用直线法计提折旧。2016年12月31日，企业经测试，该固定资产的可收回金额为380万元，当期计提固定资产减值准备20万元。税法规定，可采用双倍余额递减法计提折旧，其他条件税法与会计规定相同。则：

2016年资产负债表日固定资产账面价值=500-500÷10×2-20=380（万元）

2016年资产负债表日固定资产计税基础=500-500×20%-500×（1-20%）×20%=320（万元）

因此，2016年资产负债表日固定资产账面价值大于计税基础60万元（380-320）。

❷无形资产。

无形资产初始计量账面价值与计税基础的差异主要产生于内部研发。企业会计准则规定，内部研发形成的无形资产，其成本为开发阶段符合资本化条件后至达到预定可使用状态前发生的支出；而研究过程中发生的其他支出应予费用化，计入当期损益。税法规定，自行研发的无形资产，以开发过程中该资产符合资本化条件后至达到预定可使用状态前发生的支出为计税基础。另外，税法规定，企业为开发新技术、新产品、新工艺发生的研究开发费用，未形成无形资产计入当期损益的部分，可在据实扣除的基础上加计扣除50%，形成无形资产的部分，按无形资产成本的150%摊销。为进一步激励中小企业加大研发投入，支持科技创新，自2017年1月1日至2019年12月31日期间，科技型中小企业开展研发活动中实际发生的研发费用，未形成无形资产计入当期损益的，在按规定据实扣除的基础上，再按照实际发生额的75%在税前加计扣除；形成无形资产的，在上述期间按照无形资产成本的175%在税前摊销。

【例5-13】东南公司是一家小型科技型企业，于2017年2月1日自行研发一项新产品专利技术，当年"研发支出"账户资料显示：研发支出总额为 1 100 万元。其中，研究阶段的费用支出为100万元，开发阶段符合资本化条件前的费用支出为400万元，符合资本化条件后至达到预定可使用状态前发生的支出为600万元。2017年8月3日，该项专利技术研发成功并取得专利权。则：

2017年无形资产应予费用化的金额=100＋400=500（万元）

2017年资产负债表日无形资产账面价值=600万元

2017年资产负债表日无形资产计税基础=600＋600×75%=1 050（万元）

因此，2017年资产负债表日无形资产账面价值小于计税基础450万元（1 050－600）。

无形资产后续计量时，根据企业会计准则，其账面价值为"无形资产原值－会计累计摊销－无形资产减值准备"；而税法规定，其计税基础为"无形资产原值－税法累计摊销"。因此，在摊销和减值准备上有可能导致账面价值和计税基础之间的差异。

【例5-14】东北公司2016年10月10日以120万元购入一项无形资产，根据有关资料，该项无形资产的使用寿命无法合理估计，会计上视为使用寿命不确定的无形资产管理，没有进行摊销。2016年12月31日对该无形资产进行减值测试表明未发生减值。税法规定，无形资产的摊销年限不得低于10年。则：

2016年资产负债表日无形资产账面价值=120万元

2016年资产负债表日无形资产计税基础=120－120÷10÷12×3=117（万元）

因此，2016年资产负债表日无形资产账面价值大于计税基础3万元（120－117）。

❸以公允价值计量且其变动计入当期损益的金融资产。

企业会计准则规定，以公允价值计量且其变动计入当期损益的金融资产在某一会计期末的账面价值为该时点的公允价值。税法规定，企业以公允价值计量且其变动计入当期损益的金融资产在持有期间市价变动损益不予计税，即该类资产在某一会计期末的计税基础仍为其取得成本。

【例5-15】北方公司于2016年11月22日以150万元从证券二级市场购入某公司股票，作为交易性金融资产核算。2016年12月31日，此项资产市价为180万元。则：

2016年资产负债表日交易性金融资产账面价值=180万元

2016年资产负债表日交易性金融资产计税基础=150万元

因此，2016年资产负债表日交易性金融资产账面价值大于计税基础30万元（180－150）。

❹其他资产。

如采用公允价值计量模式的投资性房地产，以及其他计提了资产减值准备的各项资产，如存货等，由于企业会计准则与税法规定不同，企业持有资产期间，其账面价值与计税基础可能存在差异。

【例5-16】2016年12月31日，南方公司的存货账面成本为1 200万元，经测试可变现净值为1 000万元，企业由此计提了200万元的存货跌价准备（该存货跌价准备期初余额为零）。则：

2016年资产负债表日存货账面价值=1 000万元

2016年资产负债表日存货计税基础=1 200万元

因此，2016年资产负债表日存货账面价值小于计税基础200万元（1 200－1 000）。

（2）确认负债计税基础。

负债的计税基础，是指负债的账面价值减去未来期间计算应纳税所得额时按照税法规定可予抵扣的金额。

负债的确认与偿还一般不会影响企业的损益，也不会影响其应纳税所得额，未来期间计算应纳税所得额时按照税法规定可予抵扣的金额为0，计税基础即为账面价值，如企业的短期借款、应付账款等。但某些情况下，负债的确认可能会影响企业的损益，进而影响不同期间的应纳税所得额，使得其计税基础与账面价值之间产生差额。

❶预计负债。

根据企业会计准则的规定，企业应将预提售后服务发生的支出在销售当期确认为费用，同时确认预计负债。根据税法规定，销售商品提供售后服务发生的支出在预提时不允许税前抵扣，即未来期间按税法规定可抵扣的金额为账面价值，该预计负债的计税基础为0。

在某些情况下，或有事项确认的预计负债，如果税法规定其支出无论是否实际发生均不允许税前扣除，即未来期间按税法规定可抵扣的金额为0，该预计负债的计税基础为账面价值。

【例5-17】2016年12月31日，利民公司的"预计负债"账户资料显示：因产品质量保证确认预计负债80万元；涉及诉讼的环保部门罚款支出确认预计负债30万元。则：

2016年资产负债表日预计负债账面价值=80+30=110（万元）

2016年资产负债表日预计负债计税基础=110-80=30（万元）

因此，2016年资产负债表日预计负债账面价值大于计税基础80万元（110-30）。

❷预收账款。

企业收到客户的预收货款，因不符合收入确认条件，会计上将其确认为负债。税法对于收入确认的原则一般与会计规定相同，即会计上未确认收入时，计税时一般也不计入应纳税所得额，该部分经济利益在未来期间计税时可予税前抵扣的金额为0，计税基础等于账面价值。

在某些情况下，如果不符合会计准则规定的收入确认条件的预收账款，税法规定应计入应纳税所得额时，有关预收账款的计税基础为0，则两者的账面价值与计税基础将产生差异。

【例5-18】2016年12月18日，安泰公司收到客户的购货合同定金60万元，将其作为预收账款核算。假定按税法规定，该款项应计入取得当期应纳税所得额计算应纳所得税。则：

2016年资产负债表日预收账款账面价值=60万元

2016年资产负债表日预收账款计税基础=60-60=0

因此，2016年资产负债表日预计负债账面价值大于计税基础60万元（60-0）。

❸应付职工薪酬。

企业会计准则规定，企业为获得职工提供的服务所给予的各种形式的报酬以及其他相关支出均应作为企业的成本费用，在未支付之前确认为负债。税法规定，除有税前扣除标准规定外，合理的工资薪金支出允许税前扣除，即按照会计准则规定计入成本费用的金额超过规定标准部分，应进行纳税调整。但因超过部分无论在发生当期还是在以后期间均不得扣除，因此负债的账面价值等于计税基础。

❹其他负债。

其他负债如企业应交的罚款和滞纳金等，在尚未支付之前应按会计规定确认为当前费用，同时作为负债反映。税法规定，罚款和滞纳金无论是当期还是未来均不能在税前扣除，即在未来期间计税时可予税前抵扣的金额为0，计税基础等于账面价值。

3.确认暂时性差异

暂时性差异是指资产与负债的账面价值与计税基础不同产生的差额。根据暂时性差异对未来期间应纳税所得额的影响，分为应纳税暂时性差异和可抵扣暂时性差异。

（1）确认应纳税暂时性差异。

应纳税暂时性差异是指在确认未来收回资产或清偿负债期间的应纳税所得额时，将导致产生应税金额的暂时性差异。该差异在未来期间转回时，会增加转回期间的应纳税所得额。应纳税暂时性差异通常产生于以下两种情况：

❶资产的账面价值大于计税基础；

❷负债的账面价值小于计税基础。

（2）确认可抵扣暂时性差异。

可抵扣暂时性差异是指在确认未来收回资产或清偿负债期间的应纳税所得额时，将导致产生可抵扣金额的暂时性差异。该差异在未来期间转回时，会减少转回期间的应纳税所得额。应纳税暂时性差异通常产生于以下两种情况：

❶资产的账面价值小于计税基础；

❷负债的账面价值大于计税基础。

【例5-19】承【例5-12】至【例5-18】。

其中属于应纳税暂时性差异的有：【例5-12】、【例5-14】和【例5-15】；属于可抵扣暂时性差异的有：【例5-13】、【例5-16】、【例5-17】和【例5-18】。

（3）特殊项目产生的暂时性差异。

❶可抵扣亏损和税款抵减。对应按税法规定可结转以后年度弥补的亏损和税款抵减，虽然不是因资产、负债的账面价值与计税基础不同产生，但本质上可抵扣亏损和税款抵减，与可抵扣暂时性差异具有相同的作用，均能减少未来期间的应纳税所得额，应视为可抵扣暂时性差异。

如本年度超标的广告费支出，虽不能在税前全额扣除，但超过部分可以在以后年度税前扣除，则超过部分在本年度形成可抵扣暂时性差异。

❷某些交易或事项的发生，因不符合资产、负债的确认条件而未体现为资产负债表中的资产或负债，但按税法规定能够确认其计税基础的，其账面价值（视为0）与计税基础之间的差异应视为暂时性差异。

4.确认和计量递延所得税资产与递延所得税负债

（1）确认和计量递延所得税资产。

由于可抵扣暂时性差异在未来期间转回时，可减少转回期间的应纳税所得额和应交所得税额，因此，在可抵扣暂时性差异产生当期，应确认为相关的递延所得税资产。

对由资产、负债的账面价值与计税基础不同产生的可抵扣暂时性差异，在估计未来期间能够取得足够的应纳税所得额用以利用该可抵扣暂时性差异时，应以很可能取得用来抵扣暂时性差异的应纳税所得额为限，确认相关的递延所得税资产。如果在可抵扣暂时性差异转回的未来期间内，与递延所得税资产相关的经济利益无法实现，该部分递延所得税资产不应确认，一般计入当期所得税费用。递延所得税资产的计算公式如下：

递延所得税资产=可抵扣暂时性差异×转回期间适用的所得税税率

确认和计量递延所得税资产时应注意以下问题：

第一，初始确认时，应以资产负债表日计算的递延所得税资产金额为"递延所得税资产"账户的入账金额；后续计量时，应以资产负债表日计算的递延所得税资产金额减去其期初金额后的差额作为"递延所得税资产"账户的入账金额。

第二，确认时，如果交易或事项的发生会影响利润总额或应纳税所得额的，相关递延所得税影响应计入所得税费用；因企业合并产生的，相关递延所得税影响应调整合并日确认的商誉；与直接计入所有者权益的交易或事项相关的，相关递延所得税资产影响应计入所有者权益（即其他综合收益）。

【例5-20】A公司2016年12月31日"可供出售金融资产"账户明细资料显示：初始成本500万元，公允价值变动（贷方发生额）20万元，则：

公允价值变动时，企业会计处理为：

借：其他综合收益　　　　　　　　　　　　　　　　　　　　　200 000

　　贷：可供出售金融资产——公允价值变动　　　　　　　　　　　　200 000

2016年12月31日，可供出售金融资产的账面价值为480万元，计税基础为500万元，即产生了20万元的可抵扣暂时性差异，因此：

递延所得税资产=20×25%=5（万元）

会计处理如下：

借：递延所得税资产　　　　　　　　　　　　　　　　　　　　50 000

　　贷：其他综合收益　　　　　　　　　　　　　　　　　　　　　50 000

第三，企业发生的某些交易或事项，如果不属于企业合并，并且在发生时既不影响利润总额，也不影响应纳税所得额，即使该项交易产生的资产、负债的初始确认金额与其计税基础不同，产生了可抵扣暂时性差异，也不确认为递延所得税资产。

第四，确认递延所得税资产时，应估计相关可抵扣暂时性差异的转回时间，以转回期间适用的所得税税率为基础计算确定。

第五，无论相关可抵扣暂时性差异转回期间如何，递延所得税资产均不折现。

第六，在资产负债表日，企业应对递延所得税资产的账面价值进行复核，如果未来期间很可能无法取得足够的应纳税所得额用以抵扣可抵扣暂时性差异的影响，使得与递延所得税资产相关的经济利益无法实现，应减计递延所得税资产的账面价值。

（2）确认和计量递延所得税负债。

由于应纳税暂时性差异在未来期间转回时，会增加转回期间的应纳税所得额和应交所得税额，导致企业经济利益流出，因此，在应纳税暂时性差异产生的当期构成企业现时义务的，应确认相关的递延所得税负债。

除企业会计准则明确规定可不确认递延所得税负债的情况外，企业对于所有的应纳税暂时性差异，均应确认相关的递延所得税负债。递延所得税负债的计算公式如下：

递延所得税负债=应纳税暂时性差异×转回期间适用的所得税税率

确认和计量递延所得税负债时应注意以下问题：

第一，初始确认时，应以资产负债表日计算的递延所得税负债金额为"递延所得税负债"账户的入账金额；后续计量时，应以资产负债表日计算的递延所得税负债金额减去其期初金额后的差额作为"递延所得税负债"账户的入账金额。

第二，确认时，如果交易或事项的发生会影响利润总额或应纳税所得额的，相关递延所得税影响应计入所得税费用；因企业合并产生的，相关递延所得税影响应调整合并日确认的商誉；与直接计入所有者权益的交易或事项相关的，相关递延所得税负债影响应计入所有者权益（即其他综合收益）。

第三，某些情况下，虽然有些资产、负债的账面价值与其计税基础不同，产生了应纳税暂时性差异，但出于各方面考虑，也不确认为递延所得税负债，主要包括：

❶商誉的初始确认。

❷与联营企业、合营企业投资等相关的应纳税暂时性差异，一般应确认相应的递延所得税负债，但同时满足以下两个条件的除外：一是投资企业能够控制暂时性差异转回的时间；二是该暂时性差异在可预见的未来很可能不会转回。

❸除企业合并以外的其他交易或事项转回，如果该交易或事项发生时既不影响利润总额，也不影响应纳税所得额，则由资产、负债的初始确认金额与其计税基础不同而形成的应纳税暂时性差异，在交易或事项发生时不确认相应的递延所得税负债。

第四，确认递延所得税负债时，应以相关应纳税暂时性差异转回期间适用的所得税税率为基础计算确定。

第五，无论相关应纳税暂时性差异转回期间如何，递延所得税负债均不折现。

5.确认与计量所得税费用

企业核算所得税的主要目的是确定应交所得税和所得税费用。在资产负债表债务法下，所得税费用由当期所得税和递延所得税两部分构成，即：

所得税费用=当期所得税＋递延所得税

当期所得税=当期应交所得税=应纳税所得额×适用的所得税税率

$$递延所得税=\left(\text{期末递延所得税负债}-\text{期初递延所得税负债}\right)-\left(\text{期末递延所得税资产}-\text{期初递延所得税资产}\right)$$

6.所得税会计核算

资产负债表日企业初始确认或后续计量递延所得税资产或递延所得税负债时，根据"递延所得税资产"和"递延所得税负债"账户的性质，按递延所得税资产的增加额记入"递延所得税资产"账户的借方，按递延所得税资产的减少额记入"递延所得税资产"账户的贷方；按递延所得税负债的增加额记入"递延所得税负债"账户的贷方，按递延所得税负债的减少额记入"递延所得税负债"账户的借方。同时，按当前应交所得税金额记入"应交税费——应交所得税"账户的贷方。最终借贷方差额记入"所得税费用"账户的借方。

【例5-21】飞翔公司2016年度利润总额为810万元，递延所得税资产和递延所得税负债均无期初余额。该公司适用的所得税税率为25%，当年与所得税核算有关的会计事项如下：

（1）3月5日以300万元取得作为交易性金融资产核算的股票投资，年末该股票的公允价值为500万元，由此确认公允价值变动收益200万元。

（2）年末存货账面余额1 500万元，经测试存货的可变现净值为1 300万元，由此计提存货跌价准备200万元。

（3）因售后服务确认预计负债100万元。

（4）实现国债利息收入30万元。

（5）支付税收罚款和滞纳金20万元。

则运用资产负债表法进行所得税会计核算的步骤如下：

❶计算当期应交所得税额：

应纳税所得额=810-200+200+100-30+20=900（万元）

当期应交所得税=900×25%=225（万元）

❷确定暂时性差异，见表5-2。

表5-2　　　　　　　　　　　　暂时性差异计算表　　　　　　　　　单位：万元

项目	账面价值	计税基础	应纳税暂时性差异	可抵扣暂时性差异
交易性金融资产	500	300	200	
存货	1 300	1 500		200
预计负债	100	0		100
合计	—	—	200	300

❸计算递延所得税资产、递延所得税负债：

递延所得税资产=300×25%=75（万元）

递延所得税负债=200×25%=50（万元）

❹确认所得税费用并编制会计分录：

所得税费用=225+50-75=200（万元）

借：所得税费用　　　　　　　　　　　　　　　　　　　2 000 000

　　递延所得税资产　　　　　　　　　　　　　　　　　750 000

　　贷：应交税费——应交所得税　　　　　　　　　　　　　2 250 000

　　　　递延所得税负债　　　　　　　　　　　　　　　　　500 000

（二）应付税款法

在应付税款法下，当期所得税费用等于当期应交所得税。因此，采用应付税款法核算企业所得税时，应首先按税法规定对税前会计利润进行纳税调整，确定应纳税所得额；以应纳税所得额乘以适用税率确定应交所得税，以当期应交所得税作为当期所得税费用。

【例5-22】承【例5-21】，如采用应付税款法核算，则会计分录如下：

借：所得税费用　　　　　　　　　　　　　　　　　　　2 250 000

　　贷：应交税费——应交所得税　　　　　　　　　　　　　2 250 000

由于采用应付税款法不单独确认暂时性差异对未来所得税的影响，本期所得税费用等于本期应交所得税。因此，这种方法不符合权责发生制原则。

任务四　企业所得税的申报

一、企业所得税的征收管理

（一）纳税期限

纳税年度一般为公历年度，即公历1月1日至12月31日为一个纳税年度；纳税人在一个纳税年度的中间开业，或由于合并、关闭等原因使该纳税年度的实际经营期不足12个月的，以其实际经营期为一个纳税年度；纳税人破产清算时，以清算期为一个纳税年度。

纳税人应当在月份或季度终了后15日内，向其所在地主管税务机关报送预缴所得税申报表，预缴税款。企业应当自年度终了之日起5个月内，无论盈利还是亏损，均应向税务机关报送年度企业所得税纳税申报表、财务会计报告和其他有关资料并汇算清缴，结清应缴应退税款。少预缴的所得税，应在下一年度内补缴；多预缴的所得税，在下一年度内抵缴；抵缴后仍有结余或下一年度发生亏损的，应及时办理退库。

企业在年度中间终止经营活动的，应当自实际经营终止之日起60日内，向税务机关办理企业所得税汇算清缴。

纳税人预缴所得税时，应按纳税期限的实际数预缴。按实际数预缴有困难的，可按上一年度应纳税所得额的1/12或1/4，或经当地税务机关认可的其他方法预缴所得税。预缴方法一经确定，不得随意改变。

企业进行清算时，应当在办理工商注销登记之前，办理所得税申报。

（二）纳税地点

企业所得税由纳税人向其所在地主管税务机关缴纳。居民企业以企业注册登记地为纳税地点，但注册登记地在境外的，以实际管理机构所在地为纳税地点；居民企业在中国境内设立不具有法人资格的营业机构的，应当汇总计算并缴纳企业所得税。

非居民企业在中国境内设立机构、场所取得的所得，以及发生在中国境外但与其所设机构、场所有实际联系的所得，应当以机构、场所所在地为纳税地点；非居民企业在中国境内未设立机构、场所，或者虽设立机构、场所，但取得的所得与其所设机构、场所没有实际联系的，以扣缴义务人所在地为纳税地点；非居民企业在中国境内设立两个或两个以上机构、场所的，经税务机关审核批准，可以选择由其主要机构、场所汇总缴纳企业所得税。

除国务院另有规定外，企业之间不得合并缴纳企业所得税。

（三）汇算清缴

汇算清缴是指纳税人自纳税年度终了之日起5个月内或实际经营终止之日起60日内，依照税收法律、法规、规章及其他有关企业所得税的规定，自行计算本纳税年度应纳税所得额和应纳所得税额，根据月度或季度预缴企业所得税的数额，确定该纳税年度应补或者应退税额，并填写企业所得税年度纳税申报表，向主管税务机关办理企业所得税年度纳税申报、提供税务机关要求提供的有关资料、结清全年企业所得税税款的行为。

二、企业所得税的纳税申报表的填报

（一）填报企业所得税月（季）度预缴纳税申报表

查账征收企业所得税的居民纳税人及在中国境内设立机构的非居民纳税人在月（季）度预缴企业所得税时应填制中华人民共和国企业所得税月（季）度预缴纳税申报表（A类）（见表5-3）。

表5-3　　　中华人民共和国企业所得税月(季)度预缴纳税申报表(A类)

税款所属期间：　年　月　日至　年　月　日

纳税人识别号：

纳税人名称：　　　　　　　　　　　　　　　　　　　金额单位：人民币元（列至角分）

行次	项　目	本期金额	累计金额
1	一、按照实际利润额预缴		
2	营业收入		
3	营业成本		
4	利润总额		
5	加：特定业务计算的应纳税所得额		
6	减：不征税收入和税基减免应纳税所得额（请填附表1）		
7	固定资产加速折旧（扣除）调减额（请填附表2）		
8	弥补以前年度亏损		
9	实际利润额（4行+5行-6行-7行-8行）		
10	税率(25%)		
11	应纳所得税额（9行×10行）		
12	减：减免所得税额（请填附表3）		
13	实际已预缴所得税额		
14	特定业务预缴（征）所得税额		
15	应补（退）所得税额（11行-12行-13行-14行）		
16	减：以前年度多缴在本期抵缴所得税额	请按原规定进行手工抵缴	
17	本月（季）实际应补（退）所得税额		
18	二、按照上一纳税年度应纳税所得额平均额预缴		
19	上一纳税年度应纳税所得额	—	
20	本月（季）应纳税所得额（19行×1/4或1/12）		
21	税率(25%)		
22	本月（季）应纳税所得额（20行×21行）		
23	减：减免所得税额（请填附表3）		
24	本月（季）实际应纳所得税额（22行-23行）		
25	三、按照税务机关确定的其他方法预缴		
26	本月（季）税务机关确定的预缴所得税额		
27	总分机构纳税人		
28	总机构	总机构分摊所得税额（15行或24行或26行×总机构分摊预缴比例）		
29		财政集中分配所得税额		
30		分支机构分摊所得税额（15行或24行或26行×分支机构分摊比例）		
31		其中：总机构独立生产经营部门应分摊所得税额		
32	分支机构	分配比例		
33		分配所得税额		

是否属于小型微利企业　　　　是□　　　　　　　　　否□

谨声明：此纳税申报表是根据《中华人民共和国企业所得税法》、《中华人民共和国企业所得税法实施条例》和国家有关税收规定填报的，是真实的、可靠的、完整的。

法定代表人（签字）：　　年　月　日

纳税人公章：　　　　代理申报中介机构公章：　　　主管税务机关受理专用章：

会计主管：　　　　　经办人：　　　　　　　　　受理人：

　　　　　　　　　　经办人执业证件号码：

填表日期：　年　月　日　代理申报日期：　年　月　日　受理日期：　年　月　日

国家税务总局监制

（二）填报企业所得税年度纳税申报表

查账征收企业所得税的纳税人在年度汇算清缴时，无论盈利还是亏损，都必须在规定期限内进行纳税申报，填写企业所得税年度申报表（见表5-4）及其有关附表。

企业所得税纳税申报表附表主要有以下几种：

❶一般企业收入明细表（A101010）（见表5-5）。

❷一般企业成本支出明细表（A102010）（见表5-6）。

❸期间费用明细表（A104000）（见表5-7）。

❹免税、减计收入及加计扣除优惠明细表（A107010）（见表5-8）。

❺境外所得税收抵免明细表（A108000）（见表5-9）。

❻广告费和业务宣传费跨年度纳税调整明细表（A105060）（见表5-10）。

❼企业所得税弥补亏损明细表（A106000）（见表5-11）。

❽纳税调整项目明细表（A105000）（见表5-12）。

✎任务实施

1.计算利民公司2016年应纳所得税额、全年应补缴企业所得税额

（1）利润总额=2 000-1 100-330-380-50-50+60+50-70+56+48=234（万元）

（2）计算纳税调整项目金额：

广告费调增应纳税所得额=308-2 000×15%=8（万元）

预计负债调增应纳税所得额=10万元

业务招待费调增应纳税所得额=20-2 000×5‰=10（万元）（因20×60%=12万元>2 000×5‰=10（万元））

新技术研究开发费加计扣除调减应纳税所得额=100×50%=50（万元）（加计扣除75%从2017年1月1日至2019年12月31日在科技型中小企业实行，本公司为大型企业，只能按50%加计扣除）

国库券利息收入调减应纳税所得额=60万元

公益性捐赠调增应纳税所得额=40-234×12%=11.92（万元）

税收罚款应调增应纳税所得额=5万元

职工教育经费应调增应纳税所得额=8-180×2.5%=3.5（万元）

工会经费应调增应纳税所得额=4-180×2%=0.4（万元）

境外所得在计算境内应纳税所得额时应调减应纳税所得额=56+48=104（万元）

因此：

应纳税所得额调增金额=8+10+10+11.92+5+3.5+0.4=48.82（万元）

应纳税所得额调减金额=50+60+104=214（万元）

（3）应纳税所得额=234+48.82-214-10=58.82（万元）

（4）国家重点扶持的高新技术企业减按15%的税率征收企业所得税。

境内所得年度应纳税额=58.82×15%=8.823（万元）

（5）境外所得应补税金额：

境外所得换算为含税收入的所得：

A国：56÷（1-30%）=80（万元）

B国：48÷（1-20%）=60（万元）

境外所得应纳所得税额=（80+60）×25%=35（万元）

A国抵免限额=80×25%=20（万元）

B国抵免限额=60×25%=15（万元）

所以，在A国可以抵免20万元，超过限额的4万元当期不得抵扣；在B国可以全额抵免12万元。

境外所得应补税额=35-20-12=3（万元）

（6）利民公司全年应补缴企业所得税额=8.823+3-2=9.823（万元）

2.根据涉税业务进行企业所得税的账务处理

（1）当期应交所得税=8.823+3=11.823（万元）

（2）确定暂时性差异：

预计负债产生的可抵扣暂时性差异为10万元。

（3）当期递延所得税资产余额=10×15%=1.5（万元）

期初递延所得税资产为3.5万元，所以本期递延所得税资产转回2万元。

（4）会计分录如下：

借：所得税费用　　　　　　　　　　　　　　　　　　　　118 230
　　贷：应交税费——应交所得税　　　　　　　　　　　　　　98 230
　　　　递延所得税资产　　　　　　　　　　　　　　　　　　20 000

3.填写2016年企业所得税年度纳税申报表及相关附表（见表5-4至表5-12）

表5-4　　　　中华人民共和国企业所得税年度纳税申报表（A类）

A100000　　　　　　税款所属期间：2016年1月1日至2016年12月31日

纳税人名称：利民公司

纳税人识别号：略　　　　　　　　　　　　　　　　　金额单位：人民币元

行次	类别	项目	金额
1	利润总额计算	一、营业收入（填写A101010\101020\103000）	20 000 000
2		减：营业成本（填写A102010\102020\103000）	11 000 000
3		税金及附加	500 000
4		销售费用（填写A104000）	3 300 000
5		管理费用（填写A104000）	3 800 000
6		财务费用（填写A104000）	500 000
7		资产减值损失	
8		加：公允价值变动收益	
9		投资收益	1 640 000
10		二、营业利润（1-2-3-4-5-6-7+8+9）	2 540 000
11		加：营业外收入（填写A101010\101020\103000）	500 000
12		减：营业外支出（填写A102010\102020\103000）	700 000
13		三、利润总额（10+11-12）	2 340 000

行次	类别	项目	金额
14	应纳税所得额计算	减：境外所得（填写 A108010）	1 040 000
15		加：纳税调整增加额（填写 A105000）	488 200
16		减：纳税调整减少额（填写 A105000）	
17		减：免税、减计收入及加计扣除（填写 A107010）	1 100 000
18		加：境外应税所得抵减境内亏损（填写 A108000）	
19		四、纳税调整后所得（13-14+15-16-17+18）	688 200
20		减：所得减免（填写 A107020）	
21		减：抵扣应纳税所得额（填写 A107030）	
22		减：弥补以前年度亏损（填写 A106000）	100 000
23		五、应纳税所得额（19-20-21-22）	588 200
24	应纳税额计算	税率（%）	25
25		六、应纳所得税额（23×24）	147 050
26		减：减免所得税额（填写 A107040）	
27		减：抵免所得税额（填写 A107050）	58 820
28		七、应纳税额（25-26-27）	88 230
29		加：境外所得应纳所得税额（填写 A108000）	350 000
30		减：境外所得抵免所得税额（填写 A108000）	320 000
31		八、实际应纳所得税额（28+29-30）	118 230
32		减：本年累计实际已预缴的所得税额	20 000
33		九、本年应补（退）所得税额（31-32）	98 230
34		其中：总机构分摊本年应补（退）所得税额（填写 A109000）	
35		财政集中分配本年应补（退）所得税额（填写 A109000）	
36		总机构主体生产经营部门分摊本年应补（退）所得税额（填写 A109000）	
37	附列资料	以前年度多缴的所得税额在本年抵减额	
38		以前年度应缴未缴在本年入库所得税额	

表5-5   **一般企业收入明细表**

A101010   填报时间：2017年3月5日   金额单位：元

行次	项目	金额
1	一、营业收入（2+9）	20 000 000
2	（一）主营业务收入（3+5+6+7+8）	20 000 000
3	1.销售商品收入	20 000 000
4	其中：非货币性资产交换收入	
5	2.提供劳务收入	
6	3.建造合同收入	
7	4.让渡资产使用权收入	
8	5.其他	
9	（二）其他业务收入（10+12+13+14+15）	
10	1.销售材料收入	
11	其中：非货币性资产交换收入	
12	2.出租固定资产收入	
13	3.出租无形资产收入	
14	4.出租包装物和商品收入	
15	5.其他	
16	二、营业外收入（17+18+19+20+21+22+23+24+25+26）	500 000
17	（一）非流动资产处置利得	500 000
18	（二）非货币性资产交换利得	
19	（三）债务重组利得	
20	（四）政府补助利得	
21	（五）盘盈利得	
22	（六）捐赠利得	
23	（七）罚没利得	
24	（八）确实无法偿付的应付款项	
25	（九）汇兑收益	
26	（十）其他	

表 5-6 　　　　　　　　　　　一般企业成本支出明细表

A102010 　　　　　　　　　　填报时间：2017 年 3 月 5 日 　　　　　　　金额单位：元

行次	项目	金额
1	一、营业成本（2+9）	11 000 000
2	（一）主营业务成本（3+5+6+7+8）	11 000 000
3	1.销售商品成本	11 000 000
4	其中：非货币性资产交换成本	
5	2.提供劳务成本	
6	3.建造合同成本	
7	4.让渡资产使用权成本	
8	5.其他	
9	（二）其他业务成本（10+12+13+14+15）	
10	1.材料销售成本	
11	其中：非货币性资产交换成本	
12	2.出租固定资产成本	
13	3.出租无形资产成本	
14	4.包装物出租成本	
15	5.其他	
16	二、营业外支出（17+18+19+20+21+22+23+24+25+26）	700 000
17	（一）非流动资产处置损失	250 000
18	（二）非货币性资产交换损失	
19	（三）债务重组损失	
20	（四）非常损失	
21	（五）捐赠支出	400 000
22	（六）赞助支出	
23	（七）罚没支出	50 000
24	（八）坏账损失	
25	（九）无法收回的债券股权投资损失	
26	（十）其他	

表 5-7　　　　　　　　　　　　　　**期间费用明细表**

A104000　　　　　　　　填报时间：2017 年 3 月 5 日　　　　　　　　　金额单位：元

行次	项目	销售费用	其中：境外支付	管理费用	其中：境外支付	财务费用	其中：境外支付
		1	2	3	4	5	6
1	一、职工薪酬						
2	二、劳务费						
3	三、咨询顾问费						
4	四、业务招待费						
5	五、广告费和业务宣传费						
6	六、佣金和手续费						
7	七、资产折旧摊销费						
8	八、财产损耗、盘亏及毁损损失						
9	九、办公费						
10	十、董事会费						
11	十一、租赁费						
12	十二、诉讼费						
13	十三、差旅费						
14	十四、保险费						
15	十五、运输、仓储费						
16	十六、修理费						
17	十七、包装费						
18	十八、技术转让费						
19	十九、研究费用						
20	二十、各项税费						
21	二十一、利息收支						
22	二十二、汇兑差额						
23	二十三、现金折扣						
24	二十四、其他						
25	合计(1+2+3+…24)	3 300 000		3 800 000		500 000	

注：任务只列明了期间费用的总数，未列明详细数据。

表 5-8　　　　　　　　　**免税、减计收入及加计扣除优惠明细表**

A107010　　　　　　　　　填报时间：2017 年 3 月 5 日　　　　　　　　　金额单位：元

行次	项目	金额
1	一、免税收入（2+3+4+5）	600 000
2	（一）国债利息收入	600 000
3	（二）符合条件的居民企业之间的股息、红利等权益性投资收益（填写 A107011）	
4	（三）符合条件的非营利组织的收入	
5	（四）其他专项优惠（6+7+8+9+10+11+12+13+14）	
6	1.中国清洁发展机制基金取得的收入	
7	2.证券投资基金从证券市场取得的收入	
8	3.证券投资基金投资者获得的分配收入	
9	4.证券投资基金管理人运用基金买卖股票、债券的差价收入	
10	5.取得的地方政府债券利息所得或收入	
11	6.受灾地区企业取得的救灾和灾后恢复重建款项等收入	
12	7.中国期货保证金监控中心有限责任公司取得的银行存款利息等收入	
13	8.中国保险保障基金有限责任公司取得的保险保障基金等收入	
14	9.其他	
15	二、减计收入（16+17）	
16	（一）综合利用资源生产产品取得的收入（填写 A107012）	
17	（二）其他专项优惠（18+19+20）	
18	1.金融、保险等机构取得的涉农利息、保费收入（填写 A107013）	
19	2.取得的中国铁路建设债券利息收入	
20	3.其他	
21	三、加计扣除（22+23+26）	500 000
22	（一）开发新技术、新产品、新工艺发生的研究开发费用加计扣除（填写 A107014）	500 000
23	（二）安置残疾人员及国家鼓励安置的其他就业人员所支付的工资加计扣除（24+25）	
24	1.支付残疾人员工资加计扣除	
25	2.国家鼓励的其他就业人员工资加计扣除	
26	（三）其他专项优惠	
27	合计（1+15+21）	1 100 000

表5-9

A108000

境外所得税收抵免明细表

填报时间：2017年3月5日

金额单位：元

国家（地区）	境外税前所得	境外所得纳税调整后所得	弥补境外以前年度亏损	境外应纳税所得额	抵减境内亏损	抵减境内亏损后的境外应纳税所得额	税率	境外所得应纳税额	境外所得可抵免税额	境外所得抵免限额	本年可抵免境外所得税额	未超过境外所得税抵免限额的余额	本年可抵免以前年度未抵免境外所得税额	按简易办法计算				境外所得抵免所得税额合计
														按低于12.5%的实际税率计算的抵免额	按12.5%计算的抵免额	按25%计算的抵免额	小计	
1	2	3	4	5 (3-4)	6	7 (5-6)	8	9 (7×8)	10	11	12	13 (11-12)	14	15	16	17	18 (15+16+17)	19 (12+14+18)
A	800 000	800 000		800 000		800 000	25%	200 000	240 000	200 000	200 000	0				200 000	200 000	200 000
B	600 000	600 000		600 000		600 000	25%	150 000	120 000	150 000	120 000	30 000				120 000	120 000	120 000
合计	1 400 000	1 400 000		1 400 000		1 400 000		350 000	360 000	350 000	320 000	30 000				320 000	320 000	320 000

（行次：1　2　3　4　5　6　7　8　9　10）

表 5-10　　**广告费和业务宣传费跨年度纳税调整明细表**

A105060　　　　　　　　填报时间：2017 年 3 月 5 日　　　　　　　　金额单位：元

行次	项目	金额
1	一、本年广告费和业务宣传费支出	3 080 000
2	减：不允许扣除的广告费和业务宣传费支出	
3	二、本年符合条件的广告费和业务宣传费支出（1-2）	3 080 000
4	三、本年计算广告费和业务宣传费扣除限额的销售（营业）收入	20 000 000
5	税收规定扣除率	15%
6	四、本企业计算的广告费和业务宣传费扣除限额（4×5）	3 000 000
7	五、本年结转以后年度扣除额（3>6，本行=3-6；3≤6，本行=0）	80 000
8	加：以前年度累计结转扣除额	
9	减：本年扣除的以前年度结转额[3>6，本行=0；3≤6，本行=8或（6-3）孰小值]	
10	六、按照分摊协议归集至其他关联方的广告费和业务宣传费（10≤3或6孰小值）	
11	按照分摊协议从其他关联方归集至本企业的广告费和业务宣传费	
12	七、本年广告费和业务宣传费支出纳税调整金额（3>6，本行=2+3-6+10-11；3≤6，本行=2+10-11-9）	80 000
13	八、累计结转以后年度扣除额（7+8-9）	80 000

表 5-11　　**企业所得税弥补亏损明细表**

A106000　　　　　　　　填报时间：2017 年 3 月 5 日　　　　　　　　金额单位：元

行次	项目	年度	纳税调整后所得	合并、分立转入（转出）可弥补的亏损额	当年可弥补的亏损额	以前年度亏损已弥补额					本年度实际弥补的以前年度亏损额	可结转以后年度弥补的亏损额
						前4年度	前3年度	前2年度	前1年度	合计		
			1	2	3	4	5	6	7	8	9	10	11
1	前5年度	2011										*
2	前4年度	2012				*						
3	前3年度	2013				*	*					
4	前2年度	2014				*	*	*				
5	前1年度	2015	-100 000		-100 000	*	*	*	*	*		0
6	本年度	2016	688 200		688 200	*	*	*	*	*	100 000	*
7	可结转以后年度弥补的亏损额合计											0

表 5-12　　　　　　　　　　　　纳税调整项目明细表

A105000　　　　　　　　填报时间：2017 年 3 月 5 日　　　　　金额单位：元（列至角分）

行次	项目	账载金额	税收金额	调增金额	调减金额
		1	2	3	4
1	一、收入类调整项目（2+3+4+5+6+7+8+10+11）				1 640 000
2	（一）视同销售收入（填写 A105010）				
3	（二）未按权责发生制原则确认的收入（填写 A105020）				
4	（三）投资收益（填写 A105030）				
5	（四）按权益法核算长期股权投资对初始投资成本调整确认收益				
6	（五）交易性金融资产初始投资调整				
7	（六）公允价值变动净损益				
8	（七）不征税收入				
9	其中：专项用途财政性资金（填写 A105040）				
10	（八）销售折扣、折让和退回				
11	（九）其他				1 640 000
12	二、扣除类调整项目（13+14+15+16+17+18+19+20+21+22+23+24+26+27+28+29）			488 200	500 000
13	（一）视同销售成本（填写 A105010）				
14	（二）职工薪酬（填写 A105050）	2 160 000	2 121 000	39 000	
15	（三）业务招待费支出	200 000	100 000	100 000	
16	（四）广告费和业务宣传费支出（填写 A105060）	3 080 000	3 000 000	80 000	
17	（五）捐赠支出（填写 A105070）	400 000	280 800	119 200	
18	（六）利息支出				
19	（七）罚金、罚款和被没收财物的损失	50 000		50 000	
20	（八）税收滞纳金、加收利息				
21	（九）赞助支出				
22	（十）与未实现融资收益相关在当期确认的财务费用				
23	（十一）佣金和手续费支出				

续表

行次	项目	账载金额	税收金额	调增金额	调减金额
		1	2	3	4
24	（十二）不征税收入用于支出所形成的费用				
25	其中：专项用途财政性资金用于支出所形成的费用（填写A105040）				
26	（十三）跨期扣除项目				
27	（十四）与取得收入无关的支出				
28	（十五）境外所得分摊的共同支出				
29	（十六）其他			100 000	500 000
30	三、资产类调整项目（31+32+33+34）				
31	（一）资产折旧、摊销（填写A105080）				
32	（二）资产减值准备金				
33	（三）资产损失（填写A105090）				
34	（四）其他				
35	四、特殊事项调整项目（36+37+38+39+40）				
36	（一）企业重组（填写A105100）				
37	（二）政策性搬迁（填写A105110）				
38	（三）特殊行业准备金（填写A105120）				
39	（四）房地产开发企业特定业务计算的纳税调整额（填写A105010）				
40	（五）其他				
41	五、特别纳税调整应税所得				
42	六、其他				
43	合计（1+12+30+35+41+42）			488 200	2 140 000

►►►同步训练◄◄◄

一、单项选择题

1.我国的企业所得税采用（　　　）。

A.定额税率　　　　　B.累进税率　　　　　C.超率累进税率　　　　D.比例税率

2.（　　　）负有无限纳税义务，应就其来源于中国境内、境外的所得缴纳企业所得税。

A.居民企业　　　　　　B.非居民企业　　　　C.合伙企业　　　　D.公司制企业

3.下列不属于免征企业所得税收入的有（　　　）。

A.国债利息收入

B.连续持有居民企业公开发行并上市流通的股票不足12个月取得的投资收益

C.软件生产企业实行增值税即征即退政策退还的税款

D.符合条件的非营利组织的收入

4.权益法核算对初始投资成本小于取得投资时应享有的被投资单位可辨认净资产公允价值份额的，两者之间的差额会计核算中计入取得投资当期的营业外收入。税法规定，对这部分收入应对应纳税所得额进行（　　　）。

A.调增　　　　　　　B.调减　　　　　　　C.不调整　　　　　D.视情况而定

5.某企业年营业收入2 000万元，管理费用中业务招待费30万元，则业务招待费可以在税前扣除的金额为（　　　）万元。

A.30　　　　　　　　B.18　　　　　　　　C.10　　　　　　　D.0

6.2016年12月31日，某可供出售金融资产的账面价值为450万元，计税基础为500万元，假定该企业所得税税率为25%，则产生了（　　　）。

A.12.5万元的递延所得税资产　　　　　　B.50万元的递延所得税资产

C.12.5万元的递延所得税负债　　　　　　D.50万元的递延所得税负债

7.某企业2016年12月31日存货账面余额2 200万元，经测试存货的可变现净值为2 000万元，由此计提存货跌价准备200万元，则该事项将产生（　　　）。

A.200万元的应纳税暂时性差异　　　　　　B.200万元的可抵扣暂时性差异

C.200万元的递延所得税资产　　　　　　　D.200万元的递延所得税负债

8.企业的递延所得税等于（　　　）。

A.（期初递延所得税负债-期末递延所得税负债）-（期初递延所得税资产-期末递延所得税资产）

B.（期末递延所得税资产-期初递延所得税资产）-（期末递延所得税负债-期初递延所得税负债）

C.（期末递延所得税负债-期初递延所得税负债）-（期末递延所得税资产-期初递延所得税资产）

D.（期末递延所得税负债-期末递延所得税资产）-（期初递延所得税负债-期初递延所得税资产）

9.下列关于固定资产核算中属于税法规定的是（　　　）。

A.除已提足折旧继续使用的固定资产和单独估价作为固定资产入账的土地外，所有的固定资产均应计提折旧

B.固定资产应采用直线法计提折旧，但特殊原因确需加速折旧的，可缩短折旧年限或采取加速折旧的方法

C.计算房屋建筑物折旧的最低年限为50年

D.超过正常信用条件购入固定资产，按应付购买价款的现值为固定资产的入账价值，应付购买价款与其现值之间的差额作为未确认融资费用

10.下列关于计算弥补以前年度亏损金额的说法，错误的是（　　　）。

A.弥补以前年度亏损是指纳税人按税法规定可以在税前弥补的以前年度亏损额

B.亏损弥补期是自亏损年度的下一年度起连续5年不间断地计算，5年内不论是盈利还是亏损，都作为实际弥补期限计算

C.连续发生亏损，其亏损弥补期应按每个年度分别计算，按后亏先补的顺序弥补，不能将每个亏损年度的亏损弥补期相加

D.企业某一年度发生的亏损可以用下一年度的所得弥补；下一年度的所得不足以弥补的，可以逐年延续弥补，但最长不得超过5年

11.所得税会计核算时，"应交税费——应交所得税"账户（   ）。

A.可能记借方　　　　B.可能记贷方　　　　C.只能记借方　　　　D.只能记贷方

12.递延所得税资产的减少额记入（   ）。

A."递延所得税资产"账户的借方

B."递延所得税资产"账户的贷方

C."递延所得税负债"账户的借方

D."递延所得税负债"账户的贷方

13.企业在年度中间终止经营活动的，应当自实际经营终止之日起（   ）日内，向税务机关办理企业所得税汇算清缴。

A.30　　　　　　　　B.60　　　　　　　　C.90　　　　　　　　D.120

14.纳税人应在年度终了之日起（   ）个月内办理企业所得税年度纳税申报。

A.2　　　　　　　　B.3　　　　　　　　C.4　　　　　　　　D.5

15.纳税人应当在月份或季度终了后（   ）日内，向其所在地主管税务机关报送预缴所得税申报表，预缴税款。

A.5　　　　　　　　B.10　　　　　　　　C.15　　　　　　　　D.30

二、多项选择题

1.企业所得税的特点有（   ）。

A.征收广泛　　　　B.税负公平　　　　C.税基约束力强　　　　D.税收不转嫁

2.下列各项中，属于应交企业所得税的有（   ）。

A.财产转让所得　　　　　　　　　　B.利息所得

C.股息、红利所得　　　　　　　　　D.在中国境外的生产经营所得

3.企业从事（   ）项目的所得，可免征企业所得税。

A.蔬菜水果种植　　　　　　　　　　B.牲畜、家禽的饲养

C.海洋捕捞　　　　　　　　　　　　D.农技推广服务

4.纳税人具有下列情形中的（   ），应采取核定征收方式征收企业所得税。

A.依照税法规定可以不设账或应设未设账的

B.只能准确核算收入总额或收入总额能够查实，但其成本费用支出不能准确核算

C.只能准确核算成本费用支出或成本费用支出能够查实，但其收入总额不能准确核算

D.收入总额、成本费用支出虽能正确核算，但未按规定保存有关凭证、账簿及纳税资料

5.下列各项中，属于现行企业所得税适用税率的有（   ）。

A.10%　　　　　　　B.15%　　　　　　　C.20%　　　　　　　D.25%

6.下列属于视同销售收入的有（   ）。

A.改变资产形状　　　　　　　　　　B.改变资产用途

C.将财产用于捐赠　　　　　　　　　D.将货物用于偿债

7.下列各项中,属于应确认应纳税暂时性差异的有（　　　）。

A.资产的账面价值大于计税基础

B.资产的账面价值小于计税基础

C.负债的账面价值小于计税基础

D.负债的账面价值大于计税基础

8.中华人民共和国企业所得税年度纳税申报表（A类）的附表有（　　　）。

A.一般企业收入明细表

B.一般企业成本支出明细表

C.广告费和业务宣传费跨年度纳税调整明细表

D.期间费用明细表

9.企业因售后服务确认预计负债将导致产生（　　　）。

A.应纳税暂时性差异　　　　　　　　B.可抵扣暂时性差异

C.递延所得税资产　　　　　　　　　D.递延所得税负债

10.核算企业所得税涉及的账户有（　　　）。

A."所得税费用"　　　　　　　　　　B."应交税费——应交所得税"

C."递延所得税资产"　　　　　　　　D."递延所得税负债"

三、判断题

1.个人独资企业依法缴纳企业所得税。　　　　　　　　　　　　　　　（　　）

2.在我国注册成立的肯德基（中国）公司,为我国的居民企业。　　　　（　　）

3.企业安置残疾人员就业的,在支付给残疾职工工资据实扣除的基础上,按支付给残疾职工工资的50%加计扣除。　　　　　　　　　　　　　　　　　　　（　　）

4.企业购置用于环境保护、节能节水、安全生产专用设备投资额的10%可以从企业当年的应纳税额中抵免;当年不足抵免的,可以在以后3个纳税年度结转抵免。　　（　　）

5.应纳所得税额是在会计利润总额的基础上,加减纳税调整额后计算得到的。

　　　　　　　　　　　　　　　　　　　　　　　　　　　　　　　　（　　）

6.纳税人的工会经费、职工福利费,分别按照工资薪金总额的2%、14%计算扣除,超过部分应调增应纳税所得额,未超过部分应调减应纳税所得额。　　　　　　（　　）

7.纳税人按经济合同的规定支付的违约金、罚金和诉讼费,不属于行政性罚款,允许税前扣除。　　　　　　　　　　　　　　　　　　　　　　　　　　　　　（　　）

8.在应付税款法下,当期所得税费用等于当期应交所得税,不产生递延所得税资产和递延所得税负债。　　　　　　　　　　　　　　　　　　　　　　　　　　（　　）

9.扣缴义务人每次代扣的税款,应当自代扣之日起15日内缴入国库,并向所在地的税务机关报送扣缴企业所得税报告表。　　　　　　　　　　　　　　　　　（　　）

10.为提高纳税效率,企业之间相互同意时可以合并缴纳企业所得税。　（　　）

四、综合题

1.某商业企业2016年度的生产经营情况为:主营业务收入7 000万元,主营业务成本6 600万元,销售费用60万元,税金及附加57万元,财务费用50万元,管理费用90万元

（其中含业务招待费45万元），营业外支出40万元（其中含通过红十字协会向灾区捐赠20万元、直接向灾区某公司捐款8万元）。

要求：计算会计利润、应纳税所得额和应纳所得税额。

2.某公司2016年度境内应纳税所得额为500万元，适用25%的企业所得税税率。另外，该公司分别在A、B两国设有分支机构（我国与A、B两国已经缔结避免双重征税协定），在A国分支机构的应纳税所得额为70万元，A国企业所得税税率为20%；在B国的分支机构的应纳税所得额为30万元，B国企业所得税税率为30%。假设该公司在两国所得按我国税法计算的应纳税所得额和按两国税法计算的应纳税所得额一致，两个分支机构分别在A国缴纳了15万元的企业所得税，在B国缴纳了10万元的企业所得税。

要求：计算该公司汇总时在我国应缴纳的企业所得税税额。

3.某公司2016年度利润总额为1 000万元，递延所得税资产和递延所得税负债均无期初余额。该公司适用的所得税税率为25%，当年与所得税核算有关的会计事项如下：

（1）3月5日以500万元取得作为交易性金融资产核算的股票投资，年末该股票的公允价值为300万元，由此确认公允价值变动损失200万元。

（2）年末固定资产账面价值2 500万元，经测试固定资产的可收回金额为2 400万元，由此计提固定资产减值准备100万元。

（3）支付行政罚款和滞纳金50万元。

要求：运用资产负债表债务法核算该公司的企业所得税，并进行相关账务处理。

项目六

个人所得税

知识目标

1. 熟悉个人所得税的概念、纳税人、税率；
2. 掌握个人所得税的计算；
3. 熟悉个人所得税相关业务的会计处理；
4. 掌握个人所得税纳税申报。

技能目标

1. 能够正确进行个人所得税的计算；
2. 熟练运用个人所得税的会计核算业务；
3. 能完成个人所得税纳税申报的业务操作。

案例导入

李教授到外地为 A 公司讲课，关于讲课的劳务报酬，该教授面临着两种选择：一种是 A 企业给李教授支付讲课费 20 000 元人民币，往返交通费、住宿费、伙食费等一概由李教授自己负责；另一种是 A 企业支付李教授讲课费 10 000 元，往返交通费、住宿费、伙食费等全部由 A 企业负责。

请思考：李教授应该选择哪种劳务报酬？为什么这么选择？

任务描述

中国公民王某在国内某市单位任职，2016 年 12 月份取得收入情况如下：

1. 工资收入 3 000 元，当月奖金 1 000 元，季度奖 2 000 元，取得 2016 年年终奖 12 000 元。

2. 接受某公司邀请担任技术顾问，当月取得收入 35 000 元，从中拿出 10 000 元通过希望工程基金会捐给希望工程。

3. 撰写的一本专著由境外某出版社出版，稿酬为 36 000 元，已在境外缴纳所得税

2 600元。

4.2016年1月购入1 000份债券，每份买入价为10元，购进过程中支付的税费共计150元。本月以每份12元的价格卖出其中600份，支付卖出债券的税费共计110元。

要求：

1.2016年12月份取得工资和各项奖金收入应缴纳的个人所得税税额为多少元？

2.2016年12月担任技术顾问应缴纳的个人所得税税额为多少？

3.2016年12月出版专著取得收入应在我国补缴个人所得税税额为多少？

4.2016年12月售出债券应缴纳的个人所得税税额为多少元？

任务一　认识个人所得税

一、个人所得税的概念

个人所得税是以自然人取得的各类应税所得为征税对象而征收的一种所得税，是政府利用税收对个人收入进行调节的一种手段。

二、纳税义务人

个人所得税的纳税义务人，包括中国公民、个体工商业户、个人独资企业、合伙企业投资者、在中国有所得的外籍人员（包括无国籍人员，下同）和香港、澳门、台湾同胞。上述纳税义务人依据住所和居住时间两个标准，区分为居民和非居民，分别承担不同的纳税义务。

（一）居民纳税义务人

居民纳税义务人是指在中国境内有住所，或者无住所而在中国境内居住满一年的个人。

所谓在中国境内有住所的个人，是指因户籍、家庭、经济利益关系，而在中国境内习惯性居住的个人。这里所说的习惯性居住，是指个人因学习、工作、探亲等原因消除之后，没有理由在其他地方继续居留时，所要回到的地方。

所谓在境内居住满一年，是指在一个纳税年度（即公历1月1日起至12月31日止，下同）内，在中国境内居住满365日。在计算居住天数时，对临时离境应视同在华居住，不扣减其在华居住的天数。这里所说的临时离境，是指在一个纳税年度内，一次不超过30日或者多次累计不超过90日的离境。现行税法中关于"中国境内"的概念，是指中国大陆地区，目前还不包括香港、澳门和台湾地区。

居民纳税义务人负有无限纳税义务。其所取得的应纳税所得，无论是来源于中国境内还是中国境外任何地方，都要在中国缴纳个人所得税。

（二）非居民纳税义务人

非居民纳税义务人是指在中国境内无住所又不居住，或者无住所而在境内居住不满一年的个人。

自2004年7月1日起，对境内居住的天数和境内实际工作期间的判定按以下规定：

（1）判定纳税义务及计算在中国境内居住的天数。

对在中国境内无住所的个人，需要确定其在中国境内居住天数，以便依照税法和协定或安排的规定判定其在华负有何种纳税义务时，均应以该个人实际在华逗留天数计算，上述个人入境、离境、往返或多次往返境内外的当日，均按一天计算其在华实际逗留天数。

（2）个人入境、离境当日及在中国境内实际工作期间的判定。

对在中国境内、境外机构同时担任职务或仅在境外机构任职的境内无住所个人，在按《国家税务总局关于在中国境内无住所的个人计算缴纳个人所得税若干具体问题的通知》（国税函发〔1995〕125号）第一条的规定计算其境内工作期间时，对其入境、离境、往返或多次往返境内外的当日，均按半天计算为在华实际工作天数。

非居民纳税义务人承担有限纳税义务，即仅就其来源于中国境内的所得，向中国缴纳个人所得税。

（三）所得来源地的确定

下列所得，不论支付地点是否在中国境内，均为来源于中国境内的所得：

（1）因任职、受雇、履约等而在中国境内提供劳务取得的所得。

（2）将财产出租给承租人在中国境内使用而取得的所得。

（3）转让中国境内的建筑物、土地使用权等财产或者在中国境内转让其他财产取得的所得。

（4）许可各种特许权在中国境内使用而取得的所得。

（5）从中国境内的公司、企业以及其他经济组织或者个人取得的利息、股息、红利所得。

在中国境内无住所，但是居住一年以上五年以下的个人，其来源于中国境外的所得，经主管税务机关批准，可以只就由中国境内公司、企业以及其他经济组织或者个人支付的部分缴纳个人所得税；居住超过五年的个人，从第六年起，应当就其来源于中国境外的全部所得缴纳个人所得税。

在中国境内无住所，但是在一个纳税年度中在中国境内连续，或者累计居住不超过90日的个人，其来源于中国境内的所得，由境外雇主支付并且不由该雇主在中国境内的机构、场所负担的部分，免予缴纳个人所得税。

三、征税范围

下列各项个人所得，应纳个人所得税。

（一）工资、薪金所得

工资、薪金所得，是指个人因任职或者受雇而取得的工资、薪金、奖金、年终加薪、劳动分红、津贴、补贴以及与任职或者受雇有关的其他所得。一般来说，工资、薪金所得属于非独立个人劳动所得。所谓非独立个人劳动，是指个人所从事的是由他人指定、安排并接受管理的劳动，工作或服务于公司、工厂、行政事业单位的人员（私营企业主除外）均为非独立劳动者。他们从上述单位取得的劳动报酬，是以工资、薪金的形式体现的。

除工资、薪金以外，奖金、年终加薪、劳动分红、津贴、补贴也被确定为工资、薪金范畴。其中，年终加薪、劳动分红不分种类和取得情况，一律按工资、薪金所得课税。津贴、补贴等则有例外。根据我国目前个人收入的构成情况，规定对于一些不属于工资、薪金性质的补贴、津贴或者不属于纳税人本人工资、薪金所得项目的收入，不予征税。这些项目包括：

（1）独生子女补贴。

（2）执行公务员工资制度未纳入基本工资总额的补贴、津贴差额和家属成员的副食品补贴。

（3）托儿补助费。

（4）差旅费津贴、误餐补助。

出租汽车经营单位对出租车驾驶员采取单车承包或承租方式运营，出租车驾驶员从事客货营运取得的收入，按工资、薪金所得征税。

（二）个体工商户的生产、经营所得

个体工商户的生产、经营所得，是指：

（1）个体工商户从事工业、手工业、建筑业、交通运输业、商业、饮食业、服务业、修理业及其他行业取得的所得。

（2）个人经政府有关部门批准，取得执照，从事办学、医疗、咨询以及其他有偿服务活动取得的所得。

（3）上述个体工商户和个人取得的与生产、经营有关的各项应税所得。

（4）个人因从事彩票代销业务而取得的所得，应按照"个体工商户的生产、经营所得"项目计征个人所得税。

（5）从事个体出租车运营的出租车驾驶员取得的收入，按"个体工商户的生产、经营所得"项目缴纳个人所得税。

出租车属个人所有，但挂靠出租汽车经营单位或企事业单位，驾驶员向挂靠单位缴纳管理费的，或出租汽车经营单位将出租车所有权转移给驾驶员的，出租车驾驶员从事客货运营取得的收入，比照"个体工商户的生产、经营所得"项目征税。

（6）个体工商户和从事生产、经营的个人，取得与生产、经营活动无关的其他各项应税所得，应分别按照其他应税项目的有关规定，计算征收个人所得税。如取得银行存款的利息所得、对外投资取得的股息所得，应按"股息、利息、红利"项目的规定单独计征个人所得税。

（7）个人独资企业、合伙企业的个人投资者以企业资金为本人、家庭成员及其相关人员支付与企业生产经营无关的消费性支出及购买汽车、住房等财产性支出，视为企业对个人投资者利润分配，并入投资者个人的生产经营所得，依照"个体工商户的生产、经营所得"项目计征个人所得税。

（8）其他个人从事个体工商业生产、经营取得的所得。

（三）对企事业单位的承包经营、承租经营所得

对企事业单位的承包经营、承租经营所得，是指个人承包经营或承租经营以及转包、转租取得的所得。承包项目可分多种，如生产经营、采购、销售、建筑安装等各种承包。

实际业务中，承包、承租经营方式多样，分配方式也不相同，应分别按以下情况处理：

（1）个人对企事业单位承包、承租经营后，如工商登记改变为个体工商户的，应按"个体工商户的生产、经营所得"项目缴纳个人所得税，不再缴纳企业所得税。

（2）个人对企事业单位承包、承租经营后，工商登记仍为企业的，不管其分配方式如何，均应先按企业所得税有关规定缴纳企业所得税；然后对承包、承租经营者按合同规定取得的所得，依照个人所得税法的规定缴纳个人所得税，具体有两种情况：

❶承包、承租人对企业经营成果不拥有所有权，仅按合同或协议规定取得一定所得的，其所得按"工资、薪金所得"项目征税。

❷承包、承租人按合同或协议的规定只向发包、出租方缴纳一定费用后，企业经营成果归其所有的，承包、承租人取得的所得，按"对企事业单位的承包经营、承租经营所得"项目征税。

（四）劳务报酬所得

劳务报酬所得，是指个人独立从事各种非雇用的劳务所取得的所得。其内容包括个人从事设计、装潢、安装、制图、化验、测试、医疗、法律、会计、咨询、讲学、新闻、广播、翻译、审稿、书画、雕刻、影视、录音、录像、演出、表演、广告、展览、技术服务、介绍服务、经纪服务、代办服务、其他劳务。

自2004年1月20日起，对商品营销活动中，企业和单位对其营销业绩突出的非雇员以培训班、研讨会、工作考察等名义组织旅游活动，通过免收差旅费、旅游费对个人实行的营销业绩奖励（包括实物、有价证券等），应根据所发生费用的全额作为该营销人员当期的劳务收入，按照"劳务报酬所得"项目征收个人所得税，并由提供上述费用的企业和单位代扣代缴。

在实际操作过程中，还可能出现难以判定一项所得是属于工资、薪金所得，还是属于劳务报酬所得的情况。这两者的区别在于：工资、薪金所得是属于非独立个人劳务活动，即在机关、团体、学校、部队、企业、事业单位及其他组织中任职、受雇而得到的报酬；而劳务报酬所得，则是个人独立从事各种技艺、提供各项劳务取得的报酬。

（五）稿酬所得

稿酬所得，是指个人因其作品以图书、报刊形式出版、发表而取得的所得。

（六）特许权使用费所得

特许权使用费所得，是指个人提供专利权、商标权、著作权、非专利技术以及其他特许权的使用权取得的所得。提供著作权的使用权取得的所得，不包括稿酬所得。

（七）利息、股息、红利所得

利息、股息、红利所得，是指个人拥有债权、股权而取得的利息、股息、红利所得。

除个人独资企业、合伙企业以外的其他企业的个人投资者，以企业资金为本人、家庭成员及其相关人员支付与企业生产经营无关的消费性支出及购买汽车、住房等财产性支出，视为企业对个人投资者的红利分配，依照"利息、股息、红利所得"项目计征个人所得税。企业的上述支出不允许在所得税前扣除。

纳税年度内个人投资者从其投资企业（个人独资企业、合伙企业除外）借款，在该纳税年度终了后既不归还又未用于企业生产经营的，其未归还的借款可视为企业对个人投资者的红利分配，依照"利息、股息、红利所得"项目计征个人所得税。

（八）财产租赁所得

财产租赁所得，是指个人出租建筑物、土地使用权、机器设备、车船以及其他财产取得的所得。

（九）财产转让所得

财产转让所得，是指个人转让有价证券、股权、建筑物、土地使用权、机器设备、车船以及其他财产取得的所得。

（十）偶然所得

偶然所得，是指个人得奖、中奖、中彩以及其他偶然性质的所得。

（十一）经国务院财政部门确定征税的其他所得

除上述列举的各项个人应税所得外，其他确有必要征税的个人所得，由国务院财政部门确定。个人取得的所得，难以界定应纳税所得项目的，由主管税务机关确定。

四、税率

（一）工资、薪金所得适用税率

工资、薪金所得适用七级超额累进税率，税率为3%～45%（见表6-1）。

表6-1　　　　　　　工资、薪金所得个人所得税税率表

级数	全月含税应纳税所得额	税率（%）	速算扣除数（元）
1	不超过1 500元的	3	0
2	超过1 500～4 500元的部分	10	105
3	超过4 500～9 000元的部分	20	555
4	超过9 000～35 000元的部分	25	1 005
5	超过35 000～55 000元的部分	30	2 755
6	超过55 000～80 000元的部分	35	5 055
7	超过80 000元的部分	45	13 505

注：本表所称全月含税应纳税所得额，是指依照税法的规定，以每月收入额减除费用3 500元后的余额或者再减除附加减除费用后的余额。

（二）个体工商户的生产、经营所得和对企事业单位的承包经营、承租经营适用税率

（1）个体工商户的生产、经营所得和对企事业单位的承包经营、承租经营所得适用5%～35%的五级超额累进税率（见表6-2）。

表6-2　　个体工商户的生产、经营所得和对企事业单位的承包经营、
承租经营所得个人所得税税率表

级数	全年含税应纳税所得额	税率（%）	速算扣除数（元）
1	不超过15 000元的	5	0
2	超过15 000～30 000元的部分	10	750
3	超过30 000～60 000元的部分	20	3 750
4	超过60 000～100 000元的部分	30	9 750
5	超过100 000元的部分	35	14 750

注：本表所称全年含税应纳税所得额，对个体工商户的生产、经营所得，是指以每一纳税年度的收入总额，减除成本、费用、相关税费以及损失后的余额；对企事业单位的承包经营、承租经营所得，是指以每一纳税年度的收入总额，减除必要费用后的余额。

这里值得注意的是，由于目前实行承包（租）经营的形式较多，分配方式也不相同，因此，承包、承租人按照承包、承租经营合同（协议）规定取得所得的适用税率也不

一致。

❶承包、承租人对企业经营成果不拥有所有权，仅是按合同（协议）规定取得一定所得的，其所得按"工资、薪金"所得项目征税，适用3%～45%的七级超额累进税率。

❷承包、承租人按合同（协议）的规定只向发包、出租方缴纳一定费用后，企业经营成果归其所有的，承包、承租人取得的所得，按对企事业单位的承包经营、承租经营所得项目，适用5%～35%的五级超额累进税率。

（2）个人独资企业和合伙企业的个人投资者取得的生产经营所得也适用5%～35%的五级超额累进税率。

（三）稿酬所得适用税率

稿酬所得适用比例税率，税率为20%，并按应纳税额减征30%，故其实际税负为14%。

（四）劳务报酬所得适用税率

劳务报酬所得适用比例税率，税率为20%。对劳务报酬所得一次收入畸高的，可以实行加成征收，具体办法由国务院规定（见表6-3）。

表6-3   **劳务报酬所得个人所得税税率表**

级数	每次应纳税所得额	税率（%）	速算扣除数（元）
1	不超过20 000元的部分	20	0
2	超过20 000～50 000元的部分	30	2 000
3	超过50 000元的部分	40	7 000

注：本表所称每次应纳税所得额，是指每次收入额减除费用800元（每次收入额不超过4 000元时）或者减除20%的费用（每次收入额超过4 000元时）后的余额。

（五）特许权使用费所得，利息、股息、红利所得，财产租赁所得，财产转让所得，偶然所得和其他所得适用税率

特许权使用费所得，利息、股息、红利所得，财产租赁所得，财产转让所得，偶然所得和其他所得，适用比例税率，税率为20%。从2007年8月15日起，居民储蓄利息税率调为5%；自2008年10月9日起暂免征收储蓄存款利息的个人所得税。对个人出租住房取得的所得减按10%的税率征收个人所得税。

五、税收优惠

（一）免征个人所得税的优惠

（1）省级人民政府、国务院部委和中国人民解放军军以上单位，以及外国组织颁发的科学、教育、技术、文化、卫生、体育、环境保护等方面的奖金。

（2）国债和国家发行的金融债券利息。

（3）按照国家统一规定发给的补贴、津贴。按照国家统一规定发给的补贴、津贴，是指按照国务院规定发给的政府特殊津贴和国务院规定免纳个人所得税的补贴、津贴。

发给中国科学院资深院士和中国工程院资深院士每人每年1万元的资深院士津贴免予征收个人所得税。

（4）福利费、抚恤金、救济金。福利费，是指根据国家有关规定，从企业、事业单位、国家机关、社会团体提留的福利费或者工会经费中支付给个人的生活补助费；救济金，是指国家民政部门支付给个人的生活困难补助费。

（5）保险赔款。

（6）军人的转业费、复员费。

（7）按照国家统一规定发给干部、职工的安家费、退职费、退休工资、离休工资、离休生活补助费。

（8）依照我国有关法律规定应予免税的各国驻华使馆、领事馆的外交代表、领事官员和其他人员的所得。

（9）中国政府参加的国际公约以及签订的协议中规定免税的所得。

（10）对乡、镇（含乡、镇）以上人民政府或经县（含县）以上人民政府主管部门批准成立的有机构、有章程的见义勇为基金或者类似性质组织，奖励见义勇为者的奖金或奖品，经主管税务机关核准，免征个人所得税。

（11）企业和个人按照省级以上人民政府规定的比例提取并缴付的住房公积金、医疗保险金、基本养老保险金、失业保险金，不计入个人当期的工资、薪金收入，免予征收个人所得税。超过规定的比例缴付的部分计征个人所得税。

个人领取原提存的住房公积金、医疗保险金、基本养老保险金时，免予征收个人所得税。

（12）对个人取得的教育储蓄存款利息所得以及国务院财政部门确定的其他专项储蓄存款或者储蓄性专项基金存款的利息所得，免征个人所得税。

（13）储蓄机构内从事代扣代缴工作的办税人员取得的扣缴利息税手续费所得，免征个人所得税。

（14）生育妇女按照县级以上人民政府根据国家有关规定制定的生育保险办法，取得的生育津贴、生育医疗费或其他属于生育保险性质的津贴、补贴，免征个人所得税。

（15）第二届高等学校教学名师奖奖金，免予征收个人所得税；第二届高等学校教学名师奖获奖人数为100人，每人奖金2万元。

（16）对工伤职工及其近亲属按照《工伤保险条例》规定取得的工伤保险待遇，免征个人所得税。工伤保险待遇，包括工伤职工按照该条例规定取得的一次性伤残补助金、伤残津贴、一次性工伤医疗补助金、一次性伤残就业补助金、工伤医疗待遇、住院伙食补助费、外地就医交通食宿费用、工伤康复费用、辅助器具费用、生活护理费等，以及职工因工死亡，其近亲属按照该条例规定取得的丧葬补助金、供养亲属抚恤金和一次性工亡补助金等。

（17）外籍个人以非现金形式或实报实销形式取得的住房补贴、伙食补贴、搬迁费、洗衣费。

（18）外籍个人按合理标准取得的境内、外出差补贴。

（19）外籍个人取得的探亲费、语言训练费、子女教育费等，经当地税务机关审核批准为合理的部分。可以享受免征个人所得税优惠的探亲费，仅限于外籍个人在我国的受雇地与其家庭所在地（包括配偶或父母居住地）之间搭乘交通工具，且每年不超过两次的费用。

（20）个人举报、协查各种违法、犯罪行为而获得的奖金。

（21）个人办理代扣代缴税款手续，按规定取得的扣缴手续费。

（22）个人转让自用达5年以上并且是唯一的家庭居住用房取得的所得。

（23）对按《国务院关于高级专家离休退休若干问题的暂行规定》和《国务院办公厅关于杰出高级专家暂缓离休审批问题的通知》精神，达到离休、退休年龄，但确因工作需要，适当延长离休、退休年龄的高级专家，其在延长离休、退休期间的工资、薪金所得，视同退休工资、离休工资免征个人所得税。

延长离休、退休年龄的高级专家是指：

❶享受国家发放的政府特殊津贴的专家、学者。

❷中国科学院、中国工程院院士。

高级专家延长离休、退休期间取得的工资薪金所得，其免征个人所得税政策口径按下列标准执行：

❶对高级专家从其劳动人事关系所在单位取得的，单位按国家有关规定向职工统一发放的工资、薪金、奖金、津贴、补贴等收入，视同离休、退休工资，免征个人所得税。

❷除上述第①项所述收入以外各种名目的津贴、补贴收入等，以及高级专家从其劳动人事关系所在单位之外的其他地方取得的培训费、讲课费、顾问费、稿酬等各种收入，依法计征个人所得税。

高级专家从两处以上取得应税工资、薪金所得以及具有税法规定应当自行纳税申报的其他情形的，应在税法规定的期限内自行向主管税务机关办理纳税申报。

（24）外籍个人从外商投资企业取得的股息、红利所得。

（25）凡符合下列条件之一的外籍专家取得的工资、薪金所得可免征个人所得税：

❶根据世界银行专项贷款协议由世界银行直接派往我国工作的外国专家。

❷联合国组织直接派往我国工作的专家。

❸为联合国援助项目来华工作的专家。

❹援助国派往我国专为该国无偿援助项目工作的专家。

❺根据两国政府签订文化交流项目来华工作2年以内的文教专家，其工资、薪金所得由该国负担的。

❻根据我国大专院校国际交流项目来华工作2年以内的文教专家，其工资、薪金所得由该国负担的。

❼通过民间科研协定来华工作的专家，其工资、薪金所得由该国政府机构负担的。

（26）股权分置改革中非流通股股东通过对价方式向流通股股东支付的股份、现金等收入，暂免征收流通股股东应缴纳的个人所得税。

（27）对被拆迁人按照国家有关城镇房屋拆迁管理办法规定的标准取得的拆迁补偿款，免征个人所得税。

（28）2015年9月8日以后，个人从公开发行和转让市场取得的上市公司股票，持股期限在1个月以内（含1个月）的，其股息红利所得全额计入应纳税所得额；持股期限在1个月以上至1年（含1年）的，暂减按50%计入应纳税所得额；持股期限超过1年的，暂免征收个人所得税。按上述标准计算的应纳税所得额统一适用20%的税率计征个人所得税。上市公司是指在上海证券交易所、深圳证券交易所挂牌交易的上市公司；持股期限是指个人从公开发行和转让市场取得上市公司股票之日至转让交割该股票之日前一日的持有时间。

（29）经国务院财政部门批准免税的所得。

（二）减征个人所得税的优惠

（1）残疾、孤老人员和烈属的所得。

（2）因严重自然灾害造成重大损失的。

（3）其他经国务院财政部门批准减税的。

任务二　　计算个人所得税

一、工资、薪金所得应纳税额的计算

（一）应纳税所得额的计算

应纳税所得额=月工资性收入−费用扣除标准

工资、薪金所得的费用扣除标准有两种：基本扣除费用标准为每月3 500元、附加减除费用标准为每月1 300元。下列人员可享受附加减除费用：

（1）在中国境内的外商投资企业和外国企业中工作取得工资、薪金所得的外籍人员。

（2）应聘在中国境内的企事业单位、社会团体、国家机关中工作取得工资、薪金所得的外籍专家。

（3）在中国境内有住所而在中国境外任职或受雇取得工资、薪金所得的个人。

（4）华侨和香港、澳门、台湾同胞。

（5）国务院财政、税务主管部门规定的其他人员。

另外，从2017年7月1日起，商业健康保险个人所得税税前扣除试点政策推至全国，对个人购买符合条件的商业健康保险产品的支出，允许按每年最高2 400元的限额予以税前扣除。

（二）月工资、薪金所得应纳税额的计算

应纳税额=应纳税所得额×适用税率−速算扣除数

　　　=（每月收入额−3 500元或4 800元）×适用税率−速算扣除数

【例6-1】假定某纳税人2017年7月含税工资收入为4 200元，该纳税人不适用附加减除费用的规定。计算其当月应纳个人所得税税额。

应纳税所得额=4 200−3 500 =700（元）

应纳税额=700×3%−0=21（元）

【例6-2】假定某外商投资企业中工作的美国专家（假设为非居民纳税人），2017年7月取得由该企业发放的含税工资收入10 400元人民币。请计算其应纳个人所得税税额。

应纳税所得额=10 400−4 800 =5 600（元）

应纳税额=5 600 ×20%−555 =565（元）

（三）个人取得全年一次性奖金的计税方法

（1）先将雇员当月内取得的全年一次性奖金，除以12个月，按其商数确定适用税率和速算扣除数。如果在发放年终一次性奖金的当月，雇员当月工资、薪金所得低于税法规定的费用扣除额，应将全年一次性奖金减除"雇员当月工资、薪金所得与费用扣除额的差额"后的余额，按上述办法确定全年一次性奖金的适用税率和速算扣除数。

（2）将雇员个人当月内取得的全年一次性奖金，按上述第（1）条确定的适用税率和速算扣除数计算征税，计算公式如下：

❶如果雇员当月工资、薪金所得高于（或等于）税法规定的费用扣除额的，适用公式为：

应纳税额=雇员当月取得全年一次性奖金×适用税率−速算扣除数

❷如果雇员当月工资、薪金所得低于税法规定的费用扣除额的，适用公式为：

$$应纳税额=（雇员当月取得全年一次性奖金−雇员当月工资、薪金所得与费用扣除额的差额）×适用税率−速算扣除数$$

（3）在一个纳税年度内，对每一个纳税人，该计税办法只允许采用一次。

（4）实行年薪制和绩效工资的单位，个人取得年终兑现的年薪和绩效工资按上述第（2）条、第（3）条规定执行。

（5）雇员取得除全年一次性奖金以外的其他各种名目奖金，如半年奖、季度奖、加班奖、先进奖、考勤奖等，一律与当月工资、薪金收入合并，按税法规定缴纳个人所得税。

【例6-3】假定中国公民李某2016年在我国境内1—12月每月的工资为3 800元，12月31日一次性领取年终含税奖金60 000元。请计算李某取得年终奖金应缴纳的个人所得税。

（1）年终奖金适用的税率和速算扣除数为：

按12个月分摊后，每月的奖金=60 000÷12=5 000（元），根据工资、薪金七级超额累进税率的规定，适用的税率和速算扣除数分别为20%、555元。

（2）年终奖应缴纳个人所得税为：

应纳税额=60 000×20%−555=11 445（元）

二、个体工商户的生产、经营所得应纳税额的计算

（一）应纳税所得额的计算

个体工商户的生产、经营所得，以每一纳税年度的收入总额，减除成本、费用和损失后的余额，为应纳税所得额。计算公式为：

应纳税所得额=全年收入总额−（成本＋费用＋损失）

"收入总额"是指个体工商户从事生产经营以及与生产经营有关的活动（以下简称生产经营）取得的货币形式和非货币形式的各项收入。"成本、费用和损失"是指个体工商户从事生产经营活动所发生的各项直接费用、间接费用、期间费用和营业外支出。

准予扣除的成本、费用和损失的具体标准按下列规定执行：

（1）个体工商户业主的费用扣除标准为3 500元/月。

（2）个体工商户实际支付给从业人员的、合理的工资、薪金支出，准予扣除。个体工商户向当地工会组织拨缴的工会经费、实际发生的职工福利费支出、职工教育经费支出分别在工资、薪金总额的2%、14%、2.5%的标准内据实扣除。

（3）个体工商户每一纳税年度发生的广告费和业务宣传费不超过当年销售（营业）收入15%的部分，可以据实扣除；超过部分，准予在以后纳税年度结转扣除。

（4）个体工商户发生的与生产经营活动有关的业务招待费，按照实际发生额的60%扣除，但最高不得超过当年销售（营业）收入的5‰。

（5）个体工商户在生产经营活动中发生的利息支出，凡有合法证明的，不高于按照金融企业同期同类贷款利率计算的数额的部分准予扣除。

（6）个体工商户生产经营活动中，应当分别核算生产经营费用和个人、家庭费用。对于生产经营与个人、家庭生活混用难以分清的费用，其40%视为与生产经营有关费用，准予扣除。

（7）个体工商户发生的下列支出不得扣除：个人所得税税款；税收滞纳金；罚金、罚款和被没收财物的损失；不符合扣除规定的捐赠支出；赞助支出；用于个人和家庭的支出；与取得生产经营收入无关的其他支出；国家税务总局规定不准扣除的支出。

（二）应纳税额的计算

个体工商户的生产、经营所得应纳税额的计算公式为：

应纳税额＝应纳税所得额×适用税率−速算扣除数

【例 6-4】某小型运输公司系个体工商户，账证健全，2016 年 12 月取得营业额为 220 000 元，准许扣除的当月成本、费用及相关税金共计 170 600 元。1—11 月累计应纳税所得额为 68 400 元，1—11 月累计已预缴个人所得税 10 200 元。计算该个体工商户 2016 年度应补缴的个人所得税。

全年应纳税所得额 = 220 000－170 600 +68 400－3 500×12 =75 800（元）

全年应缴纳个人所得税=75 800×30%－9 750=12 990（元）

该个体工商户 2016 年度应补缴的个人所得税=12 990－10 200=2 790（元）

三、对企事业单位的承包经营、承租经营所得应纳税额的计算
（一）应纳税所得额的计算
应纳税所得额=纳税年度收入总额－必要费用

对企事业单位的承包经营、承租经营所得，以每一纳税年度的收入总额，减除必要费用后的余额，为应纳税所得额。每一纳税年度的收入总额，是指纳税义务人按照承包经营、承租经营合同规定分得的经营利润和工资、薪金性质的所得；所谓的减除必要费用，是指按月减除 3 500 元。

（二）应纳税额的计算
应纳税额=应纳税所得额×适用税率－速算扣除数

【例 6-5】2016 年 1 月 1 日，某个人与事业单位签订承包合同经营招待所，承包期为 3 年。2016 年招待所实现承包经营利润 150 000 元（未扣除含承包人工资报酬），按合同规定承包人每年应从承包经营利润中上缴承包费 30 000 元。计算该承包人 2016 年应纳个人所得税税额。

2016 年应纳税所得额=承包经营利润－上缴费用－每月必要费用扣减合计

＝150 000－30 000－3 500 ×12=78 000（元）

该承包人 2016 年应缴纳个人所得税=78 000 ×30%－9 750=13 650（元）

四、劳务报酬所得应纳税额的计算
（一）应纳税所得额的计算
应纳税所得额=每次收入额－费用扣除标准

（1）每次收入的确定。

只有一次性收入的，以取得该项收入为一次。例如从事设计、安装、装潢、制图、化验、测试等劳务，往往是接受客户的委托，按照客户的要求，完成一次劳务后取得收入。因此，属于只有一次性劳务取得的收入，应以每次提供劳务取得的收入为一次。

属于同一事项连续取得收入的，以 1 个月内取得的收入为一次。例如，某歌手与一卡拉 OK 厅签约，在 1 年内每天到卡拉 OK 厅演唱一次，每次演出后付酬 50 元。在计算其劳务报酬所得时，应视为同一事项的连续性收入，以其 1 个月内取得的收入为一次计征个人所得税，而不能以每天取得的收入为一次。

（2）费用扣除标准的确定。

每次收入不超过 4 000 元的，减除费用为 800 元；超过 4 000 元的，减除费用为收入额的20%。

（二）应纳税额的计算
（1）每次收入不足 4 000 元的：

应纳税额=应纳税所得额×适用税率=（每次收入额－800）×20%

（2）每次收入在4 000元以上的：

应纳税额=应纳税所得额×适用税率=每次收入额×（1-20%）×20%

（3）每次收入的应纳税所得额超过20 000元的：

应纳税额=应纳税所得额×适用税率-速算扣除数=每次收入额×（1-20%）×适用税率-速算扣除数

【例6-6】歌星刘某一次取得表演收入40 000元，请计算其应纳个人所得税税额。

应纳税额=40 000×（1-20%）×30%-2 000 =7 600（元）

五、稿酬所得应纳税额的计算
（一）应纳税所得额的计算

应纳税所得额=每次收入额-费用扣除标准

（1）每次收入的确定。

稿酬所得，以每次出版、发表取得的收入为一次，具体又可细分为：

❶同一作品再版取得的所得，应视作另一次稿酬所得计征个人所得税。

❷同一作品先在报刊上连载，然后再出版，或先出版，再在报刊上连载的，应视为两次稿酬所得，计征个人所得税，即连载作为一次，出版作为另一次。

❸同一作品在报刊上连载取得收入的，以连载完成后取得的所有收入合并为一次，计征个人所得税。

❹同一作品在出版和发表时，以预付稿酬或分次支付稿酬等形式取得的稿酬收入，应合并计算为一次，计征个人所得税。

❺同一作品出版、发表后，因添加印数而追加稿酬的，应与以前出版、发表时取得的稿酬合并计算为一次，计征个人所得税。

（2）费用扣除标准的确定。

每次收入不超过4 000元的，减除费用为800元；超过4 000元的，减除费用为收入额的20%。
（二）应纳税额的计算

（1）每次收入不足4 000元的：

应纳税额=应纳税所得额×适用税率×（1-30%）=（每次收入额-800）×20%×（1-30%）

（2）每次收入在4 000元以上的：

应纳税额=应纳税所得额×适用税率×（1-30%）=每次收入额×（1-20%）×20%×（1-30%）

【例6-7】某作家取得一次稿酬收入20 000元，请计算其应缴纳的个人所得税税额。

应纳税额= 20 000×（1-20%）×20%×（1-30%）=2 240（元）

六、特许权使用费所得应纳税额的计算
（一）应纳税所得额的计算

应纳税所得额=每次收入额-费用扣除标准

（1）每次收入的确定。

特许权使用费所得，以某项使用权的一次转让所取得的收入为一次。如果该次转让取得的收入是分笔支付的，则应将各笔收入相加为一次的收入，计征个人所得税。

（2）费用扣除标准的确定。

每次收入不超过4 000元的，减除费用为800元；超过4 000元的，减除费用为收入额的20%。

（3）其他规定。

❶对个人从事技术转让过程中所支付的中介费，如能提供有效、合法凭证，允许从其

所得中扣除。

❷个人取得拍卖收入征收个人所得税的规定：作者将自己的文字作品手稿原件或复印件拍卖取得的所得，按照"特许权使用费所得"税目计税；个人拍卖除文字作品原稿及复印件外的其他财产，按照"财产转让所得"税目计税。

（二）应纳税额的计算

（1）每次收入不足4 000元的：

应纳税额=应纳税所得额×适用税率=（每次收入额-800）×20%

（2）每次收入在4 000元以上的：

应纳税额=应纳税所得额×适用税率=每次收入额×（1-20%）×20%

七、财产租赁所得应纳税额的计算

（一）应纳税所得额的计算

应纳税所得额=每次收入额-允许扣除费用

（1）每次收入的确定。

财产租赁所得，以一个月内取得的收入为一次。

（2）允许扣除费用的基本内容。

❶财产租赁过程中缴纳的税费，包括城市维护建设税、教育费附加、房产税。

❷向出租方支付的租金（适用于转租业务）。

❸由纳税人负担的该出租财产实际开支的修缮费用，以每次800元为限分次扣除。

❹税法规定的费用扣除标准，即每次收入不超过4 000元的，减除费用为800元；每次收入超过4 000元的，减除费用为收入额的20%。

上述费用应按顺序依次扣除。

（3）应纳税所得额的计算公式。

❶每次（月）收入不超过4 000元的：

应纳税所得额=每次（月）收入额-准予扣除项目-修缮费用（800元为限）-800

❷每次（月）收入超过4 000元的：

应纳税所得额=［每次（月）收入额-准予扣除项目-修缮费用（800元为限）］×（1-20%）

（二）应纳税额的计算

财产租赁所得适用20%的比例税率。个人按市场价格出租的居民住房取得的所得按10%的税率征收个人所得税。其应纳税额的计算公式为：

应纳税额=应纳税所得额×适用税率

【例6-8】刘某于2017年1月将其自有面积为150平方米的住房按市场价出租给张某居住。刘某每月取得不含税租金收入2 500元，全年不含税租金收入30 000元。计算刘某全年租金收入应缴纳的个人所得税。

每月应纳税额=（2 500-800）×10%=170（元）

全年应纳税额=170×12=2 040（元）

假定【例6-8】中，当年2月因下水道堵塞找人修理，发生修理费用1 000元，有维修部门的正式收据，则2月和3月的应纳税额为：

2月应纳税额=（2 500-800-800）×10%=90（元）

3月应纳税额=（2 500-200-800）×10%=150（元）

八、财产转让所得应纳税额的计算

（一）应纳税所得额的计算

应纳税所得额=收入总额-财产原值-合理税费

（1）财产原值的确定。

对于有价证券，为买入价以及买入时按照规定缴纳的有关费用；对于建筑物，为建造费用或购进价格以及其他有关费用；对于土地使用权，为取得土地使用权所支付的金额、开发土地的费用以及其他有关费用；对于机器设备、车船，为购进价格、运输费、安装费以及其他有关费用；对于其他财产，对照上述方法确定。

纳税人未提供完整、准确的财产原值凭证，不能正确计算财产原值的，由主管税务机关核定其财产原值。

（2）合理税费的确定。

合理税费是指卖出财产时支付的经税务机关认可的有关税费，包括城市维护建设税及教育费附加、土地增值税、印花税、手续费等。

（二）应纳税额的计算

应纳税额=应纳税所得额×适用税率=（收入总额-财产原值-合理税费）×20%

【例6-9】某个人建房一幢，造价为360 000元，支付其他费用50 000元。建成后他将此房出售，售价为600 000元（不含税），在售房过程中按规定支付交易费等相关税费35 000元，其应纳个人所得税税额的计算过程为：

应纳税所得额=600 000-（360 000+50 000）-35 000=155 000（元）

应纳税额=155 000×20%=31 000（元）

九、利息、股息、红利所得，偶然所得和其他所得应纳税额的计算

（一）应纳税所得额的计算

应纳税所得额=每次收入额

（1）每次收入的确定。

利息、股息、红利所得，偶然所得和其他所得以取得每次收入为一次。

（2）减免税的规定。

❶个人取得的下列利息、股息、红利所得免征个人所得税：国债利息收入；国家发行金融债券利息收入；个人取得的教育储蓄存款利息所得以及国务院财政部门确定的其他专项储蓄存款或储蓄性专项基金存款的利息所得；个人按规定缴付的"三险一金"而存入银行取得的利息收入。

❷个人取得单张有奖发票奖金所得不超过800元（含800元）的，暂免征收个人所得税；个人取得单张有奖发票奖金所得超过800元的，应全额按照"偶然所得"税目征税。

❸个人购买社会福利彩票、体育彩票等，一次中奖收入不超过1万元的，暂免征收个人所得税；超过1万元的，应全额按照"偶然所得"税目征税。

（二）应纳税额的计算

应纳税额=应纳税所得额×适用税率=每次收入额×20%

【例6-10】陈某在参加商场的有奖销售过程中，中奖所得共计价值20 000元。陈某领奖时告知商场，从中奖收入中拿出4 000元通过教育部门向某希望小学捐赠。请按照规定计算商场代扣代缴个人所得税后，陈某实际可得的中奖金额。

（1）根据个人所得税的相关规定，个人将其所得通过中国境内的社会团体、国家机关

向教育和其他社会公益事业以及遭受严重自然灾害地区、贫困地区捐赠，捐赠额未超过纳税义务人申报的应纳税所得额30%的部分，可以从其应纳税所得额中扣除。陈某的捐赠额可以全部从应纳税所得额中扣除（因为4 000÷20 000×100%=20%，小于捐赠扣除比例30%）。

（2）应纳税所得额=偶然所得-捐赠额= 20 000-4 000 =16 000（元）

（3）应纳税额（即商场代扣税款）=16 000 ×20% =3 200（元）

（4）陈某实际可得金额=20 000 -4 000-3 200 =12 800（元）

任务三　　　　　　　个人所得税的核算

一、账户设置

单位支付给职工的工资、薪金代扣代缴的个人所得税，借记"应付职工薪酬"等科目，贷记"应交税费——应交个人所得税"科目；代缴税款时，借记"应交税费——应交个人所得税"，贷记"银行存款"科目。

个体工商户缴纳个人所得税有查账征收和核定征收两种形式。查账征收适用于账册健全、核算完整的纳税人；核定征收适用于账册不健全、核算不完整的纳税人。对于实行查账征收的纳税人，在计算应纳个人所得税时，借记"留存收益"科目，贷记"应交税费——应交个人所得税"科目；实际上缴税款时，借记"应交税费——应交个人所得税"科目，贷记"银行存款"科目。

单位支付承包经营、承租经营所得，劳务报酬所得，稿酬所得，特许权使用费所得，利息、股息、红利所得，财产租赁所得，财产转让所得，偶然所得和其他所得的，在代扣代缴时，应借记"应付债券"、"应付股利"、"其他应付款"、"管理费用"和"财务费用"等科目，贷记"应交税费——应交个人所得税"科目。

二、会计核算

（一）工资、薪金所得应缴纳个人所得税的会计处理

【例6-11】某企业2016年11月支付给员工刘某工资5 600元、奖金600元，计算刘某应缴纳的个人所得税，并编制相关会计分录。

应纳税所得额=5 600+600-3 500=2 700（元）

应纳税额=2 700×10%-105=165（元）

编制的会计分录如下：

（1）单位从工资中代扣个人所得税时：

借：应付职工薪酬	165
贷：应交税费——应交个人所得税	165

（2）实际缴纳个人所得税时：

借：应交税费——应交个人所得税	165
贷：银行存款	165

（二）个体工商户生产、经营所得应纳个人所得税的会计处理

【例6-12】某个体工商户2016年全年经营收入为300 000元，生产经营成本、费用总额为250 000元，计算其全年应缴纳的个人所得税，并编制相关会计分录。

应纳税所得额=300 000−250 000=50 000（元）

应纳税额=50 000×20%−3 750=6 250（元）

编制的会计分录如下：

（1）计算应纳税所得额时：

借：留存收益　　　　　　　　　　　　　　　　　　　　　　6 250

　　贷：应交税费——应交个人所得税　　　　　　　　　　　　　6 250

（2）实际缴纳税款时：

借：应交税费——应交个人所得税　　　　　　　　　　　　　6 250

　　贷：银行存款　　　　　　　　　　　　　　　　　　　　　6 250

（三）劳务报酬应纳个人所得税的会计处理

【例6-13】A企业邀请张某进行营销策划，合同约定报酬30 000元。计算张某应缴纳的个人所得税，并编制相关会计分录。

应纳税额=30 000×（1−20%）×30%−2 000=5 200（元）

编制的会计分录如下：

（1）企业支付劳务报酬时：

借：管理费用　　　　　　　　　　　　　　　　　　　　　30 000

　　贷：应交税费——应交个人所得税　　　　　　　　　　　　　5 200

　　　　银行存款　　　　　　　　　　　　　　　　　　　　24 800

（2）企业代缴税款时：

借：应交税费——应交个人所得税　　　　　　　　　　　　　5 200

　　贷：银行存款　　　　　　　　　　　　　　　　　　　　　5 200

（四）偶然所得应纳个人所得税的会计处理

【例6-14】王某参加某商场举办的有奖销售活动中奖15 000元现金。计算王某应缴纳的个人所得税，并编制相关会计分录。

应纳税额=15 000×20%=3 000（元）

编制的会计分录如下：

（1）商场支付奖金时：

借：销售费用　　　　　　　　　　　　　　　　　　　　　15 000

　　贷：应交税费——应交个人所得税　　　　　　　　　　　　　3 000

　　　　银行存款　　　　　　　　　　　　　　　　　　　　12 000

（2）商场代缴税款时：

借：应交税费——应交个人所得税　　　　　　　　　　　　　3 000

　　贷：银行存款　　　　　　　　　　　　　　　　　　　　　3 000

任务四　　个人所得税的申报

个人所得税的纳税办法，有自行申报纳税和代扣代缴纳税两种。

一、自行申报纳税

自行申报纳税，是由纳税人自行在税法规定的纳税期限内，向税务机关申报取得的应税所得项目和数额，如实填写个人所得税纳税申报表，并按照税法规定计算应纳税额，据此缴纳个人所得税的一种方法。

（一）自行申报纳税的纳税义务人

（1）年所得12万元以上的（不包括在中国境内无住所，且在一个纳税年度中在中国境内居住不满一年的个人）；

（2）从中国境内两处或者两处以上取得工资、薪金所得的；

（3）从中国境外取得所得的（仅指在中国境内有住所，或者无住所而在一个纳税年度中在中国境内居住满一年的个人）；

（4）取得应税所得，没有扣缴义务人的；

（5）国务院规定的其他情形。

其中，年所得12万元以上的纳税人，无论取得的各项所得是否已足额缴纳了个人所得税，均应当按照本办法的规定，于纳税年度终了后向主管税务机关办理纳税申报，如实填写个人所得税纳税申报表（适用于年所得12万元以上的纳税人申报）（见表6-4）。其他情形的纳税人，均应当按照自行申报纳税管理办法的规定，于取得所得后向主管税务机关办理纳税申报。

（二）自行申报纳税的申报期限

（1）年所得12万元以上的纳税人，在纳税年度终了后3个月内向主管税务机关办理纳税申报。

（2）个体工商户和个人独资、合伙企业投资者取得的生产、经营所得应纳的税款，分月预缴的，纳税人在每月终了后15日内办理纳税申报；分季预缴的，纳税人在每个季度终了后15日内办理纳税申报；纳税年度终了后，纳税人在3个月内进行汇算清缴，多退少补。

（3）纳税人年终一次性取得对企事业单位的承包经营、承租经营所得的，自取得所得之日起30日内办理纳税申报；在一个纳税年度内分次取得承包经营、承租经营所得的，在每次取得所得后的次月15日内申报预缴；纳税年度终了后3个月内汇算清缴，多退少补。

（4）从中国境外取得所得的纳税人，在纳税年度终了后30日内向中国境内主管税务机关办理纳税申报。

（5）除以上规定的情形外，纳税人取得其他各项所得须申报纳税的，在取得所得的次月15日内向主管税务机关办理纳税申报。

（三）自行申报纳税的申报地点

（1）在中国境内有任职、受雇单位的，向任职、受雇单位所在地主管税务机关申报。

（2）在中国境内有两处或者两处以上任职、受雇单位的，选择并固定向其中一处单位所在地主管税务机关申报。

（3）在中国境内无任职、受雇单位，年所得项目中有个体工商户的生产、经营所得或者对企事业单位的承包经营、承租经营所得（以下统称"生产、经营所得"）的，向其中一处实际经营所在地主管税务机关申报。

（4）在中国境内无任职、受雇单位，年所得项目中无生产、经营所得的，向户籍所在地主管税务机关申报。在中国境内有户籍，但户籍所在地与中国境内经常居住地不一致的，选择并固定向其中一地主管税务机关申报。在中国境内没有户籍的，向中国境内经常居住地主管税务机关申报。

（5）其他所得的纳税人，纳税申报地点分别为：

❶从两处或者两处以上取得工资、薪金所得的，选择并固定向其中一处单位所在地主

表6-4

个人所得税纳税申报表

(适用于年所得12万元以上的纳税人申报)

所得年份： 年

填表日期： 年 月 日

金额单位：人民币元（列至角分）

纳税人姓名		国籍（地区）		身份证照号码		身份证照类型	
任职受雇单位		任职受雇单位		职务		职业	
		税务代码		所属行业			
在华天数		境内有效联系地址		境内有效联系地址、邮编		联系电话	
此栏由取得经营所得的纳税人填写	经营单位纳税人识别号		经营单位纳税人名称				

所得项目	年所得额			应纳税所得额	应纳税额	已缴（扣）税额	抵扣税额	减免税额	应补税额	应退税额	备注
	境内	境外	合计								
1. 工资、薪金所得											
2. 个体工商户的生产、经营所得											
3. 对企事业单位的承包经营、承租经营所得											
4. 劳务报酬所得											
5. 稿酬所得											
6. 特许权使用费所得											
7. 利息、股息、红利所得											
8. 财产租赁所得											
9. 财产转让所得											
其中：股票转让所得											
个人房屋转让所得											
10. 偶然所得											
11. 其他所得											
合计											

我声明，此纳税申报表是根据《中华人民共和国个人所得税法》及有关法律、法规的规定填报的，我保证它是真实的、可靠的、完整的。

纳税人（签字）：

代理人（签字）： 联系电话：

税务机关受理人（签字）： 税务机关受理时间： 年 月 日 受理申报税务机关名称（盖章）：

管税务机关申报。

❷从中国境外取得所得的，向中国境内户籍所在地主管税务机关申报。在中国境内有户籍，但户籍所在地与中国境内经常居住地不一致的，选择并固定向其中一地主管税务机关申报。在中国境内没有户籍的，向中国境内经常居住地主管税务机关申报。

❸个体工商户向实际经营所在地主管税务机关申报。

❹个人独资、合伙企业投资者兴办两个或两个以上企业的，区分不同情形确定纳税申报地点：兴办的企业全部是个人独资性质的，分别向各企业的实际经营管理所在地主管税务机关申报；兴办的企业中含有合伙性质的，向经常居住地主管税务机关申报；兴办的企业中含有合伙性质，个人投资者经常居住地与其兴办企业的经营管理所在地不一致的，选择并固定向其参与兴办的某一合伙企业的经营管理所在地主管税务机关申报；除以上情形外，纳税人应当向取得所得所在地主管税务机关申报。

纳税人不得随意变更纳税申报地点，因特殊情况变更纳税申报地点的，须报原主管税务机关备案。

二、代扣代缴纳税

代扣代缴，是指按照税法规定负有扣缴税款义务的单位或者个人，在向个人支付应纳税所得时，应计算应纳税额，从其所得中扣除并缴入国库，同时向税务机关报送扣缴个人所得税报告表。这种方法，有利于控制税源，防止漏税和逃税。

（一）扣缴义务人和代扣代缴的范围

1.扣缴义务人

凡支付个人应纳税所得的企业（公司）、事业单位、机关、社团组织、军队、驻华机构、个体户等单位或者个人，为个人所得税的扣缴义务人。这里所说的驻华机构，不包括外国驻华使馆和联合国及其他依法享有外交特权和豁免的国际组织驻华机构。

2.代扣代缴的范围

扣缴义务人向个人支付下列所得，应代扣代缴个人所得税：

（1）工资、薪金所得。

（2）对企事业单位的承包经营、承租经营所得。

（3）劳务报酬所得。

（4）稿酬所得。

（5）特许权使用费所得。

（6）利息、股息、红利所得。

（7）财产租赁所得。

（8）财产转让所得。

（9）偶然所得。

（10）经国务院财政部门确定征税的其他所得。

扣缴义务人向个人支付应纳税所得（包括现金、实物和有价证券）时，不论纳税人是否属于本单位人员，均应代扣代缴其应纳的个人所得税税款。

（二）代扣代缴期限

扣缴义务人每月所扣的税款，应当在次月15日内缴入国库，并向主管税务机关报送扣缴个人所得税报告表（见表6-5）、代扣代收税款凭证和包括每一纳税人姓名、单位、

扣缴个人所得税报告表

表 6-5

税款所属期：　　年　月　日至　　年　月　日

扣缴义务人名称：

扣缴义务人编码：□□□□□□□□□□□□□□□

扣缴义务人所属行业：□一般行业　□特定行业　月份申报

金额单位：人民币元（列至角分）

序号	姓名	身份证件类型	身份证件号码	所得项目	所得期间	收入额	免税所得	税前扣除项目								减除费用	准予扣除的捐赠额	应纳税所得额	税率（%）	速算扣除数	应纳税额	减免税额	应扣缴税额	已扣缴税额	应补（退）税额	备注
								基本养老保险费	基本医疗保险费	失业保险费	住房公积金	财产原值	允许扣除的税费	其他	合计											
1	2	3	4	5	6	7	8	9	10	11	12	13	14	15	16	17	18	19	20	21	22	23	24	25	26	27
合计																										

谨声明：此扣缴个人所得税报告表是根据《中华人民共和国个人所得税法》及其实施条例和国家有关税收法律、法规的规定填写的，是真实的、完整的、可靠的。

法定代表人（负责人）签字：

扣缴义务人公章：

扣缴义务人经办人：

填表日期：　　年　月　日

代理机构（人）签章：

经办人：

经办人执业证件号码：

代理申报日期：　　年　月　日

主管税务机关受理人：

受理人：

受理日期：　　年　月　日

国家税务总局监制

职务、收入、税款等内容的支付个人收入明细表以及税务机关要求报送的其他有关资料。

扣缴义务人违反上述规定不报送或者报送虚假纳税资料的，一经查实，其未在支付个人收入明细表中反映的向个人支付的款项，在计算扣缴义务人应纳税所得额时不得作为成本费用扣除。

任务实施

1.12月取得的工资、当月奖金、季度奖应纳税额=（3 000+2 000+1 000-3 500）×10%-105=145（元）

年终奖，按12个月分摊后，每月的奖金=12 000÷12=1 000（元），适用税率为3%，速算扣除数为0。

年终奖应纳税额=12 000×3%=360（元）

12月取得工资和各项奖金收入应纳税额=145+360=505（元）

2.捐赠允许扣除的限额=35 000×（1-20%）×30%=8 400（元）

应纳税额=［35 000×（1-20%）-8 400］×20%=3 920（元）

3.出版专著按我国税法应纳税额=36 000×（1-20%）×20%×（1-30%）=4 032（元）

扣除已在境外缴纳的2 600元：

应补缴税额=4 032-2 600=1 432（元）

4.王某售出债券应纳税额=［12×600-110-（1 000×10+150）×600÷1 000］×20%=200（元）

◆ 同步训练 ◆

一、单项选择题

1.在一个纳税年度内，一次离境不超过（　　），多次离境累计不超过（　　），均为临时离境，仍应视为全年在华居住而判定为居民纳税义务人。

A.15日、45日　　　　B.30日、60日　　　　C.15日、60日　　　　D.30日、90日

2.张某月工资3 000元，2016年12月从中国境内取得年终奖48 000元，张某12月份应缴纳个人所得税（　　）元。

A.475　　　　B.7 075　　　　C.4 645　　　　D.4 695

3.李作家在一家晚报上连载某小说半年，前3个月每月报社支付稿酬3 000元，后3个月每月支付稿酬5 000元。李作家所获稿酬应缴纳的个人所得税为（　　）元。

A.2 688　　　　B.2 604　　　　C.3 840　　　　D.3 720

4.某演员参加营业性演出，一次获得表演收入50 000元，应支付的个人所得税为（　　）元。

A.8 000　　　　B.10 000　　　　C.12 000　　　　D.13 000

5.某人某年取得特许权使用费两次，一次收入为2 000元，另外一次收入为5 000元，则其共应缴纳个人所得税（　　）元。

A.1 040　　　　B.1 120　　　　C.1 000　　　　D.800

6.某作家的一部小说，第一次出版获稿酬12 000元，后因出版社加印又获得稿酬3 000元，则该作家出版该小说的稿酬收入应纳个人所得税总额为（　　）元。

A.1 344　　　　B.1 680　　　　C.1 652　　　　D.1 988

7.居民王某2016年出租自有居住用房给李某作为经营场所，租期一年，全年租金收入为36 000元，其全年应缴纳的个人所得税为（　　）元。

A.2 640　　　　　　　B.5 760　　　　　　　C.8 640　　　　　　　D.5 280

8.下列不按"个体工商户的生产、经营所得"计税的是（　　　　）。

A.个人独资企业和合伙企业的生产、经营所得

B.个体出租车司机的出租车运营收入

C.个人独资企业的老板用企业的资金为自己购买的轿车

D.甲合伙企业对外投资分回的收益

9.下列项目中，应计入工薪范围征收个人所得税的是（　　　　）。

A.误餐补助

B.独生子女补贴

C.没有纳入公务员工资的食品补贴

D.季度奖金

10.个体工商户应纳的个人所得税税款，按年计算，分月或者季度预缴，由个体工商户在每月或者每季度终了后（　　　　）日内预缴。

A.5　　　　　　　　　B.7　　　　　　　　　C.10　　　　　　　　D.15

11.下列项目中，属于劳务报酬所得的是（　　　　）。

A.发表论文取得的报酬

B.提供著作版权而取得的报酬

C.员工宫某为老总的哥哥代理报税取得的报酬

D.退休人员再任职取得的收入

12.年所得12万元以上的个人所得税纳税人，在纳税年度终了后（　　　　）内向主管税务机关办理纳税申报。

A.7 日　　　　　　　B.15 日　　　　　　　C.30 日　　　　　　　D.3个月

13.下列不属于按"次"计算个人所得税的项目有（　　　　）。

A.个人连续取得个人收入　　　　　　　　B.财产转让所得

C.个人转包转租取得的收入　　　　　　　D.股票转让所得

14.以下财产转让所得不需要缴纳个人所得税的是（　　　　）。

A.建筑物转让所得　　　　　　　　　　　B.土地所有权转让所得

C.机器设备转让所得　　　　　　　　　　D.股票转让所得

15.下列项目中，不适用代扣代缴方式纳税的是（　　　　）。

A.个人独资企业的生产、经营所得　　　　B.工资、薪金所得

C.稿酬所得　　　　　　　　　　　　　　D.劳务报酬所得

二、多项选择题

1.纳税人取得的以下所得不按照"工资、薪金所得"缴纳个人所得税的有（　　　　）。

A.单位为职工个人购买的商业性保险

B.个人取得的揽储奖金

C.个人兼职取得的收入

D.企业为股东购买车辆，所有权办到股东个人名下

E.公司职工取得的用于购买企业国有股权的分红

2.在计算个体工商户的生产、经营所得时，个体工商户缴纳的下列税金可以扣除的

有（　　）。

A.增值税　　　　　　B.消费税　　　　　　C.车船税

D.印花税　　　　　　E.土地增值税

3.下列收入中，应按照"稿酬所得"项目缴纳个人所得税的有（　　　）。

A.专业翻译翻译作品后，由出版社以图书形式出版而取得的收入

B.某作家的文字作品手稿复印件公开拍卖取得的收入

C.报社记者在本单位的报刊上发表作品取得的收入

D.专业作者编写的作品，在出版社以图书形式出版而取得的收入

E.专业杂志记者在本单位的期刊上发表作品取得的收入

4.下列应按"特许权使用费所得"项目征收个人所得税的有（　　　）。

A.编剧从电视剧的制作单位取得的剧本使用费

B.作者将自己的文字作品手稿原件公开拍卖的所得

C.作者将自己的文字作品手稿复印件公开拍卖取得的所得

D.个人提供特许权取得的所得

E.提供汽车使用权取得的所得

5.下列财产转让中，不征或免征个人所得税的有（　　　）。

A.个人转让自用5年以上且是家庭唯一住房的所得

B.个人因离婚办理房屋产权过户手续

C.个人转让机器设备的所得

D.个人转让境内上市公司股票的所得

E.个人转让离婚析产房屋取得的收入

6.下列项目不得享受个人所得税减免税优惠的有（　　　）。

A.小学生参加"长江小小科学家"活动获得的奖金

B.外籍个人取得搬迁费的现金补贴

C.个人取得的保险赔偿

D.个人取得的企业债券利息收入

E.国家发行的金融债券利息收入

7.下列稿酬所得中，应合并为一次所得征税的有（　　　）。

A.同一作品在报刊上连载，分次取得的稿酬

B.同一作品出版后加印而追加的稿酬

C.同一作品出版社分三次支付的稿酬

D.同一作品再出版取得的稿酬

8.下列各项所得中，应当交纳个人所得税的有（　　　）。

A.个人参加企业集资取得的利息

B.个人按规定缴付住房公积金而存入银行账户取得的利息

C.个人取得的国家发行的金融债券利息

D.个人以股份形式取得的企业量化资产参与分配获得的利息

9.下列项目中，不属于劳动报酬所得的是（　　　）。

A.发表论文取得的报酬

B.个体代理商参加厂家的销售业绩庆功会获得价值5万元的欧洲游金卡

C.员工宫某为老总哥哥的公司代理报关取得的报酬

D.王某挂靠某出租汽车公司，用自己车辆营运取得的报酬

10.下列情形中属于必须向税务机关进行自行申报的有（　　　　）。

A.年所得额20万元以上

B.年所得额12万元以上

C.在中国境内两处或两处以上取得工资、薪金所得的

D.从中国境外取得所得的

三、判断题

1.同一作品在报刊上连载取得收入的，以连载完成后取得的所得收入合并为一次，缴纳个人所得税。（　　　）

2.个人独资企业和合伙企业比照企业所得税关于坏账比例计提的坏账准备金可以税前扣除。（　　　）

3.扣缴义务人应扣未扣纳税人个人所得税的税款的，应由扣缴义务人缴纳应扣未扣税金、滞纳金。（　　　）

4.李某的个人独资企业生产经营所得在计算缴纳个人所得税时，李某个人的工资不得作为企业的成本或费用在税前列支。（　　　）

5.对企业单位的承包经营、承租经营所得，以每一纳税年度的收入总额，减除必要的费用后的余额为应纳税所得额。（　　　）

6.利息、股息、红利所得，偶然所得和其他所得，以每次收入额为应纳税所得额。（　　　）

7.企业按照国家有关法律规定宣布破产，企业职工从该破产企业取得的一次性安置收入，在上年职工平均工资的3倍以内的，免征个人所得税。（　　　）

8.临时离境是指一个纳税年度内一次不超过30日或者多次累计不超过90日的离境。个人入境、离境、往返或多次往返境内外的当日，均按半天计算其在华实际逗留天数。（　　　）

9.个体户王某2016年取得经营收入15万元，其中有其投资的证券市场的股票收益5万元。该个体户王某的生产经营收入15万元"按个体工商户的生产、经营所得"项目计算个人所得税。（　　　）

10.个人独资企业和合伙企业实际发生的工会经费、职工福利费、职工教育经费分别在其计税工资总额的2%、14%、1.5%的标准内按比例扣除。（　　　）

四、综合题

高级工程师李某月工资收入4 000元，1—11月份已按规定缴纳个人所得税，12月份另有以下收入：

（1）领取了12个月的奖金8 400元；

（2）一次性取得建筑工程设计费40 000元，从中拿出10 000元通过民政局向灾区捐赠；

（3）取得了投资股利5 000元；

（4）取得省人民政府颁发的科技奖20 000元。

要求：计算李某12月份应缴纳的个人所得税。

项目七

其他税种

知识目标

1.熟悉城市维护建设税、教育费附加、资源税、土地增值税、房产税、车船税、印花税、车辆购置税、城镇土地使用税的征税范围、纳税人、税率；

2.掌握城市维护建设税、教育费附加、资源税、土地增值税、房产税、车船税、印花税、车辆购置税、城镇土地使用税的计算；

3.熟悉城市维护建设税、教育费附加、资源税、土地增值税、房产税、车船税、印花税、车辆购置税、城镇土地使用税相关业务的会计处理；

4.掌握城市维护建设税、教育费附加、资源税、土地增值税、房产税、车船税、印花税、车辆购置税、城镇土地使用税纳税申报表的填制方法。

技能目标

1.判断城市维护建设税、教育费附加、资源税、土地增值税、房产税、车船税、印花税、车辆购置税、城镇土地使用税的税收分类；

2.根据业务资料计算应纳城市维护建设税、教育费附加、资源税、土地增值税、房产税、车船税、印花税、车辆购置税、城镇土地使用税税额；

3.根据业务资料填制城市维护建设税、教育费附加、资源税、土地增值税、房产税、车船税、印花税、车辆购置税、城镇土地使用税纳税申报表；

4.根据涉税业务进行城市维护建设税、教育费附加、资源税、土地增值税、房产税、车船税、印花税、车辆购置税、城镇土地使用税的账务处理。

案例导入

2015年7月，房产税的消息再次引起市场关注。有消息称，房地产税改革主体框架已基本确定，正在征求意见并不断完善。房地产税主体税种或由房产税、城镇土地使用税合并，具体税率可能将由地方在中央确定的税率区间内自行决定。

请思考：什么是房产税？什么是城镇土地使用税？对个人所有非营业用的房产不再免

征房产税有何意义？

📝任务描述

宏达有限责任公司是一家综合性经营公司，2016年土地房屋资料如下：全年实际占用土地面积50 000平方米，其中，职工医务室占地4 000平方米，幼儿园占地1 500平方米，当地政府规定城镇土地使用税单位税额为10元/平方米。税务机关核定公司全年自用房产账面价值为180 000 000元，当地政府规定的损耗扣除率为30%。

要求：

1.计算2016年应缴纳的房产税税额；

2.计算2016年应缴纳的城镇土地使用税税额。

任务一　核算与申报城市维护建设税

一、认识城市维护建设税

1.城市维护建设税的概念

城市维护建设税，是国家对从事工商经营，缴纳增值税和消费税的单位和个人，就其实际缴纳的增值税和消费税税额为计税依据而征收的一种税。它属于特定目的的税，是国家为加强城市的维护建设、扩大和稳定城市维护建设资金的来源而采取的一项税收措施。

2.城市维护建设税的纳税义务人

城市维护建设税的纳税义务人，是指负有缴纳增值税和消费税义务的单位和个人。增值税和消费税的代扣代缴、代收代缴义务人同时也是城市维护建设税的代扣代缴、代收代缴义务人。

3.城市维护建设税的税率

城市维护建设税按纳税人所在地的不同，设置了三档地区差别比例税率，除特殊规定外，即：

（1）纳税人所在地为市区的，税率为7%；

（2）纳税人所在地为县城、镇的，税率为5%；

（3）纳税人所在地不在市区、县城或者镇的，税率为1%。

城市维护建设税的适用税率，应当按纳税人所在地的规定税率执行。但是，对下列两种情况，可按缴纳增值税和消费税所在地的规定税率就地缴纳城市维护建设税：

（1）由受托方代扣代缴、代收代缴增值税和消费税的单位和个人，其代扣代缴、代收代缴的城市维护建设税按受托方所在地适用税率执行；

（2）流动经营等无固定纳税地点的单位和个人，在经营地缴纳增值税和消费税的，其城市维护建设税的缴纳按经营地适用税率执行。

二、计算城市维护建设税

1.城市维护建设税的计税依据

城市维护建设税的计税依据，是指纳税人实际缴纳的增值税和消费税税额。纳税人违反增值税和消费税有关税法规定而加收的滞纳金和罚款，是税务机关对纳税人违法行为的经济制裁，不作为城市维护建设税的计税依据，但纳税人在被查补增值税和消费税和被处以罚款时，应同时对其偷漏的城市维护建设税进行补税、征收滞纳金和罚款。

城市维护建设税以增值税和消费税税额为计税依据并同时征收，如果要免征或者减征增值税和消费税，也就要同时免征或者减征城市维护建设税。但对出口产品退还增值税、消费税的，不退还已缴纳的城市维护建设税。

2.城市维护建设税应纳税额的计算

城市维护建设税纳税人的应纳税额大小是由纳税人实际缴纳的增值税和消费税税额决定的，其计算公式为：

应纳税额=纳税人实际缴纳的增值税、消费税税额×适用税率

由于城市维护建设税法实行纳税人所在地差别比例税率，所以在计算应纳税额时，应特别注意根据纳税人所在地来确定适用税率。

【例7-1】某市区一家企业2017年7月进口原材料一批，向海关缴纳进口环节增值税50 000元；本期实际缴纳增值税300 000元，缴纳消费税200 000元。缴纳消费税时超过纳税期限，被罚滞纳金10 000元。计算该企业本期应缴纳的城市维护建设税税额。

应纳税额=（300 000 + 200 000）×7%=35 000（元）

三、城市维护建设税的核算

1.账户设置

为了核算城市维护建设税，应设置"应交税费——应交城市维护建设税"账户。该账户贷方登记应缴纳的城市维护建设税，借方登记实际缴纳的城市维护建设税。期末余额若在贷方，反映应缴未缴的城市维护建设税。

2.会计核算

在会计核算时，企业按规定计算出城市维护建设税，借记"税金及附加"等账户，贷记"应交税费——应交城市维护建设税"账户；实际上缴时，借记"应交税费——应交城市维护建设税"账户，贷记"银行存款"账户。

【例7-2】承【例7-1】，计提城市维护建设税并缴纳，应编制如下会计分录：

❶计提时：

借：税金及附加　　　　　　　　　　　　　　　　　　35 000
　　贷：应交税费——应交城市维护建设税　　　　　　　　　35 000

❷实际缴纳时：

借：应交税费——应交城市维护建设税　　　　　　　　35 000
　　贷：银行存款　　　　　　　　　　　　　　　　　　　35 000

四、城市维护建设税的申报

1.纳税环节

城市维护建设税的纳税环节，实际就是纳税人缴纳增值税和消费税的环节。纳税人只要发生增值税和消费税的纳税义务，就要在同样的环节，分别计算缴纳城市维护建设税。

2.纳税期限

由于城市维护建设税是由纳税人在缴纳增值税和消费税时同时缴纳的，所以其纳税期

限分别与增值税和消费税的纳税期限一致。

3.纳税地点

城市维护建设税以纳税人实际缴纳的增值税和消费税税额为计税依据，分别与增值税和消费税同时缴纳。所以，纳税人缴纳增值税和消费税的地点，就是该纳税人缴纳城市维护建设税的地点。

4.纳税申报

纳税人应按照《城市维护建设税暂行条例》有关规定及时办理纳税申报，并如实填写城市维护建设税纳税申报表（见表7-1）。

表7-1　　　　　　　　城市维护建设税纳税申报表

填表日期：　　　年　　月　　日

纳税人识别号：　　　　　　　　　　　　　　　　　　　金额单位：元（列至角分）

纳税人名称				税款所属时期	
计税依据	计税金额	税率	应纳税额	已纳税额	应补（退）税额
1	2	3	4=2×3	5	6=4-5
增值税					
消费税					
合计					
如纳税人填报，由纳税人填写以下各栏		如委托代理人填报，由代理人填写以下各栏			备注
会计主管（签章）	纳税人（公章）	代理人名称		代理人（公章）	
		代理人地址			
		经办人		电话	
以下由税务机关填写					
收到申请表日期			接收人		

任务二　核算与申报教育费附加

一、认识教育费附加

1.教育费附加的概念

教育费附加是为加快地方教育事业、扩大地方教育经费的资金而征收的一项专用基金。教育费附加是对缴纳增值税和消费税的单位和个人，就其实际缴纳的税额为计算依据而征收的一种附加费。

2.教育费附加的征税范围

教育费附加对缴纳增值税和消费税的单位和个人征收，以其实际缴纳的增值税和消费税为计征依据，分别与增值税和消费税同时缴纳。

3.教育费附加的征收率

现行教育费附加的征收率为3%。

二、计算教育费附加

1.教育费附加的计税依据

教育费附加的计税依据，是指纳税人实际缴纳的增值税和消费税税额。

2.应纳税额的计算

应纳税额=实际缴纳的增值税、消费税税额×3%

【例7-3】某市区一家企业2017年7月实际缴纳增值税300 000元，缴纳消费税200 000元。计算该企业应缴纳的教育费附加。

应纳税额=（300 000+200 000）×3%=15 000（元）

三、教育费附加的核算

1.账户设置

为了核算教育费附加，应设置"应交税费——应交教育费附加"账户。该账户贷方登记应缴纳的教育费附加，借方登记实际缴纳的教育费附加。期末余额若在贷方，反映应缴未缴的教育费附加。

2.会计核算

在会计核算时，企业按规定计算出教育费附加，借记"税金及附加"账户，贷记"应交税费——应交教育费附加"账户；实际上缴时，借记"应交税费——应交教育费附加"账户，贷记"银行存款"账户。

【例7-4】承【例7-3】，计提教育费附加并缴纳，应编制如下会计录：

❶计提时：

借：税金及附加	15 000
贷：应交税费——应交教育费附加	15 000

❷实际缴纳时：

借：应交税费——应交教育费附加	15 000
贷：银行存款	15 000

四、教育费附加的申报

1.纳税义务发生的时间、期限、地点

由于教育费附加是由纳税人在缴纳增值税和消费税时同时缴纳的，所以其纳税期限分别与增值税和消费税的纳税期限一致。纳税人缴纳增值税和消费税的地点，就是该纳税人缴纳教育费附加的地点。

2.纳税申报

纳税人应按照有关税法规定及时办理纳税申报，并如实填写教育费附加申报表（见表7-2）。

表7-2

教育费附加申报表

填表日期：　　年　月　日

纳税人识别号：　　　　　　　　　　　　　　　　　　　　　金额单位：元（列至角分）

纳税人名称				税款所属时期	
计税依据	计税金额	税率	应纳税额	已纳税额	应补（退）税额
1	2	3	4=2×3	5	6=4-5
增值税					
消费税					
合计					
如纳税人填报，由纳税人填写以下各栏		如委托代理人填报，由代理人填写以下各栏			备注
会计主管（签章）	纳税人（公章）	代理人名称		代理人（公章）	
		代理人地址			
		经办人		电话	
以下由税务机关填写					
收到申请表日期		接收人			

任务三　核算与申报资源税

一、认识资源税

1.资源税的概念

资源税是以各种应税自然资源为课税对象、为了调节资源级差收入并体现国有资源有偿使用而征收的一种税。目前我国开征的资源税，是对在我国境内从事开采应税资源的矿产品和生产盐的单位与个人课征的一种税。

2.资源税的征税范围

资源税征税范围只包括矿产品和盐。具体的征税范围如下：

（1）原油，是指开采的天然原油，不包括人造石油。

（2）天然气，是指专门开采或者与原油同时开采的天然气。煤矿生产的天然气暂不征税。

（3）煤炭，包括原煤和以未税原煤加工的洗选煤。

（4）其他非金属矿：指除了原油、天然气、煤炭以外的金属矿，包括石墨、硅藻土、高岭土、萤石、石灰石、硫铁矿、磷矿、氯化钾、稀土矿、硫酸钾、井矿盐、湖盐、提取地下卤水晒制的盐、煤层（成）气、粘土及砂石，以及未列举名称的其他非金属矿产品。

（5）金属矿：包括铁矿、金矿、铜矿、铝土矿、铅锌矿、镍矿、锡矿、钨、钼，以及未列举名称的其他金属矿产品。

（6）海盐。

另外，自2016年7月1日起，河北省开征水资源税试点，水资源费改税方式，将地表水和地下水纳入征税范围，实行从量定额计征。

纳税人在开采主矿产品的过程中伴采的其他应税矿产品，凡未单独规定适用税额的，一律按主矿产品或视同主矿产品税目征收资源税。

未列举名称的其他非金属矿原矿和其他有色金属矿原矿，由省、自治区、直辖市人民政府决定征收或暂缓征收资源税，并报财政部和国家税务总局备案。

3.资源税的纳税义务人、税目、税率

（1）资源税的纳税义务人。

资源税的纳税义务人分为一般纳税义务人和代扣代缴义务人。

资源税的纳税义务人是指在中华人民共和国领域及管辖海域开采应税资源的矿产品或者生产盐的单位和个人。

资源税的扣缴义务人是收购资源税未税矿产品的独立矿山、联合企业以及其他单位。

（2）资源税的税目和税率。

资源税按税目，实行从价定率或者从量定额的办法计征，实施"级差调节"的原则。级差调节是指运用资源税对因资源贮存状况、开采条件、资源优劣、地理位置等客观存在的差别而产生的资源级差收入，通过实施差别税额标准进行调节。资源条件好的，税率、税额高一些；资源条件差的，税率、税额低一些。其具体规定见表7-3。

对表7-3中列举名称的资源品目，由省级人民政府在规定的税率幅度内提出具体适用税率建议，报财政部、国家税务总局确定核准。

对未列举名称的其他金属和非金属矿产品，按照从价计征为主、从量计征为辅的原则，由省级人民政府根据实际情况确定具体税目和适用税率，报财政部、国家税务总局备案。

煤炭资源税税率幅度为2%～10%，具体适用税率由省级财税部门在此幅度内，根据本地区清理收费基金、企业承受能力、煤炭资源条件等因素提出建议，报省级人民政府拟定。结合当前煤炭行业实际情况，现行税费负担较高的地区要适当降低负担水平。省级人民政府需将拟定的适用税率在公布前报财政部、国家税务总局审批。跨省煤田的适用税率由财政部、国家税务总局确定。

纳税人开采或者生产不同税目应税产品的，应当分别核算不同税目应税产品的销售额或者销售数量；未分别核算或者不能准确提供不同税目应税产品的销售额或者销售数量的，从高适用税率。

4.税收优惠

（1）开采原油过程中用于加热、修井的原油，免税。

表7-3
资源税税目、税率表

税目		征税对象	税率幅度
一、原油		原矿	6%～10%
二、天然气		原矿	6%～10%
三、煤炭		原煤或洗选煤	2%～10%
四、其他非金属矿	石墨	精矿	3%～10%
	硅藻土	精矿	1%～6%
	高岭土	原矿	1%～6%
	萤石	精矿	1%～6%
	石灰石	原矿	1%～6%
	硫铁矿	精矿	1%～6%
	磷矿	原矿	3%～8%
	氯化钾	精矿	3%～8%
	硫酸钾	精矿	6%～12%
	井矿盐	氯化钠初级产品	1%～6%
	湖盐	氯化钠初级产品	1%～6%
	提取地下卤水晒制的盐	氯化钠初级产品	3%～15%
	煤层（成）气	原矿	1%～2%
	粘土、砂石	原矿	每吨或立方米0.1元～5元
	未列举名称的其他非金属矿产品	原矿或精矿	从量税率每吨或立方米不超过30元；从价税率不超过20%
	稀土矿	原矿或精矿	轻稀土按地区执行不同的适用税率，其中，内蒙古为11.5%、四川为9.5%、山东为7.5% 中重稀土资源税适用税率为27%
五、金属矿	钨	原矿或精矿	6.5%
	钼	原矿或精矿	11%
	铁矿	精矿	1%～6%
	金矿	金锭	1%～4%
	铜矿	精矿	2%～8%
	铝土矿	原矿	3%～9%
	铅锌矿	精矿	2%～6%
	镍矿	精矿	2%～6%
	锡矿	精矿	2%～6%
	未列举名称的其他金属矿产品	原矿或精矿	税率不超过20%
六、海盐		氯化钠初级产品	1%～5%

（2）纳税人开采或者生产应税产品过程中，因意外事故或者自然灾害等原因遭受重大损失的，由省、自治区、直辖市人民政府酌情决定减税或者免税。

（3）铁矿石资源税减按40%征收资源税。

（4）对鼓励利用的低品位矿、废石、尾矿、废渣、废水、废气等提取的矿产品，由省级人民政府根据实际情况确定是否减税或免税，并制定具体办法。

二、计算资源税

1.计税依据

（1）从价定率征收的计税依据。

实行从价定率征收的以销售额作为计税依据。销售额是指纳税人为销售应税产品向购买方收取的全部价款和价外费用，但不包括收取的增值税销项税额和运杂费用。

运杂费用是指应税产品从坑口或洗选（加工）地到车站、码头或购买方指定地点的运输费用、建设基金以及随运销产生的装卸、仓储、港杂费用。运杂费用应与销售额分别核算，凡未取得相应凭据或不能与销售额分别核算的，应当一并计征资源税。

纳税人开采应税矿产品由其关联单位对外销售的，按其关联单位的销售额征收资源税。纳税人既有对外销售应税产品，又有将应税产品用于除连续生产应税产品以外的其他方面的，则自用的这部分应税产品按纳税人对外销售应税产品的平均价格计算销售额征收资源税。

纳税人将其开采的应税产品直接出口的，按其离岸价格（不含增值税）计算销售额征收资源税。

另外，纳税人以人民币以外的货币结算销售额的，应当折合成人民币计算。其销售额的人民币折合率可以选择销售额发生的当天或者当月1日的人民币汇率中间价。纳税人应在事先确定采用何种折合率计算方法，确定后1年内不得变更。

（2）从量定额征收的计税依据。

实行从量定额征收的，以销售数量为计税依据。销售数量的具体规定为：

❶销售数量，包括纳税人开采或者生产应税产品的实际销售数量和视同销售的自用数量。

❷纳税人不能准确提供应税产品销售数量的，以应税产品的产量或者主管税务机关确定的折算比换算成的数量为计征资源税的销售数量。

2.应纳税额的计算

资源税的应纳税额，按照从价定率或者从量定额的办法，分别以应税产品的销售额乘以纳税人具体适用的比例税率或者以应税产品的销售数量乘以纳税人具体适用的定额税率计算。

（1）实行从价定率征收的，根据应税产品的销售额和规定的适用税率计算应纳税额，具体计算公式为：

应纳税额=销售额×适用税率

【例7-5】某油田2017年5月销售原油20 000吨，开具增值税专用发票取得销售额10 000万元、增值税额1 700万元，该原油适用的资源税税率为8%。请计算该油田5月应缴纳的资源税。

资源税应纳税额=10 000×8%=800（万元）

（2）实行从量定额征收的，根据应税产品的课税数量和规定的单位税额计算应纳税额，具体计算公式为：

应纳税额=课税数量×单位税额

代扣代缴应纳税额=收购未税矿产品的数量×适用的单位税额

【例7-6】某砂石开采企业2017年5月销售砂石3 000立方米，资源税税率为2元/立方米。请计算该企业5月应纳资源税税额。

外销砂石的应纳税额=3 000×2 =6 000（元）

（3）关于原矿销售额与精矿销售额的换算或折算。

为公平原矿与精矿之间的税负，对同一种应税产品，征税对象为精矿的，纳税人销售原矿时，应将原矿销售额换算为精矿销售额缴纳资源税；征税对象为原矿的，纳税人销售自采原矿加工的精矿，应将精矿销售额折算为原矿销售额缴纳资源税。换算比或折算率原则上应通过原矿售价、精矿售价和选矿比计算，也可通过原矿销售额、加工环节平均成本和利润计算。应纳税额的计算公式为：

应纳税额=精矿销售额×适用税率

精矿销售额=原矿销售额+原矿加工为精矿的成本×（1+成本利润率）

或　精矿销售额=原矿销售额×换算比

换算比=同类精矿单价÷（原矿单价×选矿比）

选矿比=加工精矿耗用的原矿数量÷精矿数量

换算比或折算率应按简便可行、公平合理的原则，由省级财税部门确定，并报财政部、国家税务总局备案。

（4）已税产品的税务处理。

纳税人用已纳资源税的应税产品进一步加工应税产品销售的，不再缴纳资源税。纳税人以未税产品和已税产品混合销售或者混合加工为应税产品销售的，应当准确核算已税产品的购进金额，在计算加工后的应税产品销售额时，准予扣减已税产品的购进金额；未分别核算的，一并计算缴纳资源税。

（5）煤炭资源税计算方法。

自2014年12月1日起，在全国范围内实施煤炭资源税从价计征改革，煤炭应税产品包括原煤和以未税原煤加工的洗选煤。

应纳税额的计算公式如下：

应纳税额=应税煤炭销售额×适用税率

❶纳税人开采原煤直接对外销售的，以原煤销售额作为应税煤炭销售额计算缴纳资源税。

原煤应纳税额=原煤销售额×适用税率

原煤销售额不含从坑口到车站、码头等的运输费用。

❷纳税人将其开采的原煤，自用于连续生产洗选煤的，在原煤移送使用环节不缴纳资源税；自用于其他方面的，视同销售原煤，计算缴纳资源税。

❸纳税人将其开采的原煤加工为洗选煤销售的，以洗选煤销售额乘以折算率作为应税煤炭销售额计算缴纳资源税。

洗选煤应纳税额=洗选煤销售额×折算率×适用税率

洗选煤销售额包括洗选副产品的销售额，不包括洗选煤从洗选煤厂到车站、码头等的运输费用。

折算率可通过洗选煤销售额扣除洗选环节成本、利润计算，也可通过洗选煤市场价格与其所用同类原煤市场价格的差额及综合回收率计算。折算率由省、自治区、直辖市财税部门或其授权地市级财税部门确定。

❹纳税人将其开采的原煤加工为洗选煤自用的，视同销售洗选煤，计算缴纳资源税。

❺纳税人同时销售（包括视同销售）应税原煤和洗选煤的，应当分别核算原煤和洗选煤的销售额；未分别核算或者不能准确提供原煤和洗选煤销售额的，一并视同销售原煤按上文❶计算缴纳资源税。

纳税人同时以自采未税原煤和外购已税原煤加工洗选煤的，应当分别核算；未分别核算的，按上文❸计算缴纳资源税。

【例7-7】某煤矿2017年6月共开采原煤100万吨，当月直接对外销售80万吨，不含税售价200元/吨；另将一批原煤用于生产洗选煤，当月加工完毕并销售洗选煤20万吨，不含税售价250元/吨。该煤矿的洗选煤折算率为80%，当地原煤和洗选煤的资源税税率均为5%。请计算该煤矿2017年6月应纳资源税税额。

原煤应纳资源税=原煤不含税售价×适用税率=200×800 000×5%=8 000 000（元）

洗选煤应纳资源税=洗选煤不含税售价×适用税率×折算率=250×200 000×5%×80%=2 000 000（元）

该煤矿6月应纳资源税=8 000 000+2 000 000=10 000 000（元）

三、资源税的核算

1.账户设置

为了反映和监督资源税税额的计算和缴纳过程，纳税人应设置"应交税费——应交资源税"账户，贷方记录本期应缴纳的资源税税额，借方记录企业实际缴纳或抵扣的资源税税额。若期末余额在贷方，表示企业应缴未缴的资源税税额。

2.会计核算

（1）直接销售资源产品的应纳资源税。纳税人按规定计算出对外销售应税产品应纳资源税税额时，借记"税金及附加"账户，贷记"应交税费——应交资源税"账户。

（2）自用资源产品的应纳资源税。企业自采自用或自产自用应税产品的资源税应作为所生产产品成本的一部分，企业计算出自产自用应税产品应纳资源税税额时，借记"生产成本"或"制造费用"账户，贷记"应交税费——应交资源税"账户。

【例7-8】某油田2017年7月生产原油250 000吨，其中对外销售200 000吨，市场价为3 000元/吨，企业自办炼油厂耗用50 000吨。该油田原油的适用税率为6%。请对上述业务作出会计处理。

当期对外销售原油应纳税额=200 000×3 000×6%=36 000 000（元）

自办炼油厂消耗原油应纳税额=50 000×3 000×6%=9 000 000（元）

借：税金及附加	36 000 000
生产成本	9 000 000
贷：应交税费——应交资源税	45 000 000

（3）企业收购未税矿产品，按实际支付的收购款，借记"在途物资"等账户，贷记"银行存款"等科目，按代扣代缴的资源税，借记"在途物资"等账户，贷记"应交税费——应交资源税"账户。

【例7-9】某矿山联合企业2017年10月2日收购未税石灰石2 000吨，每吨收购价格为300元。该矿山石灰石的适用税率为3%。请对上述业务作出会计处理。

收购石灰石应代扣的资源税税额=2 000×300×3%=18 000（元）

借：在途物资（2 000×300）　　　　　　　　　　　　　　600 000
　　贷：银行存款　　　　　　　　　　　　　　　　　　　　　　600 000
借：在途物资　　　　　　　　　　　　　　　　　　　　　18 000
　　贷：应交税费——应交资源税　　　　　　　　　　　　　　　　18 000

（4）纳税义务人按规定上缴资源税时，借记"应交税费——应交资源税"账户，贷记"银行存款"账户。企业未按规定期限缴纳资源税，向税务部门缴纳滞纳金时，借记"营业外支出"账户，贷记"银行存款"账户。

四、资源税的申报

1.纳税义务发生的时间

（1）纳税人销售应税产品，其纳税义务发生时间为：

❶纳税人采取分期收款结算方式的，为销售合同规定的收款日期的当天。

❷纳税人采取预收货款结算方式的，为发出应税产品的当天。

❸纳税人采取其他结算方式的，为收讫销售款或者取得索取销售款凭据的当天。

（2）纳税人自产自用应税产品的，为移送使用应税产品的当天。

（3）扣缴义务人代扣代缴税款的，为支付首笔货款或首次开具支付货款凭据的当天。

2.纳税期限

纳税期限是纳税人发生纳税义务后缴纳税款的期限。资源税的纳税期限为1日、3日、5日、10日、15日或者1个月，纳税人的纳税期限由主管税务机关根据实际情况具体核定。不能按固定期限计算纳税的，可以按次计算纳税。

纳税人以1个月为一期纳税的，自期满之日起10日内申报纳税；以1日、3日、5日、10日或者15日为一期纳税的，自期满之日起5日内预缴税款，于次月1日起10日内申报纳税并结清上月税款。

3.纳税地点

（1）凡是缴纳资源税的纳税人，都应当向应税产品的开采或者生产所在地主管税务机关缴纳税款。

（2）如果纳税人在本省、自治区、直辖市范围内开采或者生产应税产品，其纳税地点需要调整的，由所在地省、自治区、直辖市税务机关决定。

（3）如果纳税人应纳的资源税属于跨省开采，其下属生产单位与核算单位不在同一省、自治区、直辖市的，对其开采或者生产的应税产品，一律在开采地或者生产地纳税。实行从量计征的应税产品，其应纳税款一律由独立核算的单位按照每个开采地或者生产地的销售量及适用税率计算划拨；实行从价计征的应税产品，其应纳税款一律由独立核算的单位按照每个开采地或者生产地的销售量、单位销售价格及适用税率计算划拨。

（4）扣缴义务人代扣代缴的资源税，也应当向收购地主管税务机关缴纳。

4.纳税申报

资源税纳税申报表见表7-4。

表7-4

资源税纳税申报表

根据国家税收法律法规及资源有关规定制定本表。纳税人不论有无销售额，均应按照税务机关核定的纳税期限填写表，并向当地税务机关申报。

税款所属时间：自 年 月 日至 年 月 日 填表日期： 年 月 日

纳税人识别号

金额单位：元至角分

纳税人名称			（公章）		法定代表人姓名			注册地址			电话号码		生产经营地址
开户银行及账号					登记注册类型								
税目	子目	折算率或换算比	计量单位	计税销售量	计税销售额	适用税率	本期应纳税额		本期减免税额	本期已缴税额	本期应补（退）税额		
	2	3	4	5	6	7	8①=6×7； 8②=5×7		9	10	11=8-9-10		
1	—	—											
合计													

如果你已委托代理人申报，请填写下列资料：

为代理一切税务事宜，现授权_____（地址）_____为本纳税人的代理申报人，任何与本申报表有关的往来文件，都可寄予此人。

授权人签字：

授权声明

申报人声明 本纳税申报表是根据国家税收法律法规及相关规定填写的，我确定它是真实的、可靠的、完整的。

声明人签字：

接收人： 年 月 日

接收日期： 年 月 日

主管税务机关：

本表一式两份，一份纳税人留存，一份税务机关留存。

任务四　　　　　　　　**核算与申报土地增值税**

一、认识土地增值税

1.土地增值税的概念

土地增值税是对有偿转让国有土地使用权及地上建筑物和其他附着物产权，取得增值收入的单位和个人征收的一种税。征收土地增值税增强了政府对房地产开发和交易市场的调控，有利于抑制炒买炒卖土地获取暴利的行为，也增加了国家财政收入。

2.土地增值税征税的范围

同时满足下列标准的行为所得应计征土地增值税：

（1）"国有"标准。

"国有"标准是指转让的土地使用权必须为国家所有。根据法律规定，城市土地属国家所有，农村和城市郊区土地除法律另有规定外属集体所有。集体所有的土地，应先在有关部门办理土地使用或出让手续，使之转为国家所有后才能转让，并纳入土地增值税征税范围。

（2）"产权转让"标准。

"产权转让"标准是指土地使用权、地上建筑物及其附着物的产权必须发生转让，不包括国有土地使用权出让。

国有土地使用权出让，是指国家以土地所有者的身份将土地使用权在一定年限内让与土地使用者，并由土地使用者向国家支付土地使用权出让金的行为，属于土地买卖的一级市场。土地使用权的出让不属于土地增值税的征税范围。

（3）"取得收入"标准。

"取得收入"标准是指征收土地增值税的行为必须取得转让收入。房地产的权属虽转让但未取得收入的行为不征税。

3.土地增值税的纳税义务人、税率

（1）纳税义务人。

土地增值税的纳税义务人为转让国有土地使用权、地上建筑物及其附着物（以下简称"转让房地产"）并取得收入的单位和个人。只要以出售或其他方式有偿转让房地产而取得收入的单位和个人，就是土地增值税的纳税人。

（2）税率。

土地增值税实行四级超率累进税率，具体见表7-5。

表7-5　　　　　　　　　土地增值税四级超率累进税率表

级数	增值额与扣除项目金额的比率	税率（%）	速算扣除系数（%）
1	不超过50%（含）的部分	30	0
2	超过50%～100%（含）的部分	40	5
3	超过100%～200%（含）的部分	50	15
4	超过200%的部分	60	35

4.税收优惠

（1）纳税人建造普通标准住宅（指按所在地一般民用住宅标准建造的居住用住宅）出售，增值额未超过扣除项目金额20%的，免征土地增值税；增值额超过扣除项目金额20%的，应就其全部增值额按规定计税。

高级公寓、别墅、度假村等不属于普通标准住宅。

普通标准住宅和其他住宅的具体划分界限由各省、自治区、直辖市人民政府规定。

（2）因城市规划、国家建设需要依法征用、收回的房地产，免征土地增值税。

（3）因城市规划、国家建设需要而搬迁由纳税人自行转让原房地产的，免征土地增值税。

（4）对企事业单位、社会团体以及其他组织转让旧房作为公共租赁住房房源的，且增值额未超过扣除项目金额20%的，免征土地增值税。

二、计算土地增值税

1.计税依据

土地增值税的计税依据是纳税人转让国有土地使用权、地上建筑物及其附着物所取得的增值额，即纳税人转让房地产所取得的收入减除规定扣除项目金额后的余额。其计算公式为：

增值额=转让房地产取得的收入−税法规定的扣除项目金额

（1）应税收入的确定。

纳税人转让房地产取得的应税收入，应包括转让房地产的全部价款及有关的经济收益。从收入的形式来看，包括货币收入、实物收入和其他收入。

（2）扣除项目的确定。

税法准予纳税人从转让收入额中减除的扣除项目包括如下几项：

❶取得土地使用权所支付的金额。

取得土地使用权所支付的金额包括两方面的内容：

A.纳税人为取得土地使用权所支付的地价款。

B.纳税人在取得土地使用权时按国家统一规定缴纳的有关费用。

❷房地产开发成本。

房地产开发成本是指纳税人房地产开发项目实际发生的成本，包括：

A.土地征用及拆迁补偿费，包括土地征用费、耕地占用税、劳动力安置费及有关地上、地下附着物拆迁补偿的净支出、安置动迁用房支出等。

B.前期工程费，包括规划、设计、项目可行性研究和水文、地质、勘察、测绘、"三通一平"等支出。

C.建筑安装工程费，指以出包方式支付给承包单位的建筑安装工程费，以自营方式发生的建筑安装工程费。

D.基础设施费，包括开发小区内道路、供水、供电、供气、排污、排洪、通信、照明、环卫、绿化等工程发生的支出。

E.公共配套设施费，包括不能有偿转让的开发小区内公共配套设施发生的支出。

F.开发间接费用，指直接组织、管理开发项目发生的费用，包括工资、职工福利费、折旧费、修理费、办公费、水电费、劳动保护费、周转房摊销等。

❸房地产开发费用。

房地产开发费用是指与房地产开发项目有关的销售费用、管理费用和财务费用。根据现行《企业会计准则》的规定，这三项费用作为期间费用，直接计入当期损益，不按成本核算对象进行分摊。故作为土地增值税扣除项目的房地产开发费用，不按纳税人房地产开发项目实际发生的费用进行扣除，而按《中华人民共和国土地增值税暂行条例实施细则》的标准进行扣除。

其具体规定如下：

A.财务费用中的利息支出。凡能够按转让房地产项目计算分摊并提供金融机构证明的，允许据实扣除，但最高不能超过按商业银行同类同期贷款利率计算的金额。其他房地产开发费用，在取得土地使用权所支付的金额和房地产开发成本金额之和的5%以内计算扣除，计算公式如下：

房地产开发费用=利息+（取得土地使用权所支付的金额+房地产开发成本）×扣除比例

B.财务费用中的利息支出。凡不能按转让房地产项目计算分摊利息支出或不能提供金融机构证明的，房地产开发费用在取得土地使用权所支付的金额和房地产开发成本之和的10%以内计算扣除，计算公式如下：

房地产开发费用=（取得土地使用权所支付的金额+房地产开发成本）×扣除比例

❹与转让房地产有关的税金。

与转让房地产有关的税金是指在转让房地产时缴纳的城市维护建设税、印花税。因转让房地产缴纳的教育费附加，也可视同税金予以扣除。

土地增值税扣除项目涉及的增值税进项税额，允许在销项税额中计算抵扣的，不计入扣除项目；不允许在销项税额中计算抵扣的，可以计入扣除项目。

需要明确的是，房地产开发企业在转让时缴纳的印花税因列入管理费用中，故在此不允许单独再扣除。

❺其他扣除项目。

对从事房地产开发的纳税人，可按《中华人民共和国土地增值税暂行条例实施细则》第七条（一）、（二）项规定计算的金额之和，加计20%扣除。

2.应纳税额的计算

土地增值税按照纳税人转让房地产所取得的增值额和规定的税率计算征收。土地增值税的计算公式是：

应纳税额=$\sum$（每级距的土地增值额×适用税率）

但在实际工作中，一般可以采用速算扣除法计算，其计算公式如下：

应纳税额=增值额×适用税率−允许扣除项目金额×速算扣除系数

三、土地增值税的核算

1.账户设置

缴纳土地增值税的企业应设置"应交税费——应交土地增值税"账户。其贷方登记计提的土地增值税，借方登记企业上缴和预缴的土地增值税；期末余额若在贷方表示应缴未缴的土地增值税，若在借方表示多缴的土地增值税。预缴土地增值税的企业，该账户的借方余额包括预缴的土地增值税。

2.会计核算

（1）主营房地产业务的企业土地增值税的账务处理。

主营房地产业务的企业，如房地产开发企业，应根据计算的应纳土地增值税税额，借记"税金及附加"账户，贷记"应交税费——应交土地增值税"账户；实际缴纳土地增值税时，借记"应交税费——应交土地增值税"账户，贷记"银行存款"账户。

【例7-10】某房地产开发企业2017年7月销售现货商品房，取得收入2 000万元（销售不动产的增值税税率为11%），该公司原支付土地价款200万元，房地产开发成本为400万元，增值税进项税额已在销项税额中计算抵扣。该公司发生的开发费用中利息支出不能按项目分摊，当地房地产开发费用扣除率为10%，城建税税率为7%，教育费附加征收率为3%。请计算应纳土地增值税税额，并进行会计处理。

（1）计算应缴纳的土地增值税税额：

❶销售房地产收入=2 000万元

❷扣除项目金额：

地价=200万元

开发成本=400万元

开发费用扣除金额=（200+400）×10%=60（万元）

增值税=2 000×11%=220（万元）

城建税=220×7%=15.4（万元）

教育费附加=220×3%=6.6（万元）

加计扣除金额=（200+400）×20%=120（万元）

扣除项目金额=200 + 400 + 60 + 15.4+6.6 + 120=802（万元）

❸增值额=2 000-802=1 198（万元）

❹增值额与扣除项目金额比例：

1 198÷802×100%=149.38%

❺增值额超过扣除项目100%，未超过200%，适用税率50%、速算扣除系数15%，则：

应纳税额=1 198×50%-802×15%=478.7（万元）

（2）会计处理：

❶提取土地增值税时：

借：税金及附加——土地增值税	4 787 000	
贷：应交税费——应交土地增值税		4 787 000

❷缴纳土地增值税时：

借：应交税费——应交土地增值税	4 787 000	
贷：银行存款		4 787 000

（2）非主营房地产业务的企业土地增值税的账务处理。

❶兼营房地产业务的企业，应根据计算的应纳土地增值税税额，借记"其他业务成本"账户，贷记"应交税费——应交土地增值税"账户。

❷转让的以支付土地出让金等方式取得的国有土地使用权，原已纳入"无形资产"账户核算的，按其转让时应缴纳的土地增值税税额，借记"其他业务成本"账户，贷记"应

交税费——应交土地增值税"账户。

❸转让的国有土地使用权已连同地上建筑物及其他附着物一并在"固定资产"账户核算的,其转让房地产(包括地上建筑物及其他附着物)时,按应缴纳的土地增值税税额,借记"固定资产清理"账户,贷记"应交税费——应交土地增值税"账户。

❹转让的以行政划拨方式取得的国有土地使用权,如仅转让国有土地使用权,转让时按应缴纳的土地增值税税额,借记"其他业务成本"账户,贷记"应交税费——应交土地增值税"账户。如国有土地使用权连同地上建筑物及其他附着物一并转让时,按应缴纳的土地增值税税额,借记"固定资产清理"账户,贷记"应交税费——应交土地增值税"账户。

【例7-11】某兼营房地产开发企业出售房屋,应纳土地增值税税额200万元,请进行会计处理。

(1)提取时:

借:其他业务成本　　　　　　　　　　　　　　　　　　　2 000 000
　贷:应交税费——应交土地增值税　　　　　　　　　　　　　　　2 000 000

(2)缴纳时:

借:应交税费——应交土地增值税　　　　　　　　　　　　　2 000 000
　贷:银行存款　　　　　　　　　　　　　　　　　　　　　　2 000 000

四、土地增值税的申报

1.纳税期限

土地增值税的纳税人应在转让房地产合同签订后的7日内,到房地产所在地主管税务机关办理纳税申报,并向税务机关提交房屋及建筑物产权、土地使用权证书,土地转让、房产买卖合同,房地产评估报告及其他与转让房地产有关的资料。

纳税人因经常发生房地产转让而难以在每次转让后申报的,经税务机关审核同意后,可以定期进行纳税申报,具体期限由税务机关根据相关规定确定。

纳税人预售房地产所取得的收入,凡当地税务机关规定预征土地增值税的,纳税人应当到主管税务机关办理纳税申报,并按规定比例预缴,待办理决算后,多退少补;凡当地税务机关规定不预征土地增值税的,也应在取得收入时先到税务机关登记或备案。

2.纳税地点

在实际工作中,纳税地点的确定又可分为以下两种情况:

(1)纳税人是法人的。当转让的房地产坐落地与其机构所在地或经营所在地一致时,则在办理税务登记的原管辖税务机关申报纳税即可;如果转让的房地产坐落地与其机构所在地或经营所在地不一致时,则应在房地产坐落地所管辖的税务机关申报纳税。

(2)纳税人是自然人的。当转让的房地产坐落地与其居住所在地一致时,则在住所所在地税务机关申报纳税;当转让的房地产坐落地与其居住所在地不一致时,则在办理过户手续所在地的税务机关申报纳税。

3.纳税申报

土地增值税纳税申报表分为从事房地产开发的纳税人和非从事房地产开发的纳税人两种类型,具体格式分别见表7-6、表7-7和表7-8。

表 7-6

土地增值税纳税申报表（一）
（从事房地产开发的纳税人预征适用）

税款所属时间：　年　月　日至　年　月　日　　　　填表日期：　年　月　日

项目名称：

纳税人识别号：　　　　项目编号：

金额单位：元至角分；面积单位：平方米

房产类型	房产类型子目	收入			预征率（%）	应纳税额	税款缴纳	
		应税收入	货币收入	实物收入及其他收入	视同销售收入			本期已缴税额	本期应缴税额计算
房产类型	房产类型子目	应税收入	货币收入	实物收入及其他收入	视同销售收入	预征率（%）	应纳税额	本期已缴税额	本期应缴税额计算
		2=3+4+5	3	4	5	6	7=2×6	8	9=7-8
普通住宅									
非普通住宅									
其他类型房地产									
合计	—					—			

纳税人声明：此纳税申报表是根据《中华人民共和国土地增值税暂行条例》及其实施细则和国家有关税收规定填报的，是真实的、可靠的、完整的。

以下由纳税人填写：

纳税人签章　　　　　代理人签章　　　　　代理人身份证号

以下由税务机关填写：

受理人　　　　　受理日期　　年　月　日　　　　受理税务机关签章

表7-7

土地增值税纳税申报表
（从事房地产开发的纳税人清算适用）

税款所属时间：　年　月　日至　年　月　日
填表日期：　年　月　日

金额单位：元至角分　面积单位：平方米

纳税人名称		项目名称		项目编号	
所属行业		登记注册类型		纳税人地址	
开户银行		银行账号		主管部门	
纳税人识别号				项目地址	
				邮政编码	
				电话	

总可售面积	其中：普通住宅已售面积			其中：其他类型房地产已售面积	
已售面积	自用和出租面积				

项目	行次	金额	普通住宅	非普通住宅	其他类型房地产	合计
一、转让房地产收入总额（1=2＋3＋4）	1					
其中 货币收入	2					
实物收入及其他收入	3					
视同销售收入	4					
二、扣除项目金额合计（5=6＋7＋14＋17＋21＋22）	5					
1.取得土地使用权所支付的金额	6					
2.房地产开发成本（7=8＋9＋10＋11＋12＋13）	7					
其中 土地征用及拆迁补偿费	8					
前期工程费	9					
建筑安装工程费	10					
基础设施费	11					
公共配套设施费	12					
开发间接费用	13					
3.房地产开发费用（14=15＋16）	14					
其中 利息支出	15					
其他房地产开发费用	16					

表7-8　　　　　　　　　　**土地增值税纳税申报表（二）**

（非从事房地产开发的纳税人适用）

税款所属时间：　年　月　日至　年　月　日　　填表日期：　年　月　日

金额单位：元至角分；面积单位：平方米

| 纳税人识别号 | | | | | | | | | | | | | | |

纳税人名称		项目名称		项目地址	
所属行业		登记注册类型	纳税人地址		邮政编码
开户银行		银行账号	主管部门		电话

项目			行次	金额
一、转让房地产收入总额（1＝2＋3＋4）			1	
其中	货币收入		2	
	实物收入		3	
	其他收入		4	
二、扣除项目金额合计 （1）5＝6＋7＋10＋15 （2）5＝11＋12＋14＋15			5	
（1）提供 评估价格	1.取得土地使用权所支付的金额		6	
	2.旧房及建筑物的评估价格（7＝8×9）		7	
	其中	旧房及建筑物的重置成本价	8	
		成新度折扣率	9	
	3.评估费用		10	
（2）提供 购房发票	1.购房发票金额		11	
	2.发票加计扣除金额（12＝11×5%×13）		12	
	其中：房产实际持有年数		13	
	3.购房契税		14	
4.与转让房地产有关的税金等（15＝16＋17＋18＋19）			15	
其中	营业税		16	营改增后此项不存在
	城市维护建设税		17	
	印花税		18	
	教育费附加		19	
三、增值额（20＝1－5）			20	
四、增值额与扣除项目金额之比（%）（21＝20÷5）			21	
五、适用税率（%）			22	
六、速算扣除系数（%）			23	
七、应缴土地增值税税额（24＝20×22－5×23）			24	
八、减免税额（减免性质代码：　　　　）			25	
九、已缴土地增值税税额			26	
十、应补（退）土地增值税税额（27＝24－25－26）			27	

以下由纳税人填写：

纳税人声明	此纳税申报表是根据《中华人民共和国土地增值税暂行条例》及其实施细则和国家有关税收规定填报的，是真实的、可靠的、完整的。		
纳税人签章		代理人签章	代理人身份证号

以下由税务机关填写：

受理人		受理日期	年　月　日	受理税务机关签章

本表一式两份，一份纳税人留存，一份税务机关留存。

任务五　核算与申报房产税

一、认识房产税

1.房产税的概念

房产税是以房屋为征税对象，按照房屋的计税余值或租金收入，向产权所有人征收的一种财产税。征收房产税有利于地方政府筹集财政收入，也有利于加强房产管理。

2.房产税的征税范围

房产税的征税范围为城市、县城、建制镇和工矿区。房产税的征税范围不包括农村，这主要是为了减轻农民的负担，繁荣农村经济，促进社会稳定。

3.房产税的纳税义务人、税率

（1）纳税义务人。

房产税以在征税范围内的房屋产权所有人为纳税人，包括产权所有人、房产承典人、房产代管人或使用人。其中：

❶产权属国家所有的，由经营管理单位纳税；产权属集体和个人所有的，由集体单位和个人纳税。

❷产权出典的，由承典人纳税。

❸产权所有人、承典人不在房屋所在地的，或者产权未确定及租典纠纷未解决的，由房产代管人或者使用人纳税。

❹无租使用房产管理部门、免税单位及纳税单位的房产，应由使用人代为缴纳房产税。

❺自2009年1月1日起，外商投资企业、外国企业和组织以及外籍个人，依照《中华人民共和国房产税暂行条例》缴纳房产税。

（2）税率。

我国现行房产税采用的是比例税率。根据房产税计征方式的不同分为两类：从价计征的税率为1.2%；从租计征的税率为12%。

4.税收优惠

（1）国家机关、人民团体、军队、由国家财政部门拨付事业经费的单位、宗教寺庙、公园和名胜古迹自用的房产免征房产税。

（2）个人所有非营业用的房产免征房产税。

（3）经财政部批准免税的其他房产，主要有：

❶对非营利性医疗机构、疾病控制机构和妇幼保健机构等卫生机构自用的房产，免征房产税。

❷从2001年1月1日起，对按政府规定价格出租的公有住房和廉租住房，包括企业和自收自支事业单位向职工出租的单位自有住房，房管部门向居民出租的公有住房，落实私房政策中带户发还产权并以政府规定租金标准向居民出租的私有住房等，暂免征收房产税。

❸经营公租房的租金收入，免征房产税。

二、计算房产税

1.计税依据

房产税的计税依据是房产的计税价值或房产的租金收入。按照房产计税价值征税的，称为从价计征；按照房产租金收入计征的，称为从租计征。

（1）从价计征。

《房产税暂行条例》规定，*房产税依照房产原值一次减除10%～30%后的余值计算缴纳。各地扣除比例由当地省、自治区、直辖市人民政府确定。*

房产原值是指纳税人按照会计制度规定，在会计核算账簿"固定资产"科目中记载的房屋原价。房产原值应包括与房屋不可分割的各种附属设备或一般不单独计算价值的配套设施。纳税人对原有房屋进行改建、扩建的，要相应增加房屋的原值。

此外，还应注意以下两个问题：

❶投资联营的房产，收取固定收入，不承担联营风险的，实际是以联营名义取得房产租金，应由出租方按租金收入计缴房产税。

❷融资租赁房屋，实际是一种变相的分期付款购买固定资产的形式，以房产余值计算征收。由承租人自融资租赁合同约定开始日的次月起依照房产余值缴纳房产税。合同未约定开始日的，由承租人自合同签订的次月起依照房产余值缴纳房产税。

（2）从租计征。

房产出租的，以房产租金收入为房产税的计税依据。

所谓房产的租金收入，是房屋产权所有人出租房产使用权所得的报酬，包括货币收入和实物收入。如果是以劳务或者其他形式为报酬抵付房租收入的，应根据当地同类房产的租金水平，确定一个标准租金额从租计征。

2.应纳税额的计算

房产税的计税依据有两种，与之相适应的应纳税额计算也分为两种：一是从价计征的计算；二是从租计征的计算。

（1）从价计征的计算。

从价计征是按房产的原值减除一定比例后的余值计征，其计算公式为：

应纳税额=应税房产原值×（1-减除比例）×1.2%

减除比例为10%～30%。

【例7-12】*某企业的经营用房原值为5 000万元，按照当地规定允许减除30%后按余值计税，适用税率为1.2%。请计算其应纳房产税税额。*

应纳税额=5 000×（1-30%）×1.2%=42（万元）

（2）从租计征的计算。

从租计征是按房产的租金收入计征，其计算公式为：

应纳税额=租金收入×12%（或4%）

【例7-13】*某公司出租房屋10间，年租金收入为300 000元，适用税率为12%。请计算其应纳房产税税额。*

应纳税额=300 000×12%=36 000（元）

三、房产税的核算

1.账户设置

为了核算房产税，应设置"应交税费——应交房产税"账户。该账户贷方登记企业按规定计算出应缴纳的房产税；借方登记实际缴纳的房产税。期末余额若在贷方，反映企业应缴未缴的房产税；期末余额若在借方，反映企业多缴的房产税。

2.会计核算

企业按规定计算出应缴纳的房产税时，应借记"税金及附加"账户，贷记"应交税费——应交房产税"账户；当企业实际缴纳房产税时，应借记"应交税费——应交房产税"账户，贷记"银行存款"等账户。

【例7-14】某企业2017年11月固定资产账面原值为5 000 000元，当地政府规定企业自用房屋按照房产原值一次减除30%后作为房产余值纳税，12月份缴纳房产税。请作出相关会计处理。

应纳税额=5 000 000×（1-30%）×1.2%÷12=3 500（元）

借：税金及附加　　　　　　　　　　　　　　　　　　　　　　　　3 500
　　贷：应交税费——应交房产税　　　　　　　　　　　　　　　　　3 500

12月缴纳房产税时：

借：应交税费——应交房产税　　　　　　　　　　　　　　　　　　3 500
　　贷：银行存款　　　　　　　　　　　　　　　　　　　　　　　　3 500

四、房产税的申报

1.纳税义务发生的时间

（1）纳税人将原有房产用于生产经营，从生产经营之月起缴纳房产税。

（2）纳税人自行新建房屋用于生产经营，从建成之次月起缴纳房产税。

（3）纳税人委托施工企业建设的房屋，从办理验收手续之次月起缴纳房产税。

（4）纳税人购置新建商品房，自房屋交付使用之次月起缴纳房产税。

（5）纳税人购置存量房，自办理房屋权属转移、变更登记手续，房地产权属登记机关签发房屋权属证书之次月起，缴纳房产税。

（6）纳税人出租、出借房产，自交付出租、出借房产之次月起，缴纳房产税。

（7）房地产开发企业自用、出租、出借本企业建造的商品房，自房屋使用或交付之次月起，缴纳房产税。

（8）自2009年1月1日起，纳税人因房产的实物或权利状态发生变化而依法终止房产税纳税义务的，其应纳税款的计算应截止到房产的实物或权利状态发生变化的当月末。

2.纳税期限

房产税实行按年计算、分期缴纳的征收方法，具体纳税期限由省、自治区、直辖市人民政府确定。

3.纳税地点

房产税在房产所在地缴纳。房产不在同一地方的纳税人，应按房产的坐落地点分别向房产所在地的税务机关纳税。

4.纳税申报

房产税的纳税人应按照条例的有关规定，及时办理纳税申报，并如实填写房产税纳税申报表（见表7-9）。

表7—9

房产税纳税申报表

填表日期：　　年　月　日

税款所属期：自　　年　月　日至　　年　月　日

金额单位：元至角分；面积单位：平方米

纳税人识别号 □□□□□□□□□□□□□□

纳税人信息	名　称				纳税人分类	单位□　个人□		
	登记注册类型	*			所属行业			
	身份证件类型	身份证□ 护照□ 军官证□ 其他□			身份证件号码	*		
	联系人				联系方式			

一、从价计征房产税

房产编号	房产原值	其中：出租房产原值	计税比例	税率	所属期起	所属期止	本期应纳税额	本期减免税额	本期已缴税额	本期应补（退）税额
1	*									
2	*									
3	*									
4	*									
5	*									
6	*									
7	*									
8	*									
9	*									
10	*									
合计	*	*	*	*	*	*				

二、从租计征房产税

	本期申报租金收入	税率	计税比例	本期应纳税额	本期减免税额	本期已缴税额	本期应补（退）税额
1							
2							
3		*	*				
合计							

以下由纳税人填写：

纳税人声明　此纳税申报表是根据《中华人民共和国房产税暂行条例》和国家有关税收规定填报的，是真实的、可靠的、完整的。

纳税人（签章）

以下由税务机关填写：

代理人（签章）		代理人身份证号	
受理人		受理日期　　年　月　日	受理税务机关签章

本表一式两份，一份纳税人留存，一份税务机关留存。

任务六　　　　　　　核算与申报车船税

一、认识车船税

1.车船税的概念

车船税是以车船为征税对象，向拥有车船的单位和个人征收的一种税。征收车船税有利于为地方政府筹集财政资金，有利于车船的管理和合理配置，也有利于调节财富差异。

2.车船税的征税范围

（1）依法应当在车船管理部门登记的机动车辆和船舶；

（2）依法不需要在车船管理部门登记、在单位内部场所行驶或者作业的机动车辆和船舶。

3.车船税纳税义务人、税目、税率

（1）纳税义务人。

车船税的纳税义务人，是指在中华人民共和国境内，车辆、船舶（以下简称车船）的所有人或者管理人，应当依照《中华人民共和国车船税法》（以下简称《车船税法》）的规定缴纳车船税。

（2）税目和税率。

车船税实行定额税率。车辆的具体适用税额由省、自治区、直辖市人民政府依照车船税法所附车船税税目税额表规定的税额幅度和国务院的规定确定。船舶的具体适用税额由国务院在车船税法所附车船税税目税额表规定的税额幅度内确定。

由于车辆与船舶的行驶情况不同，车船税的税额也有所不同，见表7-10。

❶拖船按照发动机功率每1千瓦折合净吨位0.67吨计算征收车船税。

❷游艇艇身长度是指游艇的总长。

❸车船税法及其实施条例涉及的整备质量、净吨位、艇身长度等计税单位，有尾数的一律按照含尾数的计税单位据实计算车船税应纳税额。计算得出的应纳税额小数点后超过两位的可四舍五入保留两位小数。

❹乘用车以车辆登记管理部门核发的机动车登记证书或者行驶证书所载的排气量毫升数确定税额区间。

❺车船税法和实施条例所涉及的排气量、整备质量、核定载客人数、净吨位、功率（千瓦或马力）、艇身长度，以车船登记管理部门核发的车船登记证书或者行驶证相应项目所载数据为准。

4.税收优惠

（1）以下车船免征车船税：捕捞、养殖渔船；军队、武装警察部队专用的车船；警用车船；依照法律规定应当予以免税的外国驻华使领馆、国际组织驻华代表机构及其有关人员的车船。

（2）对节约能源的车辆，减半征收车船税；对适用新能源的车辆，免征车船税；对受严重自然灾害影响纳税困难以及有其他特殊原因确需减税、免税的，可以减征或者免征车船税。

（3）省、自治区、直辖市人民政府根据当地实际情况，可以对公共交通车船，农村居民拥有并主要在农村地区使用的摩托车、三轮汽车和低速载货汽车定期减征或者免征车船税。

表7-10　　　　　　　　　　　　　　　车船税税目税额表

税目		计税单位	年基准税额（元）	备注
乘用车〔按发动机汽缸容量(排气量)分档〕	1.0升（含）以下的	每辆	60～360	核定载客人数9人（含）以下
	1.0升以上至1.6升(含)的		300～540	
	1.6升以上至2.0升(含)的		360～660	
	2.0升以上至2.5升(含)的		660～1 200	
	2.5升以上至3.0升(含)的		1 200～2 400	
	3.0升以上至4.0升(含)的		2 400～3 600	
	4.0升以上的		3 600～5 400	
商用车	客车	每辆	480～1 440	核定载客人数9人（包括电车）以上
	货车	整备质量每吨	16～120	1.包括半挂牵引车、挂车、客货两用汽车、三轮汽车和低速载货汽车等 2.挂车按照货车税额的50%计算
其他车辆	专用作业车	整备质量每吨	16～120	不包括拖拉机
	轮式专用机械车		16～120	
摩托车		每辆	36～180	
船舶	机动船舶 净吨位小于或等于200吨	净吨位每吨	3	拖船、非机动驳船分别按照机动船舶税额的50%计算
	净吨位201吨至2 000吨	净吨位每吨	4	
	净吨位2 001吨至10 000吨	净吨位每吨	5	
	净吨位10 001吨及其以上	净吨位每吨	6	
	游艇 艇身长度不超过10米	艇身长度每米	600	
	艇身长度超过10米但不超过18米	艇身长度每米	900	
	艇身长度超过18米但不超过30米	艇身长度每米	1 300	
	艇身长度超过30米	艇身长度每米	2 000	
	辅助动力帆艇	艇身长度每米	600	

二、计算车船税

1.计税依据

（1）车船的排气量、整备质量、核定载客人数、净吨位、千瓦、艇身长度等计税标准，以车船管理部门核发的车船登记证书或者行驶证所载数据为准。依法不需要办理登记的车船和依法应当登记而未办理登记或者不能提供车船登记证书、行驶证的车船，以车船出厂合格证明或者进口凭证标注的技术参数、数据为准。不能提供车船出厂合格证明或者进口凭证的，由主管税务机关参照国家相关标准核定，没有国家相关标准的参照同类车船核定。

（2）纳税人在购买机动车交通事故责任强制险时，应当向扣缴义务人提供地方税务机关出具的本年度车船税的完税凭证或者减免税证明。不能提供完税凭证或者减免税证明的，应当在购买保险时按照当地的车船税税额标准计算缴纳车船税。

2.应纳税额的计算

（1）载客汽车和摩托车的应纳税额=车辆数×适用单位年税额

（2）载货汽车、三轮车和低速货车的应纳税额=自重吨位数×适用单位年税额

（3）船舶应纳税额=净吨位数×适用单位年税额

（4）拖船和非机动驳船应纳税额=净吨位数×适用单位年税额×50%

【例7-15】某运输公司拥有载货汽车15辆（货车整备质量全部为10吨）；乘人大客车20辆；小客车10辆。已知载货汽车每吨年税额80元，乘人大客车每辆年税额800元，小客车每辆年税额700元，计算该公司应纳车船税。

载货汽车应纳税额=15×10×80=12 000（元）

乘人汽车应纳税额=20×800+10×700=23 000（元）

全年应纳车船税额=12 000+23 000=35 000（元）

三、车船税的核算

1.账户设置

企业计算的应缴纳的车船税在"应交税费——应交车船税"账户中核算。该账户贷方登记企业按规定计算出应缴纳的车船税；借方登记实际缴纳的车船税。期末余额若在贷方，反映企业应缴未缴的车船税；余额若在借方，反映企业多缴的车船税。

2.会计核算

按规定计算车船税时，借记"税金及附加"账户，贷记"应交税费——应交车船税"账户。实际缴纳时，借记"应交税费——应交车船税"账户，贷记"银行存款"账户。

【例7-16】某航运公司拥有车船情况如下：小轿车1辆，排气量为2.0升；船舶2艘，净吨位分别为205吨、180吨；100千瓦拖船一艘。当地政府规定，排气量为2.0升的乘用车年税额为600元/辆；净吨位不超过200吨的，每吨3元，净吨位超过200吨但不超过2 000吨的，每吨4元。请计算该航运公司本年应缴纳的车船税，并作出会计处理。

（1）计算应交车船税：

❶小轿车应交车船税＝1×600＝600（元）

❷船舶应交车船税＝205×4＋180×3＝1 360（元）

❸拖船按照发动机功率每1千瓦折合净吨位0.67吨计算征收车船税，同时按船舶的50%计算税额，则：

拖船应交车船税＝100×0.67×3×50%＝100.5（元）

❹该船舶公司共应交车船税＝600＋1 360＋100.5＝2 060.5（元）

（2）会计处理如下：

❶计提车船税时：

借：税金及附加   2 060.5

 贷：应交税费——应交车船税   2 060.5

❷实际缴纳车船税时：

借：应交税费——应交车船税   2 060.5

 贷：银行存款   2 060.5

四、车船税的申报

1.纳税义务发生的时间

车船税纳税义务发生时间为取得车船所有权或者管理权的当月。以购买车船的发票或其他证明文件所载日期的当月为准。

2.纳税期限

车船税按年申报，分月计算，一次性缴纳。具体申报纳税期限由省、自治区、直辖市人民政府规定。

3.纳税地点

车船税的纳税地点为车船的登记地或者车船税扣缴义务人所在地。

扣缴义务人代收代缴车船税的，纳税地点为扣缴义务人所在地。

纳税人自行申报缴纳车船税的，纳税地点为车船登记地的主管税务机关所在地。

依法不需要办理登记的车船，纳税地点为车船所有人或者管理人主管税务机关所在地。

4.纳税申报

车船税的纳税人应按照条例的有关规定及时办理纳税申报，并如实填写车船税纳税申报表（见表7-11）。

表7-11

车船税纳税申报表

税款所属期限：自　年　月　日至　年　月　日　　填表日期：　年　月　日

纳税人识别号

纳税人名称												
纳税人身份证照号码						纳税人身份证照类型						
联系人						居住（单位）地址						
						联系方式						

序号	（车辆）号牌号码/（船舶）登记号码	车船识别代码（车架号/船舶识别号）	征收品目	计税单位	计税单位的数量	单位税额	年应缴税额 $7=5×6$	本年减免税额	减免性质代码	减免税证明号	当年应缴税额 $11=7-8$	本年已缴税额	本期应补（退）税额 $13=11-12$
	1	2	3	4	5	6	7	8	9	10	11	12
	—	—	—	—	—	—			—	—		
合计	—	—	—	—								

申报车辆总数（辆） | | 申报船舶总数（艘） |

纳税人声明：此纳税申报表是根据《中华人民共和国车船税法》和国家有关车船税收规定填报的，是真实的、可靠的、完整的。

纳税人（签章）　　代理人（签章）　　代理人身份证号

以下由税务机关填写：

受理人　　　　受理日期　　　受理税务机关（签章）

本表一式两份，一份纳税人留存，一份税务机关留存。

任务七 核算与申报印花税

一、认识印花税

1.印花税的概念

印花税是以经济活动和经济交往中，书立、领受应税凭证的行为为征税对象征收的一种税。

2.印花税的纳税义务人、税目、税率

（1）纳税义务人。

印花税的纳税义务人，是在中国境内书立、使用、领受《中华人民共和国印花税暂行条例》所列举的凭证并应依法履行纳税义务的单位和个人，具体有以下几类：

❶立合同人，指合同的当事人。所谓当事人，是指对凭证有直接权利义务关系的单位和个人。各类合同的纳税人是立合同人。

❷立据人，是指书立产权转移书据的单位和个人。

❸立账簿人，是指设立并使用营业账簿的单位和个人。

❹领受人，是指领取或接受并持有该项凭证的单位和个人。

❺使用人，是指在国外书立、领受，但在国内使用的应税凭证的单位和个人。

❻各类电子应税凭证的签订人，即以电子形式签订的各类应税凭证的当事人。

值得注意的是，对应税凭证，凡由两方或两方以上当事人共同书立的，其当事人各方都是印花税的纳税人，应各就其所持凭证的计税全额履行纳税义务。

（2）税目。

印花税的税目，指印花税法明确规定的应当纳税的项目，它具体划定了印花税的征税范围。一般地说，列入税目的就要征税，未列入税目的就不征税。印花税共有13个税目，即：

❶购销合同，包括供应、预购、采购、购销结合及协作、调剂、补偿、贸易等合同。此外，还包括出版单位与发行单位之间订立的图书、报纸、期刊和音像制品的应税凭证。

❷加工承揽合同，包括加工、定做、修缮、修理、印刷广告、测绘、测试等合同。

❸建设工程勘察设计合同，包括勘察、设计合同。

❹建筑安装工程承包合同，包括建筑、安装工程承包合同。

❺财产租赁合同，包括租赁房屋、船舶、飞机、机动车辆、机械、器具、设备等合同，还包括企业、个人出租门店、柜台等签订的合同。

❻货物运输合同，包括民用航空运输、铁路运输、海上运输、内河运输、公路运输和联运合同，以及作为合同使用的单据。

❼仓储保管合同，包括仓储、保管合同，以及作为合同使用的仓单、栈单等。

❽借款合同，包括银行及其他金融组织与借款人（不包括银行同业拆借）所签订的合同，只填开借据并作为合同使用、取得银行借款的借据，还有融资租赁合同。

❾财产保险合同，包括财产、责任、保证、信用保险合同，以及作为合同使用的单据。

❿技术合同，包括技术开发、转让、咨询、服务等合同，以及作为合同使用的单据。

⓫产权转移书据，是指单位和个人产权的买卖、继承、赠予、交换、分割等所立的书据，包括财产所有权和版权、商标专用权、专利权、专有技术使用权等转移书据和专利实施许可合同、土地使用权出让合同、土地使用权转让合同、商品房销售合同等权利转移合同。

⓬营业账簿，是指单位或者个人记载生产经营活动的财务会计核算账簿。营业账簿按其反映内容的不同，可分为记载资金的账簿和其他账簿。

记载资金的账簿，是指反映生产经营单位资本金数额增减变化的账簿。其他账簿，是指除上述账簿以外的有关其他生产经营活动内容的账簿，包括日记账簿和各明细分类账簿。

⓭权利、许可证照，包括政府部门发给的房屋产权证、工商营业执照、商标注册证、专利证、土地使用证。

（3）税率。

印花税的税率有两种形式，即比例税率和定额税率，具体见表7-12。

表7-12　　　　　　　　　　　　　印花税税目、税率表

税目	范围	税率	纳税人	说明
1.购销合同	包括供应、预购、采购、购销结合及协作、调剂、补偿、易货等合同	按购销金额0.3‰贴花	立合同人	
2.加工承揽合同	包括加工、定做、修缮、修理、印刷广告、测绘、测试等合同	按加工或承揽收入0.5‰贴花	立合同人	
3.建设工程勘察设计合同	包括勘察、设计合同	按收取费用0.5‰贴花	立合同人	
4.建筑安装工程承包合同	包括建筑、安装工程承包合同	按承包金额0.3‰贴花	立合同人	
5.财产租赁合同	包括租赁房屋、船舶、飞机、机动车辆、机械、器具、设备等合同	按租赁金额1‰贴花。税额不足1元的按1元贴花	立合同人	
6.货物运输合同	包括民用航空运输、铁路运输、海上运输、内河运输、公路运输和联运合同	按运输费用0.5‰贴花	立合同人	单据作为合同使用的，按合同贴花
7.仓储保管合同	包括仓储、保管合同	按仓储保管费用1‰贴花	立合同人	仓单或栈单作为合同使用的，按合同贴花
8.借款合同	银行及其他金融组织和借款人（不包括银行同业拆借）所签订的借款合同	按借款金额0.05‰贴花	立合同人	单据作为合同使用的，按合同贴花
9.财产保险合同	包括财产、责任、保证、信用等保险合同	按收取保险费1‰贴花	立合同人	单据作为合同使用的，按合同贴花
10.技术合同	包括技术开发、转让、咨询、服务等合同	按所记载金额0.3‰贴花	立合同人	
11.产权转移书据	包括财产所有权和版权、商标专用权、专利权、专有技术使用权等转移书据、土地使用权出让合同、土地使用权转让合同、商品房销售合同等权利转移合同	按所记载金额0.5‰贴花	立据人	
12.营业账簿	生产、经营用账册	记载资金的账簿，按实收资本和资本公积的合计金额0.5‰贴花。其他账簿按件贴花5元	立账簿人	
13.权利、许可证照	包括政府部门发给的房屋产权证、工商营业执照、商标注册证、专利证、土地使用证	按件贴花5元	领受人	

3.税收优惠

对印花税的减免税优惠主要有：

（1）对已缴纳印花税凭证的副本或者抄本免税。

（2）对无息、贴息贷款合同免税。

（3）对房地产管理部门与个人签订的用于生活居住的租赁合同免税。

（4）对农牧业保险合同免税。

（5）对与高校学生签订的高校学生公寓租赁合同免税。

（6）对公租房经营管理单位建造管理公租房涉及的印花税予以免征。

（7）对改造安置住房经营管理单位、开发商与改造安置住房相关的印花税以及购买安置住房的个人涉及的印花税自2013年7月4日起予以免征。

二、计算印花税

1. 计税依据

印花税的计税依据为各种应税凭证上所记载的计税金额。

实际还应注意以下几点：

（1）应税凭证以"金额""收入""费用"作为计税依据的，应当全额计税，不得作任何扣除。

（2）同一凭证，载有两个或两个以上经济事项而适用不同税目税率，如分别记载金额的，应分别计算应纳税额，相加后按合计税额贴花；如未分别记载金额的，按税率高的计税贴花。

（3）按金额比例贴花的应税凭证，未标明金额的，应按照凭证所载数量及国家牌价计算金额；没有国家牌价的，按市场价格计算金额，然后按规定税率计算应纳税额。

（4）应税凭证所载金额为外国货币的，应按照凭证书立当日国家外汇管理局公布的外汇牌价折合成人民币，然后计算应纳税额。

（5）应纳税额不足1角的，免纳印花税；1角以上的，其税额尾数不满5分的不计，满5分的按1角计算。

（6）有些合同，在签订时无法确定计税金额，如技术转让合同中的转让收入，是按销售收入的一定比例收取或是按实现利润分成的；财产租赁合同，只是规定了月（天）租金标准而无租赁期限的。对这类合同，可在签订时先按定额5元贴花，以后结算时再按实际金额计税，补贴印花。

（7）应税合同在签订时纳税义务即已产生，应计算应纳税额并贴花。所以，不论合同是否兑现或是否按期兑现，均应贴花。

对已履行并贴花的合同，所载金额与合同履行后实际结算金额不一致的，只要双方未修改合同金额，一般不再办理完税手续。修改后金额增加的，其增加部分应当补贴印花税票。

2. 应纳税额的计算

纳税人的应纳税额，根据应纳税凭证的性质，分别按比例税率或者定额税率计算，其计算公式为：

比例税率计算应纳税额＝应税凭证计税金额×适用税率

定额税率计算应纳税额＝应税凭证件数×适用税率

【例7-17】某企业2017年9月开业，当年发生以下有关业务事项：领受房屋产权证、工商营业执照、土地使用证各1件。与其他企业订立转移专用技术使用权书据1份，所载金额为100万元；订立产品购销合同1份，所载金额为200万元；订立借款合同1份，所载金额为400万元。企业记载资金的账簿，"实收资本""资本公积"为800万元；其他营业账簿10本。请计算该企业2017年应缴纳的印花税税额。

企业领受权利、许可证照应纳税额＝3×5＝15（元）

企业订立产权转移书据应纳税额＝1 000 000×0.5‰＝500（元）

企业订立购销合同应纳税额＝2 000 000×0.3‰＝600（元）

企业订立借款合同应纳税额＝4 000 000×0.05‰＝200（元）

企业记载资金的账簿应纳税额＝8 000 000×0.5‰＝4 000（元）

企业其他营业账簿应纳税额＝10×5＝50（元）

2017年企业应纳印花税税额=15＋500＋600＋200＋4 000＋50=5 365（元）

三、印花税的核算

由于印花税主要是由纳税人以购买并一次贴足印花税票的方式缴纳税款的，不存在与税务机关结算或清算税款的问题，所以印花税不通过"应交税费"账户核算，而是在缴纳时直接借记当期"税金及附加"账户，贷记"银行存款"等账户。

【例7-18】某企业主要从事建筑工程机械的生产制造，2017年7月发生的印花税应纳税业务有：启用账簿10本；签订钢材采购合同一份，采购金额900万元；企业新增实收资本300万元、资本公积50万元。请计算并缴纳企业本月的印花税。

（1）计算应纳税额：

企业启用其他账簿应纳税额=10×5=50（元）

企业订立购销合同应纳税额=9 000 000×0.3‰=2 700（元）

企业新增记载资金的账簿应纳税额=（3 000 000+500 000）×0.5‰=1 750（元）

本月企业应纳税额=50＋2 700＋1 750=4 500（元）

（2）缴纳印花税时：

借：税金及附加　　　　　　　　　　　　　　　　　　　　4 500

　　贷：银行存款　　　　　　　　　　　　　　　　　　　　　　4 500

四、印花税的申报

1.纳税义务发生的时间

印花税应当在书立或领受时贴花，具体是指在合同签订时、账簿启用时和证照领受时贴花。如果合同是在国外签订，并且不便在国外贴花的，应在将合同带入境时办理贴花纳税手续。

2.纳税期限

印花税的纳税方法不同，纳税期限也不一样，具体规定如下：

（1）自行贴花，根据规定自行计算纳税税额，自行购买印花税票，至一次贴足印花税票并加以注销时完成纳税。一般适用于应税凭证较少或贴花次数较少的纳税人。

（2）汇贴或汇缴，汇总缴纳期限为一个月。一般适用于应纳税额较大或贴花次数频繁的纳税人。采用按期汇缴方式的纳税人应事先告知主管税务机关。缴纳方式一经选定，一年内不得改变。一份凭证应纳税额超过500元的，应向当地税务机关申请填写缴款书或完税证明，将其中一联粘贴在凭证上或者由税务机关在凭证上加注完税标记代替贴花。

（3）委托代征，由发放或者办理应纳税凭证的单位代为征收印花税税款。所谓发放或者办理应纳税凭证的单位，是指发放权利、许可证照的单位和办理凭证的鉴证、公正及其他有关事项的单位。纳税期限自书立、领受或者使用应税凭证时开始，至纳税义务完成时为止。

3.纳税地点

印花税一般实行就地纳税。对于全国性商品物资订货会（包括展销会、交易会等）上所签订合同应纳的印花税，由纳税人回其所在地后及时办理贴花完税手续；对地方主办、不涉及省际关系的订货会、展销会上所签合同的印花税，其纳税地点由各省、自治区、直辖市人民政府自行确定。

4.纳税申报

印花税的纳税人应按照条例的有关规定及时办理纳税申报，并如实填写印花税纳税申报表（见表7-13）。

表 7-13

印花税纳税申报（报告）表

税款所属期限：自　　年　　月　　日至　　年　　月　　日　　　　　填表日期：　　年　　月　　日

纳税人识别号 □□□□□□□□□□□□□□□□□□

金额单位：元至角分

纳税人信息	名称		所属行业		□单位　□个人
	登记注册类型		身份证件号码		
	身份证件类型				
	联系方式				

应税凭证	计税金额或件数	核定征收		适用税率	本期应纳税额	本期已缴税额	本期减免税额		本期应补（退）税额
		核定依据	核定比例				减免性质代码	减免税额	
	1	2	3	4	5＝1×4＋2×3×4	6	7	8	9＝5－6－8
购销合同				0.3‰					
加工承揽合同				0.5‰					
建设工程勘察设计合同				0.5‰					
建筑安装工程承包合同				0.3‰					
财产租赁合同				1‰					
货物运输合同				0.5‰					
仓储保管合同				1‰					
借款合同				0.05‰					
财产保险合同				1‰					
技术合同				0.3‰					
产权转移书据				0.5‰					
营业账簿（记载资金的账簿）		—	—	0.5‰					
营业账簿（其他账簿）		—	—	5					
权利、许可证照		—	—	5					
合计	—	—	—	—					

以下由纳税人填写：

纳税人声明	此纳税申报表是根据《中华人民共和国印花税暂行条例》和国家有关税收规定填报的，是真实的、可靠的、完整的。		
纳税人签章		代理人签章	代理人身份证号

以下由税务机关填写：

受理人		受理日期　　年　　月　　日	受理税务机关签章

本表一式两份，一份纳税人留存，一份税务机关留存。

减免性质代码：减免性质代码按照税务机关最新发布的减免税政策代码表中的最细项减免性质代码填报。

任务八　　核算与申报车辆购置税

一、认识车辆购置税

1.车辆购置税的概念

车辆购置税是以在中国境内购置规定车辆为课税对象、在特定的环节向车辆购置者征收的一种税。征收车辆购置税有利于合理筹集财政资金，规范政府行为，调节收入差距，也有利于配合打击车辆走私和维护国家权益。

2.车辆购置税的征税范围

车辆购置税以列举的车辆作为征税对象，包括汽车、摩托车、电车、挂车、农用运输车。

3.车辆购置税的纳税义务人、税率

（1）纳税义务人。

车辆购置税的纳税人是指在我国境内购置应税车辆的单位和个人。其中，购置是指购买使用行为、进口使用行为、受赠使用行为、自产自用行为、获奖使用行为以及以拍卖、抵债、走私、罚没等方式取得并使用的行为，这些行为都属于车辆购置税的应税行为。

（2）税率。

车辆购置税实行统一比例税率，税率为10%。

4.税收优惠

我国车辆购置税实行法定减免，减免税范围的具体规定是：

（1）外国驻华使馆、领事馆和国际组织驻华机构及其外交人员自用车辆免税。

（2）中国人民解放军和中国人民武装警察部队列入军队武器装备订货计划的车辆免税。

（3）设有固定装置的非运输车辆免税。

（4）防汛部门和森林消防部门用于指挥、检查、调度、报汛（警）、联络的设有固定装置的指定型号的车辆免税。

（5）回国服务的留学人员用现汇购买一辆自用国产小汽车免税。

（6）长期来华定居专家进口一辆自用小汽车免税。

（7）自2004年10月1日起，对农用三轮运输车免征车辆购置税。

（8）自2015年10月1日起至2016年12月31日止，对购置1.6升及以下排量乘用车减按5%的税率征收车辆购置税。

（9）自2017年1月1日起至12月31日止，对购置1.6升以下排量乘用车减按7.5%的税率征收车辆购置税；自2018年1月1日起，恢复按10%的法定税率征收车辆购置税。

（10）自2016年1月1日至2020年12月31日止，对城市公交企业购置的公共汽电车辆，免征车辆购置税。

二、计算车辆购置税

1.计税依据

（1）购买自用应税车辆计税依据的确定。

纳税人购买自用的应税车辆，计税价格为纳税人购买应税车辆而支付给销售者的全部价款和价外费用，不包含增值税税款。

（2）进口自用应税车辆计税依据的确定。

纳税人进口自用的应税车辆以组成计税价格为计税依据。组成计税价格的计算公式为：

组成计税价格=关税完税价格+关税+消费税

（3）其他自用应税车辆计税依据的确定。

纳税人自产、受赠、获奖或者以其他方式取得并自用的应税车辆的计税价格，主管税务机关参照国家税务总局规定的最低计税价格核定。因此，纳税人自产、受赠、获奖和以其他方式取得并自用的应税车辆一般以国家税务总局核定的最低计税价格为计税依据。

（4）最低计税价格作为计税依据的确定。

最低计税价格是指国家税务总局依据机动车生产企业或者经销商提供的车辆价格信息，参照市场平均交易价格核定车辆购置税的计税价格。根据纳税人购置应税车辆的不同情况，国家税务总局对以下几种特殊情形应税车辆的最低计税价格规定如下：

❶对已缴纳并办理了登记注册手续的车辆，其底盘发生更换，其最低计税价格按同类型新车最低计税价格的70%计算。

❷免税、减税条件消失的车辆，其最低计税价格的确定方法为：

最低计税价格=同类型新车最低计税价格×（1-已使用年限÷规定使用年限）×100%

其中，规定使用年限为：国产车辆按10年计算；进口车辆按15年计算。超过使用年限的车辆，不再征收车辆购置税。

❸非贸易渠道进口车辆的最低计税价格，为同类型新车最低计税价格。

车辆购置税的计税依据和应纳税额应使用统一货币单位计算。纳税人以外汇结算应税车辆价款的，按照申报纳税之日中国人民银行公布的人民币基准汇价，折合成人民币计算应纳税额。

2.应纳税额的计算

车辆购置税实行从价定率的方法计算应纳税额，计算公式为：

应纳税额=计税依据×税率

（1）购买自用应税车辆应纳税额的计算。

在应纳税额的计算当中，应注意以下费用的计税规定：

❶购买者随购买车辆支付的工具件和零部件价款应作为购车价款的一部分，并入计税依据中征收车辆购置税。

❷支付的车辆装饰费应作为价外费用并入计税依据中计税。

❸代收款项应区别征收。凡使用代收单位（受托方）票据收取的款项，应视作代收单位价外收费，购买者支付的价费款，应并入计税依据中一并征税；凡使用委托方票据收取、受托方只履行代收义务和收取代收手续费的款项，应按其他税收政策规定征税。

【例7-19】王某2017年7月份从某汽车有限公司购买一辆小汽车（2.0升排量）供自己使用，支付了含增值税税款在内的款项234 000元，另支付代收临时牌照费550元、代收保险费1 000元，支付购买工具件和零配件价款3 000元、车辆装饰费1 300元。所支付的款项均由该汽车有限公司开具"机动车销售统一发票"和有关票据。请计算王某应纳车辆购置税。

计税依据 = （234 000 + 550 + 1 000 + 3 000 + 1 300）÷（1 + 17%）= 205 000（元）

应纳税额 = 205 000×10% = 20 500（元）

（2）进口自用应税车辆应纳税额的计算。

纳税人进口自用的应税车辆应纳税额的计算公式为：

应纳税额 =（关税完税价格 + 关税 + 消费税）× 税率

【例7-20】2017年7月，某外贸进出口公司从国外进口10辆宝马公司生产的某型号小轿车。该公司报关进口这批小轿车时，经报关地海关对有关报关资料的审查，确定关税完税价格为每辆185 000元人民币，海关按关税政策规定每辆征收了关税203 500元，并按消费税、增值税有关规定分别代征了每辆小轿车的进口消费税11 655元和增值税66 045元。由于联系业务需要，该公司将一辆小轿车留在本单位使用。根据以上资料，计算应纳车辆购置税。

计税依据 = 185 000 + 203 500 + 11 655 = 400 155（元）

应纳税额 = 400 155×10% = 40 015.5（元）

（3）其他自用应税车辆应纳税额的计算。

纳税人自产自用、受赠使用、获奖使用和以其他方式取得并自用应税车辆的，凡不能取得该型号车辆的购置价格，或者低于最低计税价格的，以国家税务总局核定的最低计税价格作为计税依据计算征收车辆购置税：

应纳税额 = 最低计税价格 × 税率

【例7-21】某客车制造厂将自产的一辆某型号客车用于本厂后勤服务，该厂在办理车辆上牌落籍前，出具该车的发票，注明金额65 000元，并按此金额向主管税务机关申报纳税。经审核，国家税务总局对该车同类型车辆核定的最低计税价格为80 000元。计算该车应纳车辆购置税。

应纳税额 = 80 000×10% = 8 000（元）

三、车辆购置税的核算

车辆购置税在最终消费环节征税，所以车辆购置税不需要计提，直接计入固定资产成本，即借记"固定资产"账户，贷记"银行存款"等账户。

【例7-22】承【例7-20】，请作出该外贸进出口公司留作自用的进口小轿车的账务处理。

编制会计分录如下：

借：固定资产　　　　　　　　　　　　　　　　　　　　　440 170.5

　　应交税费——应交增值税（进项税额）　　　　　　　　66 045

　　贷：应交税费——应交关税　　　　　　　　　　　　　　　203 500

　　　　　　　　——应交消费税　　　　　　　　　　　　　　11 655

　　　银行存款　　　　　　　　　　　　　　　　　　　　291 060.5

四、车辆购置税的申报

1.纳税义务发生时间

车辆购置税的征税环节为使用环节，即最终消费环节。具体而言，纳税人应当在向公安机关等车辆管理机构办理车辆登记注册手续前，缴纳车辆购置税。

2.纳税期限

纳税人购买自用的应税车辆，自购买之日起60日内申报纳税；进口自用的应税车辆，应当自进口之日起60日内申报纳税；自产、受赠、获奖和以其他方式取得并自用的应税车辆，应当自取得之日起60日内申报纳税。

上述的"购买之日"是指纳税人购车发票上注明的销售日期；"进口之日"是指纳税人报关进口的当天。

3. 纳税地点

纳税人购置应税车辆，应当向车辆登记注册地的主管税务机关申报纳税；购置不需办理车辆登记注册手续的应税车辆，应当向纳税人所在地主管税务机关申报纳税。车辆登记注册地是指车辆的上牌落籍地或落户地。

4. 纳税申报

车辆购置税的纳税人应按照有关规定及时办理纳税申报，并如实填写车辆购置税纳税申报表（见表7-14）。

表7-14　　　　　　　　　　**车辆购置税纳税申报表**

填表日期：　年　月　日　　　　　　行业代码：　　　　　　注册类型代码：

纳税人名称：　　　　　　　　　　　　　　　　　　　　　　金额单位：元

纳税人证件名称		证件号码			
联系电话		邮政编码		地址	
车辆基本情况					
车辆类别	1.汽车□　2.摩托车□　3.电车□　4.挂车□　5.农用运输车□				
生产企业名称			厂牌型号		
车辆识别代号（车架号码）			发动机号码		
车辆购置信息					
机动车销售统一发票（或有效凭证）号码		机动车销售统一发票（或有效凭证）价格		价外费用	
关税完税价格		关税		消费税	
购置日期			免（减）税条件		
申报计税价格	计税价格	税率	应纳税额	免（减）税额	实纳税额
		10%			
申报人声明			授权声明		
此纳税申报表是根据《中华人民共和国车辆购置税暂行条例》《车辆购置税征收管理办法》的规定填报的，是真实、可靠、完整的。 声明人（签名或盖章）：			如果您已委托代理人办理申报，请填写以下资料： 　　为代理车辆购置税涉税事宜，现授权（　　）为本纳税人的代理申报人，任何与本申报表有关的往来文件，都可交予此人。 授权人（签名或盖章）：		
纳税人签名或盖章	如委托代理人的，代理人应填写以下各栏			代理人（签名或盖章）	
	代理人名称				
	经办人				
	经办人证件名称				
	经办人证件号码				
接收人： 接收日期：		主管税务机关（章）：			
备注：					

任务九　核算与申报城镇土地使用税

一、认识城镇土地使用税

1.城镇土地使用税的概念

城镇土地使用税是以国有土地为征税对象，对拥有土地使用权的单位和个人征收的一种税。征收城镇土地使用税有利于促进土地的合理使用，调节土地级差收入，也有利于筹集地方财政资金。

2.城镇土地使用税的征税范围

城镇土地使用税的征税范围，包括在城市、县城、建制镇和工矿区内的国家所有和集体所有的土地。

上述城市、县城、建制镇和工矿区分别按以下标准确认：

（1）城市是指经国务院批准设立的市。

（2）县城是指县人民政府所在地。

（3）建制镇是经省、自治区、直辖市人民政府批准设立的建制镇。

（4）工矿区是指工商业比较发达，人口比较集中，符合国务院规定的建制镇标准，但尚未设立建制镇的大中型工矿企业所在地，工矿区须经省、自治区、直辖市人民政府批准。

上述城镇土地使用税的征税范围中，城市的土地包括市区和郊区的土地，县城的土地是指县人民政府所在地的城镇的土地，建制镇的土地是指镇人民政府所在地的土地。

建立在城市、县城、建制镇和工矿区以外的工矿企业不需要缴纳城镇土地使用税。

3.城镇土地使用税的纳税义务人

在城市、县城、建制镇、工矿区范围内使用土地的单位和个人，为城镇土地使用税的纳税人。

上述所称单位，包括国有企业、集体企业、私营企业、股份制企业、外商投资企业、外国企业以及其他企业和事业单位、社会团体、国家机关、军队以及其他单位；所称个人，包括个体工商户以及其他个人。

城镇土地使用税的纳税人通常包括以下几类：

（1）拥有土地使用权的单位和个人。

（2）拥有土地使用权的单位和个人不在土地所在地的，其土地的实际使用人和代管人为纳税人。

（3）土地使用权未确定或权属纠纷未解决的，其实际使用人为纳税人。

（4）土地使用权共有的，共有各方都是纳税人，由共有各方分别纳税。

4.城镇土地使用税的税率

城镇土地使用税采用定额税率，即采用有幅度的差别税额，按大、中、小城市和县城、建制镇、工矿区分别规定每平方米城镇土地使用税年应纳税额，具体税率见表7-15。

5.城镇土地使用税的税收优惠

下列用途的土地免缴城镇土地使用税：

（1）国家机关、人民团体、军队自用的土地。

表 7-15 城镇土地使用税税率

级别	人口（人）	每平方米税额（元）
大城市	50万以上	1.5～30
中等城市	20万～50万	1.2～24
小城市	20万以下	0.9～18
县城、建制镇、工矿区		0.6～12

（2）由国家财政部门拨付事业经费的单位自用的土地。

（3）宗教寺庙、公园、名胜古迹自用的土地。

（4）市政街道、广场、绿化地带等公共用地。

（5）直接用于农、林、牧、渔业的生产用地。

（6）经批准开山填海整治的土地和改造的废弃土地，从使用的月份起免缴城镇土地使用税5～10年。

（7）对非营利性医疗机构、疾病控制机构和妇幼保健机构等卫生机构自用的土地。

（8）企业办的学校、医院、托儿所、幼儿园，其用地能与企业其他用地明确区分的。

（9）免税单位无偿使用纳税单位的土地（如公安、海关等单位使用铁路、民航等单位的土地）。

（10）对行使国家行政管理职能的中国人民银行总行（含国家外汇管理局）所属分支机构自用的土地。

（11）根据相关规定其他用途的免征城镇土地使用税的土地。

二、计算城镇土地使用税

1.城镇土地使用税的计税依据

城镇土地使用税以纳税人实际占用的土地面积为计税依据，土地面积计量标准为每平方米。纳税人实际占用的土地面积按下列办法确定：

（1）由省、自治区、直辖市人民政府确定的单位组织测定土地面积的，以测定的面积为准。

（2）尚未组织测量，但纳税人持有政府部门核发的土地使用证书的，以证书确认的土地面积为准。

（3）尚未核发土地使用证书的，应由纳税人申报土地面积，据以纳税，待核发土地使用证以后再作调整。

2.应纳税额的计算

城镇土地使用税应纳税额的计算公式为：

年应纳税额=实际占用应税土地面积（平方米）×单位税额

【例7-23】某企业实际占地面积为3 000平方米。该企业所在城市所在地段适用的城镇土地使用税单位税额为20元/平方米。计算该企业应缴纳的年城镇土地使用税税额。

年应纳城镇土地使用税税额=3 000×20=60 000（元）

三、城镇土地使用税的核算

企业将应缴的城镇土地使用税在"应交税费——应交城镇土地使用税"账户中核算，

并确认为当期的税金及附加。按规定计提城镇土地使用税时，借记"税金及附加"账户，贷记"应交税费——应交城镇土地使用税"账户。实际缴纳时，借记"应交税费——应交城镇土地使用税"账户，贷记"银行存款"账户。

【例7-24】某企业实际占用土地20 000平方米，其中，企业办幼儿园用地400平方米，企业职工医院用地1 000平方米。该企业所在城市所在地段适用的城镇土地使用税单位税额为15元/平方米。请计算该企业本年应纳城镇土地使用税税额，并进行相关账务处理。

年应纳城镇土地使用税＝（20 000-400-1 000）×15＝279 000（元）

计提应纳税额时：

借：税金及附加 279 000

　　贷：应交税费——应交城镇土地使用税 279 000

实际缴纳时：

借：应交税费——应交城镇土地使用税 279 000

　　贷：银行存款 279 000

四、城镇土地使用税的申报

1.纳税义务发生时间

（1）购置新建商品房，自房屋交付使用之次月起计征城镇土地使用税。

（2）购置存量房，自办理房屋权属转移、变更登记手续，房地产权属登记机关签发房屋权属证书之次月起计征城镇土地使用税。

（3）出租、出借房产，自交付出租、出借房产之次月起计征城镇土地使用税。

（4）以出让或转让方式有偿取得土地使用权的，应由受让方从合同约定交付土地时间的次月起缴纳城镇土地使用税；合同未约定交付时间的，由受让方从合同签订的次月起缴纳城镇土地使用税。

另外，根据《中华人民共和国城镇土地使用税暂行条例》的规定，新征用的土地，依照下列规定缴纳城镇土地使用税：

（1）征用的耕地，自批准征用之日起满1年时开始缴纳城镇土地使用税；

（2）征用的非耕地，自批准征用次月起缴纳城镇土地使用税。

2.纳税期限

城镇土地使用税按年计算，分期缴纳。具体缴纳期限由省、自治区、直辖市人民政府确定。

3.纳税地点

城镇土地使用税在土地所在地缴纳。纳税人使用的土地不属于同一省、自治区、直辖市管辖的，由纳税人分别向土地所在地税务机关缴纳城镇土地使用税；在同一省、自治区、直辖市管辖范围内，纳税人跨地区使用的土地，其纳税地点由各省、自治区、直辖市地方税务局确定。

4.纳税申报

城镇土地使用税的纳税人应按照有关规定及时办理纳税申报，并如实填写城镇土地使用税纳税申报表（见表7-16）。

表7—16

城镇土地使用税纳税申报表

税款所属期：自 年 月 日 至 年 月 日　　　　填表日期： 年 月 日

纳税人识别号 □□□□□□□□□□□□□□□

金额单位：元至角分；面积单位：平方米

纳税人信息	名称	*	纳税人分类	单位□ 个人□ *
	登记注册类型		所属行业	
	身份证件类型	身份证□ 护照□ 其他□	身份证件号码	
	联系人		联系方式	

申报纳税信息	土地编号	宗地的地号	土地等级	税额标准	土地总面积	所属期起	所属期止	本期应纳税额	本期减免税额	本期已缴税额	本期应补（退）税额
	*										
	*										
	*										
	*										
	*										
	*										
	*										
	*										
	合计			*			*			*	

纳税人声明：此纳税申报表是根据《中华人民共和国城镇土地使用税暂行条例》和国家有关税收规定填报的，是真实的、可靠的、完整的。

以下由纳税人填写：

纳税人签章	代理人签章	代理人身份证号
受理人	受理日期　　年 月 日	受理税务机关签章

以下由税务机关填写：

本表一式两份，一份纳税人留存，一份税务机关留存。

任务实施

1. 应纳房产税税额=180 000 000×（1-30%）×1.2%=1 512 000（万元）

2. 应纳城镇土地使用税税额=（50 000-4 000-1 500）×10=445 000（元）

→　同步训练　←

一、单项选择题

1. 县城B企业按税法规定代收代缴设在市区的A企业的消费税，下列处理正确的是（　　）。

　A. 由A企业按5%的税率回所在地缴纳城市维护建设税

　B. 由A企业按7%的税率自行缴纳城市维护建设税

　C. 由B企业按5%的税率代收代缴城市维护建设税

　D. 由B企业按7%的税率代收代缴城市维护建设税

2. 某乡镇企业（地处县城）当月应缴纳增值税3万元，减免0.5万元，并补缴上月未缴的增值税1万元、滞纳金0.2万元。本月该纳税人应缴纳城市维护建设税（　　）万元。

　A. 0.175　　　　　B. 0.185　　　　　C. 0.245　　　　　D. 0.294

3. 下列对城市维护建设税的表述不正确的是（　　）。

　A. 城市维护建设税是一种附加税

　B. 外商投资企业和外国企业也要缴纳城市维护建设税

　C. 海关对进口产品代征增值税、消费税、城市维护建设税

　D. 城市维护建设税随增值税和消费税的减免而减免

4. 下列纳税人中，应缴纳教育费附加的有（　　）。

　A. 企业所得税的纳税人　　　　　　　B. 资源税的纳税人

　C. 印花税的纳税人　　　　　　　　　D. 消费税的纳税人

5. 某市一企业当月被查补增值税60 000元、消费税30 000元、企业所得税30 000元，被加收滞纳金4 000元，被处罚金8 000元。该企业应补缴城市维护建设税和教育费附加共计（　　）元。

　A. 9 000　　　　　B. 10 200　　　　　C. 12 000　　　　　D. 10 800

6. 纳税人开采从量定额征收资源税的应税矿产品用于销售的，其资源税的征税数量为（　　）。

　A. 计划产量　　　B. 实际产量　　　C. 开采数量　　　D. 销售数量

7. 下列各项属于资源税征税范围的是（　　）。

　A. 人造石油　　　　　　　　　　　　B. 开采煤矿过程中生产的天然气

　C. 石灰石　　　　　　　　　　　　　D. 银矿

8. 某油田5月份生产原油3 000吨，当月销售2 000吨，每吨售价800元，加热、修井自用100吨，已知该油田原油适用的资源税税率为8%。该油田5月份应缴纳的资源税税额为（　　）元。

　A. 6 400　　　　　B. 128 000　　　　　C. 134 400　　　　　D. 192 000

9. 某独立矿山主要开采铜矿石和锰矿石两种原矿。6月份开采铜矿石900吨、锰矿石500吨，当月销售两种矿石共计700吨，未分别核算两种矿石的销售数量。已知该独立矿

山适用的资源税铜矿石税率为6%，锰矿石税率为5%。铜矿石的售价2 000元/吨，锰矿石的售价600元/吨。该矿山6月份应缴纳资源税为（　　）元。

A.4 200　　　　　　B.6 300　　　　　　C.84 000　　　　　　D.9 300

10.我国现行土地增值税实行的税率属于（　　）。

A.定额税率　　　　　B.比例税率　　　　C.超额累进税率　　D.超率累进税率

11.房地产开发企业在确定土地增值税的扣除项目时，允许单独扣除的税金是（　　）。

A.城市维护建设税　　B.印花税　　　　　C.增值税　　　　　D.房产税

12.房地产开发费用中的利息支出，如能按转让房地产项目分摊并提供金融机构证明的，允许据实扣除，其他开发费用限额扣除的比例在（　　）以内。

A.10%　　　　　　　B.7%　　　　　　　C.5%　　　　　　　D.3%

13.下列各项中，符合房产税纳税义务发生时间规定的是（　　）。

A.自行新建房产用于生产经营，从建成之月起

B.自行新建房产用于生产经营，从生产经营之月起

C.将原有房产用于生产经营，从生产经营之月起

D.委托施工企业建设的房产，从办理验收手续之月起

14.甲乙双方签订房屋租赁合同一份，租赁期3个月，月租金为300元，甲乙各自应贴印花税票为（　　）元。

A.0.6　　　　　　　B.0.8　　　　　　　C.0.9　　　　　　　D.1

15.车辆购置税实行统一比例税率，税率为（　　）。

A.3%　　　　　　　B.5%　　　　　　　C.10%　　　　　　　D.25%

二、多项选择题

1.下列各项中，符合城市维护建设税纳税地点规定的有（　　）。

A.流动经营无固定地点的单位，为单位注册地

B.流动经营无固定地点的个人，为经营地

C.代扣代缴增值税和消费税的单位和个人，为代扣地

D.取得输油收入的管道局，为管道局所在地

2.下列各项中，属于城市维护建设税计税依据的有（　　）。

A.实际缴纳的增值税和消费税税额

B.纳税人偷逃增值税和消费税被查补的税款

C.纳税人偷逃增值税和消费税被处的罚款

D.纳税人滞纳增值税和消费税加收的滞纳金

3.下列各项中，属于资源税纳税义务人的有（　　）。

A.生产盐的外商投资企业　　　　　　B.进口盐的外贸企业

C.开采煤的私营企业　　　　　　　　D.中外合作开采石油的企业

4.下列各项中，符合土地增值税优惠规定的有（　　）。

A.纳税人建造普通标准住宅出售，增值额未超过扣除项目金额20%的，免征土地增值税

B.纳税人建造普通标准住宅出售，增值额未超过扣除项目金额20%的，减半征收土地增值税

C.纳税人建造普通标准住宅出售，增值额超过扣除项目金额20%的，应就其全部增值

额征收土地增值税

D.纳税人建造普通标准住宅出售，增值额超过扣除项目金额20%的，应对其超过部分的增值额征收土地增值税

5.房地产开发公司支付的下列相关税费，可列入加计20%扣除范围的有（　　）。

A.开发小区内的道路建设费用　　　　　　B.支付建筑人员的工资福利费

C.占用耕地缴纳的耕地占用税　　　　　　D.销售过程中发生的销售费用

6.下列各项中，应征收房产税的有（　　）。

A.城市居民所有的自有住房　　　　　　　B.城市居民出租的房产

C.城市居民拥有的营业用房　　　　　　　D.城市居民投资联营的房产

7.房产税的税率有（　　）。

A.12%　　　　　　　B.4%　　　　　　　C.3%　　　　　　　D.1.2%

8.下列车辆中，应当计算缴纳车船税的有（　　）。

A.企业用车　　　　　　　　　　　　　　B.非机动驳船

C.行驶在公路上的摩托车　　　　　　　　D.捕捞、养殖渔船

9.下列各项中，应当征收印花税的项目有（　　）。

A.会计咨询合同　　　B.出版印刷合同　　　C.产品加工合同　　　D.贴息贷款合同

10.营业账簿分为记载资金的账簿和其他账簿。记载资金的账簿，印花税的计税依据是（　　）两项的合计数。

A.注册资本　　　　　B.实收资本　　　　　C.全部资产　　　　　D.资本公积

三、判断题

1.出口货物，退还增值税也应同时退还城市维护建设税。　　　　　　　　（　　）

2.销售有色金属的贸易公司既是增值税纳税人，又是资源税纳税人。　　　（　　）

3.某单位向政府有关部门缴纳土地出让金取得土地使用权时，不需缴纳土地增值税。

（　　）

4.土地增值税使用超率累进税率，累进依据是增值额占转让收入的比例。　（　　）

5.融资租赁的房屋以该房屋的余值计算房产税。　　　　　　　　　　　　（　　）

6.个人所有的房产，除出租外，一律免征房产税。　　　　　　　　　　　（　　）

7.车辆的车船税具体适用税额由省、自治区、直辖市人民政府在规定的税额幅度内确定。

（　　）

8.对融资租赁合同，其合同所载租赁金额，按借款合同计税贴花。　　　　（　　）

9.纳税人以电子形式签订的各类应税凭证不属于印花税列举凭证，不征收印花税。

（　　）

10.车辆购置税的征收范围包括汽车、摩托车、电车、挂车、农用运输车。　（　　）

四、综合题

1.某企业2016年度有关资料如下：

（1）与广告公司签订广告制作合同，分别记载加工费2万元，由广告公司提供原材料3万元；

（2）与某客户签订货物运输合同，合同载明货物价值100万元，运输费用10万元（含装卸费1万元，货物保险费2万元）；

（3）与某银行签订借款合同，记载金额40万元，当年取得利息0.6万元；

（4）与保险公司签订保险合同，合同载明为本企业20辆车投保第三方责任险，每辆车每年支付保险费5 000元；

（5）与某公司签订技术服务合同，记载金额50万元；

（6）与某公司签订转让专有技术使用权合同，记载金额120万元；

（7）该企业2016年度新增实收资本100万元。

要求：逐项计算该企业2016年应缴纳的印花税，并作出相关会计分录。

2.某公司2016年拥有整备质量5吨位的商用货车2辆，3吨位的四门六座客货两用车3辆，2016年3月购置2.0升小轿车2辆。当地政府规定商用货车整备质量每吨税额为40元，2.0升客车年纳税每辆750元。

要求：计算该2016年度应纳车船税，并作出相关账务处理。

3.2017年某房地产开发公司销售新建商品房一套，取得销售收入14 000万元，已知该公司支付与商品房相关的土地使用权费及开发成本合计为5 000万元；该公司没有按房地产项目计算分摊银行借款利息；该商品房所在地的省政府规定计征土地增值税时房地产开发费用扣除比例为10%；销售商品房缴纳的有关税金为700万元（不含印花税）。

要求：请计算该公司销售该商品房应缴纳的土地增值税，并作出相关会计分录。

主要参考文献

[1] 中国注册会计师协会. 税法 [M]. 北京：中国财政经济出版社，2017.

[2] 财政部会计资格评价中心. 经济法基础 [M]. 北京：经济科学出版社，2015.

[3] 梁伟样. 税费计算与申报 [M]. 2版. 北京：高等教育出版社，2014.

[4] 梁文涛. 税法 [M]. 大连：东北财经大学出版社，2017.

[5] 王曙光. 税法 [M]. 6版. 大连：东北财经大学出版社，2014.

[6] 王碧秀. 税务会计 [M]. 4版. 大连：东北财经大学出版社，2016.

[7] 夏惠. 企业纳税实务 [M]. 天津：南开大学出版社，2013.

[8] 舒文存. 纳税实务 [M]. 大连：东北财经大学出版社，2013.